한국 **신유가 철학**

한국 신유가 철학

초판 1쇄 2015년 5월 30일 ● 지은이 이종우 ● 펴낸이 김기창

기획 임종수 ● 표지디자인 정신영 ● 본문디자인 최은경
펴낸곳 도서출판 문사철 ● 서울 종로구 명륜동 2가 93번지 두리빌딩 207호(110-522)
전화 02-741-7719 ● 팩스 0303-0300-7719
홈페이지 www.lihiphi.com ● 이메일 lihiphi@lihiphi.com
출판등록 제300-2008-40호

ISBN 978-89-93958-92-8

* 값은 뒤표지에 있습니다.

한국 신유가 철학

이종우 지음

도서출판문사철

서문

이 책은 주로 조선시대 유학에 관한 연구로서 필자는 신유가 철학이라고 이름을 붙였다. 신유가라고 하면 일반적으로 송명시대의 주자학과 육왕학을 가리킨다. 그것은 선진시대의 공자와 맹자의 유가에 대하여 도가와 불교를 수용하여 송명시대에 주희와 육구연, 왕수인이 철학적으로 정리하였기 때문이다. 주자학은 고려 말에 유입되었지만 조선시대의 화담 서경덕에 이르러 그 독창성이 나타나기 시작하였다. 따라서 한국 신유가 철학의 시조는 서경덕이라고 할 수 있다. 그 후 퇴계 이황과 율곡 이이에 의하여 논리적으로 새롭게 정립되어 퇴계학과 율곡학이라는 창의적인 성리학으로서 신유가 철학이 이루어졌다. 주희의 이중적인 리개념에 대하여 이이는 무위無爲, 이황은 본체는 무위이지만 그 작용은 유위有爲라고 하여 체용體用론으로써 논리적으로 재정립하였다. 이 때문에 훗날 이이를 시조로 한 기호학파와 이황을 시조로 한 영남학파의 논쟁이 수백 년 동안 치열하게 전개되었다.

또한 이 책에서는 신유가 철학으로서 성리학뿐만 아니라 서학西學을 수용한 조선시대의 유가철학으로서 정약용의 사상도 포함시켰다. 따라서 이 책에서 가리키는 신유가 철학이란 성리학뿐만 아니라 서학과 유가가 융합된 정약용의 학문을 말한다. 명청시대의 서학이 조선에 전래되었지만 유가와 융합되어 다산학이 성립되었다. 그는 마테오리치의 『천주실의』의 영향을 받아 선진유가와 융합하여 창의적인 사상을 이루어냈다. 특히 그의 자주지권自主之權은 『천주실의』의 영향으로 나타난 개념이었다. 또한 『천주실의』에 토마스 아퀴나스의 자유의지(Free will)의 내용이 나타나고 있었고 그것은 아리스토텔레스의 이성(logos)의 영향을 받은 것이다. 따라서 정약용의 자주지권은 토마스 아퀴나스의 자유의지와 아리스토텔레스의 이성이 내포되어 있기도 하다. 이 때문에 마이클 칼튼은 정약용의 사상에 대하여 현대에 동양과 서양을 이어주는 다리역할을 한다고 언급하였다. 현재 한국사상을 연구하는 구미의 학자들이 다른 사상에 비하여 정약용의 사상을 압도적으로 많이 연구하고 있다.

대개 정약용의 사상을 실학實學이라고 칭하지만 필자는 그렇게 칭하지 않고 신유가 철학이라고 이름 붙였다. 왜냐하면 실학은 이미 주희가 스스로를 그렇게 칭하였기 때문이다. 따라서 실학은 특정 학풍을 지칭하는 것이 아니라 일반적인 용어이다. 이것은 이미 필자가 『한국철학사: 외래사상 대 토착사상의 갈등과 융합』(2011)에서 언급하였다. 그러므로 필자는 실학이라는 용어 대신 정약용이 서학을 수용하여 유가와 융합시켜 창의적인 사상을 이루어 냈기 때문에 신유가 철학이라고 칭하였다.

이 책은 신유가에 철학을 붙여 신유가 철학이라고 명명하였다. 철학이란 용어는 서양의 Philosophy를 일본의 니시이가 '철학'이라고 번역한 것에서 시작되었다. 본래 Philosophy는 Philos(사랑) + Sophia(지혜)로서 직역하면 애지愛智이다. 하지만 그것은 주로 고대 그리스에 해당되고, 근대 이후에 반드시 그 용어가 적절한 것이라고 보기가 쉽지 않다. 왜냐하면 그 이후 Philosophy는 주로 인식, 본질, 가치에 대한 연구로 전개되었기 때문이다. 이 책에서 신유가 철학이라고 칭한 이유는 철학을 '본질'의 학이라는 의미로 사용하였기 때문이다. 성리학에서 만유의 본질을 리理, 정약용은 그것을 비판하면서 리가 아닌 천天이라고 여겼다. 따라서 이 책에서 신유가 철학이라고 이름을 붙였다.

  이 책은 아직도 필자가 연구를 진행 중이기 때문에 완전하지 않다. 따라서 강호제현의 질정을 바란다.

차례

- 서문 5

I 기호학파의 성리학

1. 이이의 기 없는 상태에서
리의 작용과 리무위·기유위 15
1) 리의 작용과 무위는 모순? 15
2) 기 없는 상태에서 리의 작용 16
3) 리의 작용과 리무위·기유위와의 관계 28
4) 리의 작용: 초년 미정설, 무위: 만년 정설 32

2. 본연지기에서 정기와 기질체청까지:
이이에서 홍직필과 전우까지 35
1) 본연지기에서 기질체청으로 전개 35
2) 기의 정조 36
3) 기의 주재 40
4) 기질체청 47
5) 본연지기에서 정기와 기질체청으로 발전 50

3. 전우의 주재와 인물성편전론 51
1) 주재설과 인물성편전론의 기원 51
2) 심성의 주재 51
3) 인간과 다른 생물의 성의 편벽과 완벽 55

4. 전우의 선과 그 실천으로서 파리장서에 대한 인식 58
1) 선의 실천과 파리장서 58
2) 선의 발현 60
3) 실천 : 거경치지 71
4) 선의 실천으로서 파리장서 거부 83

5. 전우의 이항로 이기설에 대한 비판과 심설논쟁　85
　　1) 이기의 동정과 심설　85
　　2) 리가 동정하는가 기가 동정하는가　86
　　3) 심설논쟁: 심합이기 대 심즉기　97
　　4) 전우: 기의 동정과 심즉기, 이항로: 리의 동정과 심합이기　107

6. 주희 리기설의 쟁점에 대한 이항로의 이해　109
　　1) 이기의 동정과 선후　109
　　2) 이기선후의 유무　110
　　3) 리의 능동　114
　　4) 이발: 이황의 영향, 이기선후 문제: 이이와 송시열의 영향　121

II 영남학파의 성리학

1. 이진상 – 심즉리설의 연원　125
　　1) 율곡학파의 심즉기설 비판으로서 이진상의 심즉리설　125
　　2) 주희의 체용론적 심설　128
　　3) 심즉리설의 연원　136
　　4) 이황의 심합이기의 본체로서 이진상의 심즉리　153

2. 이진상의 심합이기와 심즉리　155
　　1) 이진상은 심즉리만을 주장하였는가?　155
　　2) 심합이기 속의 심즉리　157
　　3) 심합이기의 본체로서 심즉리　179

3. 이진상의 왕수인 비판에서 나타난 양자의 차이점　181
　　1) 이진상과 왕수인의 심즉리　181
　　2) 이진상의 왕수인 심즉리설 비판에서 나타난 양자의 차이점　187
　　3) 이진상의 심즉리: 리, 왕수인의 심즉리: 양지　198

4. 평포논쟁의 쟁점으로서 유리무기　201
　　1) 영남학파의 평포논쟁　201
　　2) 이생기에서의 유리무기　202
　　3) 이선기후에서 유리무기　209
　　4) 이진상: 유리무기, 이종기: 유리무기 부정　214

III 서학과 유학의 융합으로서 신유학

1. 정약용의 상제와 심의 관계에서 나타난 모순적 논리 검토와
　그 진의: 선진유학과 서학의 융합　217
　　1) 천이 인간에게 준 자주지권과 상벌의 관계　219
　　2) 상제와 심의 관계　219
　　3) 인간의 자주권과 천의 분노 및 상선벌악의 관계　232
　　4) 진의: 마음 속의 천을 회복　238

2. 정약용의 상제와 인심도심과 사단칠정의 관계에서 나타난
　모순적 논리검토와 그 진의　242
　　1) 천의 자주지권과 인심의 모순적 논리 검토　242
　　2) 천과 인심도심과 사단칠정의 관계에서 나타난 모순적 논리검토와
　　　그 진의　243
　　3) 진의: 천의 인간 악행에 대한 감시　255

IV 송시열과 정약용

1. 조선후기 사단칠정설 변화의 두 양상: 송시열과 정약용   259
   1) 사단칠정설의 새로운 변화   259
   2) 변화의 두 양상   260
   2) 사단과 칠정은 모두 천리의 공公과 형기의 사私에서 발동: 정약용   269
   3) 사단과 칠정 모두 중절과 부중절 및 공과 사의 공존   276

- 참고문헌   279
- 찾아보기   289

I

기호학파의 심리학

1. 이이의 기 없는 상태에서 리의 작용과 리무위·기유위

1) 리의 작용과 무위는 모순?

율곡 이이는 리무위와 기유위를 근거로 기발이승을 말한다. 즉 기는 작용하고 리는 그렇지 못하기 때문에 리는 기의 작용을 타고 운동을 한다는 것이다. 이 때문에 사단과 칠정 모두 기발이승이라며 퇴계 이황의 이기호발理氣互發설 즉 사단은 이발기수理發氣隨, 칠정은 기발이승氣發理乘이라는 설을 비판한다. 그것은 훗날 율곡학파栗谷學派가 이황을 비판할 때도 그대로 나타난다. 마찬가지로 퇴계학파는 그것을 바탕으로 이이의 이무위를 비판한다. 두 학파의 논쟁은 16세기에서 시작하여 20세기 중반까지도 지속된다. 이처럼 이이의 이무위는 불변의 설로서 있어왔다. 따라서 그의 이기설에서는 기가 없는 상태에서 리만 홀로 작용할 수 있다는 것은 상상하기 어려운 일이다. 그럼에도 불구하고 그는 기가 없는 상태에서 리의 작용을 말한다. 특히 조상과 후손의 관계에서 그것이 나타난다. 후손이 일념지성으로 제사를 지내면 먼 조상은 기가 소멸된 상태일지라도 리가 그것을 느낀다고 말했던 것이다. 하지만 그것은 이무위와 상충된다.

따라서 본 책에서는 그것을 연구할 것이다. 먼 조상에 대한 후손의 제사에서 리의 작용이 나타난다고 말하였기 때문에 그것을 중심으로 연구한다. 또한 그것이 이이와 이무위와의 관계, 그리고 양자가 상충되는데도 불구하고 왜 그렇게 말하였는가에 대하여 연구할 것이다.[1]

2) 기 없는 상태에서 리의 작용

(1) 후손의 제사에 대한 기 없는 조상의 리의 감感

이이는 기가 없고 리만 있어도 작용한다고 말한다. 즉 아주 오래 전에 사망한 조상에 대하여 후손이 일념으로 정성을 다하면 기가 없지만 리가 그것을 느낀다는 것이다.

> 원대遠代의 선조는 진실로 능히 감응하는 기가 없다. 그러나 일념으로 지극하게 정성을 다하면 마침내 감격한다. 비록 능히 감격하는 기가 없을지라도 능히 느끼는[感] 리가 있기 때문이다.[2]

---

[1] 지금까지 이이의 이기설은 리무위와 기유위에 대한 연구였다. 따라서 리의 작용뿐만 아니라 무작용과의 관계에 대한 연구는 이 책이 처음이다. 단지 일부 논문에서 이이의 사생(死生)과 귀신(鬼神)에 대한 연구에서 리의 작용이라고 할 수 있는 감(感)을 인용하였을 뿐이다.(최일범, 「율곡 이이의 사생관(死生觀)에 대한 연구」, 『동양철학연구』 64, 2010. 53-54쪽; 권문봉. 2013. 「율곡과 다산의 사생론에 대하여」, 『원불교사상과 종교문화』 58, 2013, 289쪽; 김현, 「조선 유학의 자연 철학」, 서울: 예문서원, 1998, 383쪽)

[2] 『栗谷全書』拾遺 卷之四 「死生鬼神策」 a_045_542b, 遠代先祖, 固無能感之氣矣, 而一念至誠, 遂致感格者, 雖無能感之氣矣, 而亦有能感之理故也
김우형은 이이의 리를 도덕법칙으로 발현되는 것이 아니라 구체적인 경험을 가능하게 하는 지각의 원리라고 해석하였다.(김우형, 「경연일기에 나타난 율곡의 재이관」, 『율곡사상연구』 18, 2009, 79쪽)

아주 오래전에 사망한 조상은 기가 소멸되어 리만 있다고 이이는 여기고 있다. 기는 유위이고 동정動靜하는 것이기 때문에 직접 대상을 느낄 수 있지만, 리는 무위로서 직접 동정하는 것이 아니라 그 원인이 되는 것이므로 직접 대상을 느낄 수 없다. 따라서 기가 없고 리만 있는 상태에서 대상을 느낄 수 없다.

대저 유형유위하고 동정을 하는 것은 기이고 무형무위하고 동정이 있게 하는 것은 리입니다.[3]

그럼에도 불구하고 후손이 정성을 다하면 기가 없을지라도 리가 느낀다고 한 것은 이무위를 말한 것과 다르다. 물론 그는 일념지성一念至誠이라는 단서를 붙였다. 후손이 일념지성을 했을 때 그 리가 느낀다는 것이다. 그는 지성이면 신神 또는 천天도 느낀다고 말할 만큼 지성을 중요시한다.

지극한 정성은 신神이 느낀다.[4]

진실로 지극한 정성이 있으면 천天이 반드시 감응感應한다.[5]

신도 천과 마찬가지로 리와 기가 있어 신리神理와 신기神氣라고

3　『栗谷全書』卷之十二「答安應休」天瑞 a_044_250d 大抵, 有形有爲而有動有靜者, 氣也 ; 無形無爲而在動在靜者, 理也
4　『栗谷全書』卷之十四「祭外祖母李氏文」庚午 a_044_290b 至誠感神
5　『栗谷全書』拾遺 卷之五「祈禱策」a_045_552c, 苟有至誠, 天必感應矣

칭한다.[6] 물론 이미 사망한 조부모와 부모는 기가 있기 때문에 당연히 후손이 제사를 지내면 그 기가 연결되어 있으므로 흠향한다고 말한다. 정기가 흩어진다고 할지라도 완전히 소멸되지 않기 때문에 자손의 정성으로 인하여 다시 모인다는 것이다.

제사를 지내는 까닭은 도리어 이치가 있다. 사람이 귀鬼가 되어서 죽은 지 오래지 않으면 정기는 비록 흩어졌어도 아직 소멸되지는 않는다. 그러므로 나의 성경誠敬이 조고조考에게 도달할 수 있다. 저 이미 흩어진 기는 참으로 듣고 보고 사려할 수 없지만 나의 정성으로써 그 거처하셨던 곳과 웃고 말씀하시던 것과 즐거워하시던 것과 기호嗜好를 생각하면서 완연히 조고를 뵙고 항상 눈앞에 계시는 듯이 생각한다면 이미 흩어졌던 기가 여기에 또한 모인다. 공자가 훈호처창을 말한 것이 여기에 있지 않겠는가? 만약 세대가 멀면 그 기가 비록 소멸했을지라도 그 리는 없어지지 않으므로 정성껏 모시면 느낄 수 있다[感].[7]

마찬가지로 그러한 제사도 당연히 지성으로써 행해야 한다는 것이다.[8] 정성이 없으면 그 기가 흩어져서 다시 모이지 못하기 때

---

6 『栗谷全書』卷之三十七「附錄」五 挽辭(十九)[吳信齡] a_045_416c 神理亦難知;『栗谷全書』拾遺 卷之一「靑蠅賦」a_045_465a 俾神氣而不悎

7 『栗谷全書』拾遺 卷之四「死生鬼神策」045_543b, 其所以祭祀者, 則抑有理焉, 人之爲鬼也. 其死不久, 則精氣雖散, 而未卽消滅, 故吾之誠敬, 可格祖考矣. 彼已散之氣, 固無聞見思慮矣. 而以吾之誠, 思其居處, 思其笑語, 思其045_543c所樂, 思其所嗜, 而宛見祖考常在目前, 則已散之氣, 於斯亦聚矣. 孔子所謂焄蒿悽愴者, 其不在此歟? 若其世系之遠者, 則其氣雖滅, 而其理不亡, 故亦可以誠感矣

8 『栗谷全書』拾遺 卷之四「死生鬼神策」045_542c, 子孫之氣, 父母之遺體也, 故以至誠祭之,

문에 정성을 다할지라도 다시 그 기가 모이지 않는다고 말한다.

정성이 없으면 그 기가 흩어지고 남은 것이 없으니 비록 정성을 다할지라도 그것을 구할 수 없다.[9]

하지만 이미 기가 소멸되었는데 과연 무위인 리가 대상을 느낄 수 있는 지 의문이 든다. 그러나 일념지성을 한다면 리가 그것을 느낀다고 말한다.

그는 기가 취산聚散이 있지만 리는 시종始終이 없다고 한다. 따라서 인간이 죽은 지 오래되면 기는 흩어지고 소멸되지만 리는 그렇지 않기 때문에 기가 없는 상태에서도 리는 존재한다. 따라서 그 상태는 죽은 지 오래된 귀鬼에게만 해당되는 것이다.

"기는 모이고 흩어짐이 있으나 리는 시작과 끝이 없다. 모이고 흩어짐이 있기 때문에 하늘과 땅처럼 큰 것도 역시 한계가 있으나 시작과 끝이 없기 때문에 물아物我는 모두 다함이 없다. 이 말을 알아들을 수 있는 사람만이 죽음과 삶의 이치에 대해서 이야기할 수 있다. 사람의 몸은 혼백魂魄의 성곽과 같다. 혼은 기의 신령한 것이며, 백은 정精의 신령한 것이다. 그 살아 있을 때에는 펴져서 신神이 되고, 죽었을 경우에는 굽혀져서 귀가 된다. 혼기魂氣가 하늘로

則祖考之靈, 感而享之也

[9] 『栗谷全書』 拾遺 卷之五 祈禱策 a_045_552c 無其誠則其氣散矣, 苟其必散而無餘, 則雖有至誠, 亦不能救矣

올라가고 정백精魄이 땅으로 돌아가면 그 기는 흩어지는데, 그 기가 비록 흩어진다 하더라도 바로 흔적까지 없어지지 않는다. 따라서 공자가 말하기를 "그 기가 위로 발양發揚하여 소명昭明하고 훈호처창焄蒿悽愴하니, 이는 모든 물物의 정精"인 것이다. 그러나 위로 발양한 지 오래되면 역시 소멸하게 된다."고 하였다.[10]

그러므로 살아 있는 인간의 세계에서 기가 없고 리만 있는 상태는 존재하지 않는다. 그것은 사후死後의 일이다. 하지만 그는 인간이 죽은 후 되는 귀鬼에 대하여 있다고 말하기도 하고 없다고 말하기도 한다. 그러나 기가 잘 누설되어야 한다고 말한다. 즉 제대로 흩어져야 한다는 것이다. 그렇지 않으면 그로 인하여 울분하게 되고 요망한 것이 된다고 말한다.

오직 사람이 죽은 귀는 있다고도 말할 수 없고 없다고도 말할 수 없다. 그 까닭은 왜 그런가 하면 그 성誠이 있으면 그 신이 있다고 할 수 있고, 그 정성이 없으면 그 신이 없다고 할 수 있기 때문이다. 그러니 신이 있고 없는 기틀이 어찌 사람에게 있지 않겠는가? 만약 간혹 사람이 정명正命에 죽지 못하여 그 기가 누설되지 못한 경우가 있으면 울분이 극도에 달하여 요망한 것이 되기도 하는데, 이것 또한 이치로 보아 혹 그럴 수도 있는 일이다.[11]

---

10 『栗谷全書』拾遺 卷之四「死生鬼神策」a_045_542c 氣有聚散, 而理無終始, 有聚散, 故天地之大, 亦有限焉, 無終始, 故物與我皆無盡也. 知此說者, 可與語045_542d死生之理矣. 今承明問, 不敢默默, 而爲之說曰: 人之一身, 魂魄之郭郭也. 魂者, 氣之神也; 魄者, 精之神也. 其生也伸而爲神; 其死也屈而爲鬼. 魂氣升于天, 精魄歸于地, 則其氣散矣. 其氣雖散, 而未遽泯滅. 故孔子曰: 其氣發揚于上, 爲昭明焄蒿悽愴, 此百物之精也, 然其發揚于上者, 久而亦消矣

이로 미루어 보았을 때 이이는 인간 사후인 귀의 존재를 인정했다는 것을 알 수 있다. 물론 인간과 관계없이 홀로 존재하는 것은 아니다. 인간이 정성을 다할 때 귀는 존재한다는 것이다. 만약 그것이 없다면 귀는 존재하지 않는다고 한다. 그 정성이란 인간이 죽은 조상에게 정성껏 제사를 지낸다는 의미이다. 일념으로 정성을 다하여 제사를 지내면 죽은 조상의 귀가 흩어졌을 지라도 다시 모여 흠향하지만, 그렇게 하지 않으면 그 귀는 다시 모여지지 않아 오래되면 완전히 소멸된다는 것이다. 또한 가까운 조상은 기가 소멸되지 않아 귀鬼가 있기 때문에 후손이 제사를 정성껏 지내면 그것을 느낀다. 반면에 먼 조상은 기가 완전히 소멸하였기 때문에 리가 그것을 느낀다는 것이다. 그렇다면 기와 리의 느낌은 어떠한 차이가 있는가? 이이는 양자의 느낌이 같다고 말한다.

그 분이 죽은 지가 오래되지 않으면 기로 느끼고 그 분이 죽은 지 오래되었다면 리로써 느낀다. 혹은 기가 있고 또는 기가 없지만 그 감격하는 것은 같다. 하물며 자손의 정신이 곧 조상의 정신이니 나의 있음을 가지고 그(조상)의 없음을 느끼는 것이 또한 무엇이 의심스럽겠는가? 이것이 효자 자손이 감히 그 어버이가 돌아가셨다고 여기지 않고 제사 지낼 때는 엄숙함을 다하는 까닭이다.[12]

---

11 『栗谷全書』拾遺 卷之四 「死生鬼神策」 a_045_542d 惟人死之鬼, 則不可謂之有, 不可謂之無, 其故何哉? 有其誠, 則有其神而可謂有矣 ; 無其誠, 則無其神而可謂無矣. 有無之機, 豈不在人乎? 如或其死不以正命, 而其氣有所未洩, 則憤鬱之極, 發爲妖妄, 此亦理之或然者也

12 『栗谷全書』拾遺 卷之四 「死生鬼神策」 a_045_543c 其死不久, 則以氣而感, 其死已久, 則以理而感. 或有氣或無氣, 而其感格則一也. 而況子孫之精神, 乃祖考之精神, 則以我之有, 感彼之無者, 亦何疑哉? 此所以孝子慈孫, 不敢死其親, 而祭則致其嚴者也

이이가 말하는 기는 동정하고 리는 그 소이所以로서 뿌리이다. 즉 기는 운동하고 리는 그 운동을 할 수 있게 하는 원인이다. 대상을 인식하는 것도 마찬가지이다. 대상을 직접 보고 들으면서 인지하는 것은 기이고 인지할 수 있게 하는 원인이 되는 것이 리이다.

대개 인간의 지각은 정기精氣에서 나온다. 귀와 눈의 총명은 백魄의 영靈이고 심관心官의 사려는 혼魂의 영靈이다. 그 총명사려란 기이고 그 총명사려의 원인은 리이다. 리는 지각하지 못하고 기는 지각하기 때문에 귀가 있은 후에 소리를 들을 수 있고, 눈이 있은 후에 색을 볼 수 있다. 심이 있은 후에 사려할 수 있다. 정기가 한번 흩어지면 귀는 들을 수 없고 눈은 볼 수 없다. 심이 사려가 없으면 어찌 물物을 알 수 있고 어찌 지각할 수 있겠는가?[13]

리가 느끼는 것과 기가 느끼는 것이 같다고 한 말은 리가 기의 뿌리가 되기 때문에 그 뿌리인 리와 대상을 느끼는 기가 같다는 의미이다. 후손이 일념지성으로 제사를 지내면 조상의 기가 소멸되었어도 리가 그것을 느낀다는 것이다. 즉 조상의 기가 흠향하는 것과 그 리가 하는 것이 같다는 것이다.

---

[13] 『栗谷全書』拾遺 卷之四 「死生鬼神策」 a_045_543a. 蓋人之知覺, 出於精氣焉, 耳目之聰明者, 魄之靈也, 心官之思045_543b慮者, 魂之靈也, 其聰明思慮者, 氣也; 其所以聰明思慮者, 理也. 理無知, 而氣有知. 故有耳, 然後, 可以聞聲; 有目, 然後, 可以見色; 有心, 然後, 可以思慮矣. 精氣一散, 而耳無聞目無見, 心無思慮, 則不知何物有何知覺耶?

(2) 성誠으로 인한 기 없는 상태에서 리의 감응

위에서 살펴본 바와 같이 이이는 기가 없는 상태에서 리가 작용하는 것을 말하지만 항상 그러한 것이 아니라 후손이 일념지성으로 제사를 지냈을 때 그렇다는 것이다. 그렇다면 일념지성 또는 그것을 포괄하는 개념인 성誠은 그에게서 어떠한 의미인지를 살펴볼 필요가 있다.

그가 말하는 성誠은 리이다. 왜냐하면 그는 원형이정元亨利貞을 천의 성誠, 인의예지를 인간의 성誠이라 말했고 원형이정과 인의예지는 모두 리이기 때문이다.

> 원형이정은 천의 성誠이고 인의예지는 인성人性의 성誠이다.[14]
> 내가 생각하건대 원형이정은 천에 있는 리이고, 인의예지는 인간에 있는 리이다.[15]

또한 그는 성을 실리實理라 하고, 그것이 바로 천지의 리라고 한다. 그것은 인간과 만물의 생성뿐만 아니라 음양과 일월의 운동, 날씨의 한서, 사물의 성쇠와 시종도 모두 천지의 실리이고 그것이 바로 성이라는 것이다. 그 뿐만 아니라 인간이 실심으로써 대상을 느끼고 인식하는 것도 모두 성이라고 한다.

> 성誠이란 실리實理이고 실리가 없으면 물物도 없다.[16]

---

14 『栗谷全書』拾遺 卷之六 「誠策」a_045_573c 元亨利貞, 天之誠也 ; 仁義禮智, 性之誠也.
15 『栗谷全書』卷之三十一 「金振綱所錄」a_045_234d 愚意以爲元亨利貞, 在天之理 ; 仁義禮智, 在人之理.

천지의 리는 실리일 뿐, 인간과 다른 생물의 생성은 실리에 의존하지 않음이 없다.[17]

천지는 오랫동안 봄만 될 수 없으므로 사계절이 차례로 나타난다. 육기六氣는 홀로 운동할 수 없기 때문에 음양이 함께 운동한다. 해가 지고 달이 뜨고, 번창하면 쇠망이 있고, 시작이 있으면 끝이 있는 것이 천지의 실리가 아님이 없다.[18]

천은 실리로써 화육의 공이 있고 인간은 실심實心으로써 대상을 느끼고 통하는 효과가 있으니 이른바 실리와 실심은 성誠에 지나지 않는다고 말한다.[19]

---

16 『栗谷全書』卷之三十一 語錄 上「金振綱所錄」a_045_233c 誠者, 實理也, 無實理則無是物
17 『栗谷全書』拾遺 卷之五「神仙策」a_045_550c 天地之理, 實理而已, 人物之生, 莫不依乎實理
18 『栗谷全書』拾遺 卷之五「神仙策」a_045_551c 天地不可以長春, 故四時代序, 六氣不可以獨運, 故陰陽竝行, 日往則月來, 寒往則暑來, 有盛則有衰, 有始則有終, 莫非天地之實理也
19 『栗谷全書』拾遺 卷之六「誠策」a_045_572a 天以實理而有化育之功, 人以實心而致感通之效, 所謂實理實心者, 不過曰誠而已矣
이이의 경과 성을 공부론이라고 해석하는 견해가 있다. (황금중, 「율곡의 경(敬)과 성(誠)의 공부론적 성격 및 관계」, 『동서철학연구』26, 2002, 62-65쪽) 이와 유사하게 김익수도 율곡의 성이란 역행뿐만 아니라 거경궁리의 방법에서 일관된 원리라고 해석한다. (김익수, 「율곡의 도학사상(1)」, 『한국사상과 문화』6, 1999, 258쪽) 하지만 그가 말하는 성은 그것에 그치지 않고, 천지만물의 근본으로서 존재론적 의미가 그 본질이다. 그것을 바탕으로 인식론, 수양론, 공부론으로 전개된다. 수양과 공부론의 핵심인 경조차도 그 근원이 성이고, 경은 성으로 돌아가는 공부라고(『栗谷全書』拾遺 卷之六「四子立言不同疑」, a_045_585a 誠者, 敬之原也 ; 敬者, 反乎誠之功也) 말한 것으로 미루어 보았을 때 그의 성리학의 본질은 바로 성이라고 할 수 있다.
김현수는 율곡의 심성론에서는 마음의 구조 및 기능적 측면에서 성(誠)의 역할이 요청됐고, 수양론에서는 이론에서 실천으로 넘어 가는 과정상에서 성이 중시되었고, 예론에서는 실천의 측면을 중심으로 성(誠)의 역할을 강조했다고 해석한다. (김현수, 「율곡 이이의 예론과 철학적 배경」, 『동양철학연구』67, 2011, 312쪽) 하지만 율곡의 성은 그 뿐만 아니라 우주론 또는 이기론의 근본이기도 하다.

따라서 이러한 성誠이 아니면 기가 운동할 수 없고 이 때문에 사계절이 제대로 나타나지 않는다는 것이다. 기가 운동할 수 없으면 천지만물도 생성되지 않는다. 왜냐하면 그것들은 모두 기의 운동으로 인하여 생성될 뿐만 아니라 소멸되기도 하기 때문이다. 따라서 그는 성誠이 아니면 물物도 없다고 말한다.

성誠의 체는 지극히 은미하고 오묘하다. 성誠의 용은 잘 나타나고 넓다. 만물의 체는 물의 종시終始가 된다. …… 그러므로 성이 아니면 물도 없다고 말한다.[20]

성誠은 물의 종시이고 성이 아니면 물도 없다는 말은 『중용中庸』에서 나타난다.[21] 이이는 그것을 인용한 것이다. 그러한 성을 리라 하고 그것으로 인하여 기가 운동하고 천지만물이 생성되고 운행된다고 하였다. 그는 『중용』의 성을 이기설에 적용하여 천지만물의 운동으로 확대시켰던 것이다. 즉 기의 운동으로 인하여 천지만물은 생성되고 유지될 뿐만 아니라 사계절도 제대로 나타난다는 것이지만 성이 없으면 그렇게 되지 못한다는 것이다.

이기二氣는 이러한 성이 없으면 함께 운동할 수 없고, 사계절도 이

---

20 『栗谷全書』拾遺 卷之六 「誠策」a_045_573c 誠之爲體, 至微而至妙 ; 誠之爲用, 至顯而至廣. 體乎萬物而爲物之終始… 故曰: 不誠無物 성은 물의 종시이고 성이 아니면 물도 없다는 말은 중용에 나타난다.(『중용』25-2, 誠者, 物之終始, 不誠 無物)이이는 그것을 인용한 것이다.(『栗谷全書』卷之二十一「聖學輯要」三〈修己第二〉中, a_044_466b, 誠者, 物之終始, 不誠無物, 是故, 君子誠之爲貴, 中庸)
21 『中庸』25-2, 誠者, 物之終始, 不誠, 無物

러한 성이 없으면 제대로 운행될 수 없습니다.²²

성이란 그와 같은 것이기 때문에 인간은 그것을 실천해야 하고, 그 실천으로서 의의意를 정성스럽게 하는 성의誠意야말로 수기修己의 근본일 뿐만 아니라 치인治人의 근본이라고 한다. 성을 실천해야만 수기뿐만 아니라 치인도 가능하다는 것이다. 성이 천지만물이 생성되는 근본이기 때문에 그 실천으로서 성의는 인간이 가장 먼저 실천해야 한다고 말하였던 것이다. ²³

신이 또 생각하건대 성의는 수기치인의 근본이 됩니다.²⁴

부모와 조상에 대한 효도 역시 수기이고 성으로서 해야 한다고 생각한다. 성을 다하면 신도 감격한다는 것이다.²⁵ 이 때문에 조상에 대하여 제사를 지낼 때 성으로서 해야 하고²⁶ 그렇게 하면 기가 소멸되었을지라도 리가 그것을 느낀다고 말했던 것이다. 왜냐하면 성이란 리이기 때문이다. 따라서 성이 아니면 리도 가치가 없고, 기질도 변화할 수 없다고 말하였다. 즉 리도 성이 없으면 그 역할을 할 수 없으므로 기운동의 뿌리가 되지 못하고 그로 인하여

---

22 『栗谷全書』拾遺 卷之六「誠策」a_045_573c, 二氣無此誠, 則不可以竝運, 四時無此誠, 則不可以錯行
23 『栗谷全書』卷之九「答成浩原」壬申 a_044_195a 自修莫先於誠意
24 『栗谷全書』卷之二十一「聖學輯要」三〈修己第二〉中, 栗谷全書 卷之二十一 聖學輯要 三 修己第二中 a_044_467a 臣又按. 誠意爲修己治人之根本.
25 『栗谷全書』卷之十四「祭外祖母李氏文」庚午 a_044_290b 至誠感神
26 『栗谷全書』卷之十六「社倉契約束」a_044_357a 祭祀以誠之類

리의 지위도 없다고 생각하였다. 따라서 리의 지위와 역할은 성이 있을 때 가능하다는 것이다.

> 리는 성이 없으면 그 격格이 되지 못하고 기질도 능히 변화할 수 없습니다.[27]

이로 미루어 보았을 때 그는 윤리적인 가치라고 할 수 있는 성이야 말로 존재의 근본으로 여겼을 뿐만 아니라 그것을 인간이 실천해야 할 윤리라고 설정했던 것이다. 그러한 실천은 심의 미발未發과 이발已發 상태에서의 공부인 경敬으로써[28] 하는데 그것도 결국 그 근본인 성으로 돌아가는 것이라고[29] 말한다.[30] 이로 미루어 보았을 때 성이란 그의 성리학에서 근본개념이라고 할 수 있다.

따라서 후손이 일념지성으로서 먼 조상에 대하여 제사를 지내면 기가 없는 상태일지라도 리가 그것을 느낄 수 있는 것이다. 왜냐하면 앞에서 살펴 본 바와 같이 그 성誠이 리가 격이 될 수 있게 하는 것이며 실리實理이기 때문이다. 성은 그 뿐만 아니라 기가 운

---

[27] 『栗谷全書』卷之二十一「聖學輯要」三〈修己第二〉中, a_044_467a 理無誠則不格, 氣質無誠則不能變化
[28] 이이는 경(敬)을 성학(聖學)의 시작과 끝이라고 한다.(『栗谷全書』, 「聖學輯要·收斂章」, 권20, p.9. 敬, 聖學之始終也)
[29] 『栗谷全書』拾遺 卷之六「四子立言不同疑」, a_045_585a 誠者, 敬之原也 ; 敬者, 反乎誠之功也
[30] 이이의 성과 경은 상보적인 관계라고 한다. 그의 수양공부는 심의 본체와 객과적인 리의 일치를 추구하고 그 완성이 경(敬)이고 그 실현이 성(誠)이라는 것이다. (김경호, 「진정성 회복을 위한 수양론의 두 유형-이이와 주희를 중심으로-」, 『유교사상연구』28, 2007, 120쪽)

동할 수 있는 근거이기도 하다. 왜냐하면 이기 즉 음양운동은 성이 없으면 할 수 없다고 말했기 때문이다.[31]

3) 리의 작용과 리무위·기유위와의 관계

후손이 일념지성으로 제사를 지내면 기가 없는 먼 조상일지라도 리가 느낀다는 말은 기유위와 이무위에 상충된다. 그가 말하는 느낌 즉 감은 정情에서 하는 것으로서 기유위와 이무위에 입각한 기발이승氣發理乘으로 인하여 이루어지기 때문이다.

> 심이 고요하여 움직임이 없는 상태는 성의 경계이고, 대상을 느껴 인식하는 상태는 정의 경계이다.[32]

그것은 기발이승으로 인하여 이루어지고 그것은 기가 유위하고 리가 무위함으로 인하여 된다. 따라서 혹감은 심에서 하는 것이고 기발이승으로 인하여 이루어지기 때문에 기가 없는 상태에서 리가 대상을 느낄 수 없다. 그럼에도 불구하고 그는 리의 감뿐만 아니라 천리가 간혹 그러하다고 말하기도 한다.

> 지성이 지극해서 그것을 느껴 통하는 것은 그 역시 천리가 간혹 그렇게 하기도 한다.[33]

---

31 『栗谷全書』拾遺 卷之六 「誠策」a_045_573c, 二氣無此誠, 則不可以竝運
32 『栗谷全書』卷之十四 「雜記」 a_044_299a 心之寂然不動時, 是性境界 ; 感而遂通時, 是情境界

이것은 기가 아닌 천리도 간혹 감을 하기도 한다는 것이다. 물론 천기가 없는 상태에서 천리가 간혹 대상을 느낀다고 말한 것은 아니다. 하지만 천리도 간혹 감한다고 말했다는 것은 리의 감도 이루어질 수 있다고 여겼다는 것을 알 수 있다. 물론 천리가 항상 대상을 느끼는 것이 아니라 간혹 그렇다는 것이다. 더욱이 그것은 지성이 지극했을 때 가끔 그렇다는 것이다. 따라서 천리와 리도 항상 대상을 느끼는 것이 아니라 특수한 경우에 그렇다는 것을 알 수 있다. 그러므로 기가 없이 리만이 있는 상태에서도 작용한다는 것은 이이에게서도 가능했고 그것은 특수한 경우에 해당된다. 일반적으로 리는 대상을 느낄 수 없지만 인간의 지성이라면 그러한 리도 작용한다는 것이 그것의 특수성이었다. 하지만 그것은 이무위와 논리적으로 상충된다.

또한 기가 없는 상태에서 리가 대상을 느낀다는 것은 리와 기가 분리된 상태이다. 물론 그 역시 양자의 관계에 대하여 하나이면서 둘이고 둘이면서 하나라고 했기 때문에 둘이라고 했을 때 그 분리는 가능하다. 하지만 그것은 현상으로 나타나는 것이 아니라고 한다. 이 때문에 양자는 이물二物이 아니라는 것이다. 즉 현상에서 선후가 없고 이합이 없다는 것이다. 즉 이기의 선후先後와 이합離合은 실재하는 것이 아니라고 생각하였다. 단지 리는 그 자체가 리이고, 기 역시 마찬가지이기 때문에 이물이라고 한다. 이로 미루어 보았을 때 그가 생각하는 양자의 분리는 결국 그 개념이 다를 뿐 현상에서 분리된 상태로 나타나는 것이 아니라는 의미이다.

---

33 『栗谷全書』 拾遺 卷之五 「祈禱策」 a_045_553a 至誠之極, 感而遂應, 則此亦天理之或然者也

즉 리와 기는 현상에서 분리된 것이 아니라 그 개념들을 분리해서 인간이 인식한다는 것이다.

> 대저 리는 기를 주재하고 기는 리가 타는 곳이다. 리가 아니면 기는 뿌리가 없고, 기가 아니면 리가 붙어있을 곳이 없다. 따라서 그것은 이물이 아니고 일물도 아니므로 하나이면서 둘이다. 이물이 아니므로 둘이면서 하나이다. 일물이 아니라는 것은 무슨 말인가? 이기가 비록 떨어져 있지 않을지라도 묘합 가운데 리는 스스로 리이고, 기는 스스로 기이므로 서로 섞이지 않았기 때문에 일물이 아니다. 이물이 아닌 것은 무슨 말인가? 비록 리는 스스로 리이고 기는 스스로 기라고 말한 것은 혼륜하여 간격이 없고 선후가 없고 이합이 없으니 이물로서 나타나지 않았기 때문에 이물이 아니다.[34]

이와 기의 분리를 의미하는 선후와 이합도 마찬가지이다. 현상에서 그러한 상태로 나타나는 것이 아니라 인간이 양자를 분리해서 인식할 수 있다는 의미이다. 이 때문에 이황의 사단칠정설에 대하여 선후와 이합이 있다면서 비판한다.

> 호발互發 또는 이발理發과 기발氣發설은 그 대본이 하나가 아님이 아닌 것 같습니다. 대저 발동하는 것은 기이고 그 원인은 리입니다.

---

[34] 『栗谷全書』卷之十「答成浩原」壬申 a_044_199a 夫理者, 氣之主宰也; 氣者, 理之所乘也. 非理則氣無所根柢; 非氣則理無所依著, 旣非二物, 又非一物, 非一物, 故一而二, 非二物, 故二而一也. 非一物者, 何謂也? 理氣雖相離不得, 而妙合之中, 理自理044_199b氣自氣, 不相挾雜, 故非一物也. 非二物者, 何謂也? 雖曰: 理自理氣自氣, 而渾淪無閒, 無先後無離合, 不見其爲二物, 故非二物也

기가 아니면 능히 발동할 수 없고 리가 아니면 발동할 근거가 없습니다. 발지 이하 이십삼 자는 성인이 다시 나타나도 바꾸지 못합니다. 선후가 없고 이합이 없는 것은 호발이라고 말할 수 없습니다.[35]

이러한 비판은 이황의 사단은 이발이기수지理發而氣隨之, 칠정은 기발이이승지氣發而理乘之에 대한 것이다. 그는 기대승과 논쟁에서 그렇게 주장하였다.

사단은 리가 발동하여 기가 따르고, 칠정은 기가 발동하여 리가 탑니다.[36]

하지만 이이는 이황의 이발기수理發氣隨를 이선기후理先氣後라고 해석하여 비판하였다.[37] 이이는 이기의 선후가 없다고 해석하였기 때문에 그렇게 비판하였던 것이다.

이로 미루어 보았을 때 기 없는 상태에서 리의 감은 현상에서

---

35 『栗谷全書』 卷之十 「答成浩原」壬申 a_044_200c 非若互發之說或理發或氣發而大本不一也. 大抵, 發之者, 氣也 ; 所以發者, 理也. 非氣則不能發 ; 非理則無所發. 發之以下二十三字, 聖人復起, 不易斯言, 無先後, 無離合, 不可謂互發也

36 『退溪集』 卷之十七 「答奇明彦」論四端七情第三書 先生既答第二書 a_029_432b 且四則理發而氣隨之 ; 七則氣發而理乘之

37 『栗谷全書』 卷之十 「答成浩原」壬申 a_044_200d 若理發氣隨之說, 則分明有先後矣, 此豈非害理乎?
이선기후를 실재하는 것이라고 한다면 기가 없고 리만 있는 상태가 될 수 있다. 이 때문에 퇴계학파의 이진상은 유리무기(有理無氣)를 말한다. 반면에 평학(坪學)은 그것을 비판한다. 당시 이진상을 포학(浦學), 그들을 비판하는 정재(定齋) 유치명(柳致明)의 계열을 평학(坪學)이라고 칭하였다.

나타날 수 있는 것이 아니다. 그럼에도 불구하고 이이는 그것을 말하였다.

4) 리의 작용: 초년 미정설, 무위: 만년 정설

이이는 이무위와 기유위에 입각하여 기발이승일도氣發理乘一途설을 주장하였다. 따라서 기와 리는 홀로 발동하지 못한다. 물론 그 발동도 기만 가능할 뿐이다. 그럼에도 불구하고 기가 없는 상태에서 리가 느낀다고 말한다. 즉 후손이 일념지성으로 먼 조상에게 제사를 지내면 기가 없는 상태일지라도 리가 그것을 느낀다는 것이다. 이러한 리의 감感은 이무위와 논리적으로 배치된다. 리는 무위이기 때문에 대상을 느낄 수 없기 때문이다. 더욱이 기가 없는 상태에서 리만 작용한다는 것은 기발이승일도설과도 논리적으로 상충된다. 그럼에도 불구하고 그는 왜 리의 감 즉 기 없는 상태에서 리의 작용을 말했을까?[38] 그 원인은 다음과 같다.

첫째, 이이는 성이 바로 리가 격이 될 수 있게 하는 것이며 또는 실리라고 말한다. 이 때문에 성을 다하면 리는 나타나기 마련이다. 천지만물의 생성도 바로 성으로 인하여 이루어지고 그것은

---

[38] Santangelo는 이황의 주리설(主理說)은 영남학파, 기대승과 이이의 주기설(主氣說)은 기호학파를 형성하였다고 하였다.(Pablo Santangelo, "A Neo-Confucian debate in 16th century Korea: Its ethical and social implications." T'oung Pao 76, 1990, p. 267) 이것은 고교형(高橋亨)의 해석과 같다.(고교형(高橋亨)「李朝儒學史に於ける 主理派主氣派の發達」, 『朝鮮支那文化の研究』, 東京: 刀江書院, 1929, 143쪽) 하지만 이이 역시 주리설이다. 더욱이 기가 없는 상태에서 리의 작용을 언급하였고, 그 뿐만 아니라 그는 리가 기를 주재한다고 말한다.(『栗谷全書』卷之十「答成浩原」壬申 a_044_199a 夫理者, 氣之主宰也) 따라서 그 역시 주리설이다.

음양운동에 의하여 이루어진다. 그러한 음양운동의 근거도 성이라는 것이다. 따라서 성을 다하면 기가 없는 조상이라고 할지라도 리가 당연히 그것을 느끼게 된다. 그 뿐만 아니라 신이 느끼고 천이 감응한다고 한 것이 바로 그것이다.[39] 정성을 다하면 기가 없을지라도 리가 그것을 느낀다는 것이다. 조상에 대한 제사는 효이고 그 역시 성으로써 이루어지기 때문에 기 없는 상태에서 리의 감을 말했다고 할 수 있다.[40]

둘째, 기가 없는 상태에서 리가 느낀다는 것은 인간사후의 일이다. 더욱이 이미 기가 소멸되고 리만 남아 있는 먼 조상의 경우이다. 따라서 그것은 특수한 경우에 해당된다.

셋째, 이이는 이무위와 기유위를 근거로 기발이승일도설을 주장하면서 이황의 이기호발설을 비판하였다. 하지만 그것은 기 없는 상태에서 리의 작용과 상충된다. 따라서 논리를 중시했던 이이가 그러한 상충을 인지하였다면 양자의 관계에 대하여 규명했을 것이다. 하지만 그는 그러한 언급을 하지 않았다. 왜냐하면 그것에 관심이 없었기 때문이다. 이로 미루어 보았을 때 기 없는 상태

---

[39] 『栗谷全書』 卷之十四 「祭外祖母李氏文」 庚午 a_044_290b 至誠感神 ; 『栗谷全書』拾遺 卷之五 「祈禱策」 a_045_552c, 苟有至誠, 天必感應矣

[40] 작위의 능력을 기에만 부여하고 리에는 원리적인 성격만을 갖도록 했다고는 하지만 '올바른 것', '당연히 그래야 할 것'을 강력하게 추구하는 자리에서는 그 무정의(無情意)·무조작(無造作)의 리(理)가 스스로 영명한 감응력을 가질 수 있도록 하는 여지를 남겼다고 해석한 논문이 있다.(김현, 『조선 유학의 자연 철학』, 서울: 예문서원, 1998, 383쪽)
하지만 이이는 기를 잘 다스려서 본연지기를 회복해야 한다고 말한다. 그 본연지기는 호연지기를 의미한다.(『栗谷全書』 卷之十 「答成浩原」 a_044_211c, 只使人檢束其氣, 使復其氣之本然而已, 氣之本然者, 浩然之氣也) 따라서 선악이 있는 기를 잘 다스려서 그 본연지기를 회복하면 그 작용으로 인하여 '올바른 것', '당연히 해야 할 것' 등을 충분히 할 수 있다. 따라서 위의 해석은 그것을 간과하였다.

에서 리의 작용은 이무위·기유위 이전의 미정설未定說이라고 할 수 있다. 즉 이무위와 기유위가 정설定說이었던 것이다. 이 때문에 그것을 바탕으로 이황의 이기호발설을 비판했다. 만약 이이가 기 없는 상태에서 리의 작용을 정설로 여겼다면 이황을 비판하지 않았을 것이다.

2. 본연지기에서 정기와 기질체청까지: 이이에서 홍직필과 전우까지

1) 본연지기에서 기질체청으로 전개

간재 전우(1841-1922)는 율곡학파의 적통으로서 널리 알려져 있다. 그의 스승은 전재全齋 임헌회任憲晦(1811-1876)이고, 전재는 매산梅山 홍직필洪直弼(1776-1852)의 제자였다.

율곡학파를 형성하게 된 원인들 중 율곡의 창의적인 성리설은 그 중의 하나이다. 그의 창의성은 곳곳에서 나타나고 있고 그 중에 하나로서 본연지기本然之氣가 있다. 그것은 퇴계학파와 구별되는 설이다. 주자학에 대한 해석으로 인하여 나타났으나 그에게서 그러한 용어는 나타나지 않는 새로운 용어였다. 그것은 매산을 거쳐 간재에 이르러 창의적인 기질체청氣質體淸설로 정립된다. 또한 그것은 미발심체未發心體가 순서하다는 설로 전개된다. 이것은 율곡 성리학에 대한 계승발전이었고, 가까이는 매산의 계승발전이었다. 이 책에서는 간재의 매산 학술사상에 대한 계승발전에 대하여 연구할 것이다. 특히 기의 정조精粗, 기의 주재, 기질체청氣質體淸 등 주로 그의 특징적인 기를 중심으로 연구할 것이다.

2) 기의 정조精粗

간재는 기를 정정과 조조로 구분한다.[41] 그 근거는 율곡의 본연지기本然之氣에 있다. 그는 주자의 리기理氣에 대하여 리무위理無爲와 기유위氣有爲[42]로 해석한다. 전자는 순선하지만 후자는 선악이 모두 있다.[43] 따라서 인간의 선행의 근거는 순선한 리이다. 하지만 리는 전혀 움직임이 없는 무위이기 때문에 인간의 행동에 직접 영향을 끼칠 수 없다. 결국 인간의 행동에 영향을 줄 수 있는 것은 능동적인 기가 될 수밖에 없다. 하지만 기는 선악이 모두 있다. 기가 리를 엄폐하면 리의 순선은 나타날 수 없다. 엄폐하지 않았을 때 그 순선은 나타날 수 있다. 이 때문에 율곡은 전자를 형기形氣, 후자를 본연지기라고 구분하였다.

> 기의 본연은 호연지기浩然之氣이고 천지에 꽉차있다. 본래 선한 리를 엄폐하지 않는다.[44]

만약 형기가 리를 엄폐하게 되면 그것은 리가 아니라 기에 속하는 것이 된다. 엄폐되지 않았을 때만 리라고 한다. 리는 능동적

---

[41] 『艮齋集』前編續 卷之三「答洪思哲」乙巳, 민족문화추진회, 2004, a_333_388a 郭公言天君豈氣乎. 氣有精粗之分. 湛一精英虛靈神明之類. 朱子謂之氣之至精至妙處. 與形氣氣質之粗底殺不同.

[42] 『栗谷全書』卷之十「答成浩原」, 민족문화추진회, 1989, a_044_203c, 但理無爲而氣有爲

[43] 『栗谷全書』卷之十四「人心道心圖說」壬午 奉敎製進 a_044_284c, 理本純善. 而氣有淸濁. 氣者. 盛理之器也. 當其未發. 氣未用事. 故中體純善. 及其發也. 善惡始分. 善者. 淸氣之發也. 惡者. 濁氣之發也

[44] 『栗谷全書』卷之十「答成浩原」a_044_210b 氣之本然者. 浩然之氣也. 充塞天地. 則本善之理. 無少掩蔽

이지 않고 기가 능동하기 때문에 리가 발현여부는 기에 달려 있다. 따라서 그는 기가 리를 엄폐하지 않았을 때 리라고 말했던 것이다.

> 다만 리는 무위이고 기는 유위이므로 정이 본연지성에서 나왔고, 형기에게 엄폐되지 않은 것은 리에 속한다. 마땅히 처음에 본연에서 나왔을지라도 형기에 엄폐된 것은 기에 속한다.[45]

이처럼 기를 형기와 본연지기로 구분하는 것은 율곡의 특징으로서 퇴계와 다른 점이다. 율곡 스스로도 그것을 새로운 용어라고 칭하였다. 즉 도심을 본연지기라고 한 것이 바로 그렇다는 것이다. 그 뿐만 아니라 본연지기라는 용어 역시 새로운 것이기도 하다.

> 도심을 본연지기라고 여긴 것은 새로운 용어인 것 같다. 비록 이것이 성현의 뜻일지라도 문자로 나타나지 않았다.[46]

그것이 매산 홍직필에 이르러 심기心氣와 기질지기氣質之氣로 구분되고 전자는 정기精氣이고 후자는 조기粗氣이다.

심기의 기는 깨끗하고, 기질의 기는 거칠다. 기는 둘이고 리는 하

---

[45] 『栗谷全書』 卷之三十八 「前後辨誣章疏」 a_045_431b 但理無爲而氣有爲, 故情之出乎本然之性, 而不掩於形氣者, 屬之理, 當初雖出於 045_443a 本然, 而形氣掩之者, 屬之氣.
[46] 『栗谷全書』 卷之十 「答成浩原」 a_044_210b 以道心爲本然之氣者, 亦似新語, 雖是聖賢之意, 而未見於文字

나이다. 그 뿌리를 보면 기 또한 하나이다.[47]

이처럼 매산은 심기를 정기, 기질의 기를 조기라고 하여 기를 구분하였다. 하지만 기가 본래 둘이 아니라 하나라는 것이다. 처음부터 심기와 기질의 기 또는 정기와 조기가 있었던 것은 아니라는 것이다. 따라서 처음에 정기만 있었고, 나중에 조기가 생겼다고 생각하였던 것이다. 그는 율곡과 같이 본연지기本然之氣라는 용어를 적극적으로 쓰지 않았다. 단지 다른 사람의 말을 인용할 때 쓴 적이 있을 정도이다.[48] 왜냐하면 퇴계학파의 비판 때문에 그리했던 것으로 해석된다. 퇴계학파의 우담 정시한(1625-1707)은 율곡의 본연지기에 대하여 성현의 뜻과 부합하지 않는다고 비판한 적이 있었기 때문이다.

도심을 본연지기라고 여긴 것은 분명 기를 리로 여긴 것으로서 스스로 새로운 용어를 만들었다고 하였으나 성현의 뜻과 합치하여 나타난 것은 아니다.[49]

우담이 비판한 것은 본연이란 리일 뿐 기가 본연이 될 수 없다고 생각하였기 때문이다. 리가 능동적으로 기를 주재한다고 여겼

---

[47] 『梅山集』卷之七「上潁西任丈」甲子十月, 민족문화추진회, 2002, a_295_185c, 心氣之氣. 氣之精. 氣質之氣. 氣之粗. 氣二也理一也. 極其本. 氣亦一而已矣.
[48] 『梅山集』卷之四十九「近齋朴先生行狀」a_296_508a 或謂湛一是本然之氣
[49] 『愚潭集』卷之八「四七辨證」, 민족문화추진회, 1994, a_126_338a 以道心爲本然之氣者. 分明是認氣爲理. 自創新語. 而未見其合於聖賢之意也.

기 때문에 당연히 리가 본연이 된다고 생각하였던 것이다. 그는 도심을 주리이고 기와 섞이지 않았다고[50] 주장하면서 율곡을 비판했던 것이다. 하지만 율곡은 리를 무위, 기를 유위라고 하였기 때문에 인간의 선행의 근거는 능동적인 기가 될 수밖에 없었다고 생각하였고 본래 기는 순선한 리를 엄폐하지 않는다고 주장했던 것이다. 즉 본연지기는 리를 잘 따른다고 여겼던 것이다. 퇴계학파의 이러한 비판은 계속되어 결국 면우와 간재의 논쟁에도 나타난다.[51]

매산이 본연지기라는 율곡의 신어를 사용하지 않았더라도 "심기의 기는 기의 정"이라고 한 것으로 미루어 보았을 때 그 심기는 이미 "도심은 본연지기"라고 말한 율곡의 의미를 담고 있는 것이다. 그는 심기와 기질의 기를 상대적인 의미로 사용하고 있다. 마치 율곡이 본연지기와 형기를 그렇게 사용했듯이.

하지만 간재는 율곡의 본연지기, 매산의 정기와 조기를 모두 사용하고 있는 것이 특징이다. 더욱이 그는 율곡의 '도심은 본연지기'라는 말에 대한 비판을 적극적으로 반박하고 있으며 그것을 성현의 제일의 종지라고 주장한다.

주자가 말하기를 "리는 약하고 기는 강할 때 리는 관리를 하지 못한다." 성인의 가르침은 마로 이것을 구하는 것이다. 그러므로 율곡은 그것을 계승하여 말하기를 "성현의 천언만어는 사람이 그 기

---

50 『愚潭集』 卷之八 「四七辨證」, a_126_338a 則主理而不雜乎氣者. 卽是道心… 以道心爲本然之氣者. 分明是認氣爲理. 自創新語. 而未見其合於聖賢之意也.
51 이종우, 「간재 전우의 심성론에서 주재문제 - 마음의 몸에 대한 주재문제를 중심으로-」, 『유교사상연구』26, 한국유교학회, 2006

를 검속하고 그 본연지기를 회복하게 하는 것이다." 이것은 주리의 학으로써 기를 제어하는 것이고 현인들이 이것에 있으니 성문의 제일의 뜻을 만든 것이고 서로 지켜야 하는 것이다.[52]

율곡은 도심이 본연지기라는 것을 성현의 뜻이라고 했지만 간재는 그것을 더욱더 높여 성현의 제일의 뜻이라고 주장했던 것이다. 따라서 그는 율곡을 비판하는 화서 이항로(1792-1868)를 반박하였던 것이다.[53]

3) 기의 주재

간재 주재설의 특징은 기의 주재이다. 물론 그 기는 겸선악한 기가 아니라 순선한 기이다. 이것은 율곡-주자를 해석하는 과정에서 나타난 것이다. 주자는 리가 주재한다 하고, 심이 몸을 주재한다고 말한다.

> 심은 진실로 주재의 뜻이지만 이른바 주재자는 바로 리이다.[54]
> 심은 신身을 주재한다.[55]

---

[52] 『艮齋集』 前編 卷之九 「與金炳周」 a_332_392d 朱子曰. 理弱氣强. 理管佗不得. 聖人立教. 正要救得這些子. 故栗翁承其緒而立言曰. 聖賢千言萬語. 只要人撿束其氣. 使復其本然之氣而已. 此乃爲御氣以主理之學也. 賢輩于此. 另作聖門第一旨訣. 而相與持守也.

[53] 『艮齋集』 前編 卷之十四 「華西雅言疑義」 辛巳 a_333_135a 愚按栗谷先生曰. 以道心爲本然之氣者. 亦似新語. 雖是聖賢之意. 而未見於文字. 兄若於此言. 不疑怪333_140d而斥之. 則無所不合矣. 答牛溪書.　愚按… 華老之言. 似與栗翁定論不同. 可疑

[54] 『朱子語類』 권1, 「理氣上」, 北京: 中華書局, 1999 : 心固是主宰底意, 然所謂主宰者, 卽是理也.

하지만 심은 기라고 말한다.⁵⁶ 따라서 심이 몸을 주재하는 것은 기의 주재를 의미하는 것이 된다. 물론 주자가 그렇게 직접 말하지 않았다. 이에 대하여 율곡은 리가 기를 주재한다고 말한다.

리가 기를 주재한다.⁵⁷

주자는 리가 주재한다고 말했을 뿐 그 대상에 대하여 언급하지 않았다. 리의 주재의 대상을 기라고 언급한 것은 율곡이었다. 그것은 율곡의 보다 엄밀한 논리적 보완이라고 할 수 있다. 하지만 그 역시 심이 몸을 주재한다고 말했을 뿐이었다.⁵⁸ 이에 대하여 간재는 심이 몸을 주재하는 기이지만 그것은 순선한 본연지기라고 했던 것이다. 겸선악한 기가 몸을 제대로 주재할 수 없기 때문이다. 따라서 심즉기心卽氣이고 심이 몸을 주재한다는 것은 비판의 소지를 안고 있는 것이다. 이러한 점 때문에 율곡학파는 비판을 받는다. 매산도 그 중의 하나였다. 하지만 매산은 그것을 주재라고 말하지 않는다. 심이 몸을 주재할 때 그것은 경敬이 몸을 주재하는 것이라고 한다.

심은 일신一身을 주재하고 경敬은 일심一心을 주재한다.⁵⁹

---

55 『朱子語類』 권5, 「性理」2 : 心是主宰於身者
56 『朱子語類』 권5 「性理」2, 心者, 氣之精爽
57 『栗谷全書』 卷之十 , 「答成浩原」(壬申) a_044_199a, 민족문화추진회, 1989 : 夫理者, 氣之主宰也
58 『栗谷全書』 권14, 「人心道心圖說」 : 合性與氣而爲主宰於一身者, 謂之心

심이 몸을 주재하는 것의 전제는 경이 심을 주재하는 것이다. 그가 말하는 주재란 제대로 관리하는 것을 의미한다. 선행이 나타난 상태에 대하여 심이 몸을 주재했다고 생각하였던 것이다. 악한 기는 몸을 주재할 수 없다고 그는 여겼다.

심이 진실로 악이 있다면 몸을 주재할 수 없다.[60]

또한 심이 몸을 주재한 상태는 경이 심을 주재함으로 인하여 나타나는 것을 의미한다. 그러한 심은 악한 기가 아니라 선한 기이고 조기인 기질의 기가 아니라 정기로서 심기였던 것이다. 그가 말하는 심의 주재란 정기인 심이 몸을 주재하는 것을 의미한다. 하지만 다른 학파에서 기란 겸선악하기 때문에 심이 몸을 주재함으로 인하여 악행이 나타날 수 있다고 생각하였으므로 매산을 주기론이라고 비판하였다.

수년 전에 아산 김완식으로부터 "심의 주재를 매산은 리라고 여기기 않았다. 이것은 주기의 학이다."라는 말을 들었다.[61]

이것은 매산 뿐만 아니라 그의 연원 율곡에 대한 비판에서도

---

59 『梅山集』 卷之十六 「答沈稚行」 景澤 戊戌三月 a_295_384d 心爲一身之主宰. 敬爲一心之主宰

60 『梅山集』 卷之十六 「與許勉汝」 懋 辛卯六月 a_295_396c 心苟有惡則不能主宰一身

61 『艮齋集』 前編 卷之五 「答金駿榮」 辛卯 a_332_219d 年前聞牙山金完植言. 心是主宰. 而梅山不以爲理. 是乃主氣之學. 이것은 간재가 그의 제자 김준영에게 답장한 편지에서 나타난 내용이다.

나타난 것이기도 하다. 그 대표적인 비판이 퇴계학파의 한주 이진상(1818-1886)이다.

> 심이 몸을 주재한다면 주재는 기에 속하는 것으로써 천리가 형기의 명령을 받는 것이 된다. 많은 추악함이 영대靈臺(마음)의 근거가 된다. 심은 체體가 없어서 성을 체로 삼는데 그것을 기라고 말하면 고자의 견해이고 사람이 금수와 다름이 없는 것이다.[62]

이에 대하여 간재는 기의 정조精粗가 있다고 하여 추악한 것만 있는 것이 아니라고 한주를 반박한다.[63] 심이 몸을 주재한다는 것은 호연지기浩然之氣라고 반박한다. 호연지기를 정기精氣라고 해석하였던 것이다. 호연지기는 맹자에서 나타나는데 그것을 주자가 주재라고 해석하였다고 그 전거를 제시하였던 것이다.

> (한주는) 주재라는 명칭을 심이 리라고 가리킨 것과 같이 하였다. 귀신鬼神과 호연지기浩然之氣는 주자가 주재로서 어류 귀신문의 양록과 맹자문 기손록에서 말하였다. 이것을 모두 리라고 간주할 수 있는가? 대저 심과 호연지기의 주재는 혹은 인의를 계승하기도 하고, 실리를 드러낸 것이기도 하고, 의와 도에 짝이 되기도 하는 것

---

62 『寒洲集』卷之三十二「心卽理說」, 민족문화추진회, 2003, a_318_141a 心爲一身之主宰. 而以主宰屬之氣, 則天理聽命於形氣, 而許多麤惡. 盤據於靈臺矣. 心無體, 以性爲體, 而今謂之氣, 則認性爲氣, 告子之見也. 而人無以自異於禽獸矣

63 『艮齋集』前編 卷之十三「李氏心卽理說條辨」辛亥 a_333_094a, 則所謂氣者, 非麤惡尨雜之物, 乃是氣之一原, 與理無間底. 然則惡可不分精粗, 而槩謂之石乎.

으로 쓰기도 한다. 어찌 천리를 굽혀 기로부터 명령을 듣는다고 할 수 있겠는가? 또한 주재는 기에 속할 뿐 어찌 형기가 마땅하다고 하겠는가? 이씨(이진상)가 말하기를 "천리는 형기로부터 명령을 듣는다 하니 어찌 대가의 추악을 따르는 것이 아니겠는가? 이미 기의 영각을 리라고 오인하였으므로 사람들이 기자를 추악한 것으로 보게 되었다.[64]

한주가 율곡학파의 심의 주재를 비판한 것은 그가 형기라고 해석하였기 때문이라고 간재는 반박한다. 하지만 형기로서 조기粗氣는 겸선악하지만 정기는 순선한 본연지기이고 호연지기라고 간재는 여겼다. 그러한 기는 리에 뿌리를 두고 있는 것이다. 리승기理乘氣 즉 리가 기를 타고 있는 것으로서 순선하다. 이것을 간재는 기가 리를 운용하는 것이며 그것이 바로 주재라고 표현한다. 반면에 리는 기를 주재하고 그것은 뿌리의 의미라고 표현한다. 즉 기의 리에 대한 주재는 운용, 리의 기에 대한 주재는 뿌리라고 표현했던 것이다.

주재란 자연自然으로써 말하는 것이 있고, 운용運用으로써 말하는 것이 있다. 운용이란 기이고, 자연이란 리이다.[65]

---

[64] 『艮齋集』前編 卷之十三「李氏心卽理說條辨」辛亥 a_333_094a, 如以主宰之名, 卽指心爲理, 則鬼神浩氣, 朱子嘗以主宰言, 見語類鬼神門揚錄, 孟子門夔孫錄, 是亦一切喚做理歟, 夫心與鬼神與浩氣之爲主宰, 或以欽承仁義, 或以靠著實理, 或以配義與道, 而爲之用爾, 何敢屈天理而使之聽命於己耶, 且主宰之屬氣, 又何嘗以形氣當之, 而李氏乃曰天理聽命於形氣, 豈非大家鹵率乎, 蓋旣誤認認氣之靈覺爲理, 故纔見人說氣字, 便指爲333_094b鹵跡

[65] 『艮齋集』前篇 권2: 63b,「答柳穉程」,〈別紙〉: 主宰, 有以自然言者 ; 有以運用言者, 運用

또한 심즉기와 성즉리를 바탕으로 심이 성을 주재하는 것은 운용, 성이 심을 주재하는 것은 뿌리라고 하였다.

> 주재 두 글자는 글자가 같지만 쓰임새는 다르다. 심이 성의 주재자가 된다는 말은 유행처에서 심이 능히 리를 운용함을 가리켜 말한 것이다. 성이 심의 주재자가 된다는 말은 원두처源頭處에서 성을 기가 뿌리로 삼는 바가 됨을 가리켜 말하는 것이다.[66]

하지만 심이 몸을 주재하는 것은 겸선악하기 때문에 경敬으로써 순선한 성을 높여야 한다고 주장한다. 심은 기이고 겸선악하기 때문에 순선한 성을 높여야 한다는 것이다. 그것도 경으로써 즉 오직 한결같이 흔들림이 없이 성을 높여야 선행이 나타나고 그것이 바로 주재라고 간재는 생각하였던 것이다.

> 심은 몸을 주재한다. 심이 잠깐이라도 성을 배반하여 자용自用하면 사지백체가 모두 일어나 다투니 어찌 주재할 수 있겠는가? 반드시 경敬으로써 성을 높여야 몸을 제대로 관리할 수 있다.[67]

율곡의 주재설에 입각한다면 심이 몸을 주재할 때 심즉기이기

者, 氣也 ; 自然者, 理也.
[66] 『艮齋集』前篇 권5: 26, 「答金致容」: 主宰二字一字同而用異, 謂心爲性之主宰者, 從流行處, 指其能運用此理而言也 ; 謂性爲心之主宰者, 就源頭處, 指其爲氣之所本而言也.
[67] 『艮齋集』권13: 89a, 「李氏心卽理說條辨」, 민족문화추진회, 2004년, 86쪽 : 心爲一身之主宰, 須要細勘使, 所謂心者, 雖一霎時叛性而自用, 則四肢百體, 將群起而爭雄矣. 如何做得主? 必也用敬尊性, 乃可以管攝一身矣.

때문에 결국 기가 몸을 주재하는 것이 되고 그 기는 겸선악하고 악의 성향 때문에 몸을 제대로 주재할 수 없다. 물론 율곡은 성과 기가 합하여 심이 되고 그것이 몸을 주재한다고 말하였다.

> 성과 기가 합하여 몸을 주재하게 되고 그것을 심이라고 말한다.[68]

따라서 심즉기의 상태에서 몸을 주재하는 것은 아니다. 오히려 심합이기心合理氣의 상태에서 몸을 주재하는 것이다. 물론 그 상태에서 몸을 주재해도 여전히 겸선악한 기의 성향이 있다. 따라서 완전한 주재라고 할 수 있는가의 문제가 있다. 이 때문에 매산은 경敬이 심을 주재하고 그 심이 몸을 주재한다고 하여 그러한 문제를 극복하였다. 이에 대하여 간재는 심이 경으로써 성을 높여야 몸을 제대로 주재할 수 있다고 말한다. 그것은 매산을 계승하면서도 보다 엄밀하게 보완하여 발전시켰던 것이다.

그렇다면 간재가 전자는 운용, 후자는 뿌리라고 표현하면 보다 명료할 텐데 왜 주재라고 표현했는가? 그것은 주자와 율곡이 주재라고 표현하였기 때문이다. 그는 양자를 엄밀하게 해석하여 보완해서 계승할 뿐 그것을 변용 또는 비판할 생각은 없었던 것이다.

---

[68] 『栗谷全書』 권14, 「人心道心圖說」 : 合性與氣而爲主宰於一身者, 謂之心

4) 기질체청氣質體淸

『중용』에서 희노애락喜怒哀樂의 미발未發을 중中, 발동하여 중절中節한 것을 화和라고 한다.[69] 이에 대하여 주자는 전자를 미발로서 성性, 후자를 이발로서 정情이라고 하여 보다 엄밀하게 해석한다.

> 성이란 미발을 가리키고…… 정이란 이발이다.[70]

성은 인의예지이고,[71] 정은 사단과 칠정이다. 따라서 전자는 선, 후자는 선악이 모두 있다.[72] 이에 대하여 율곡은 전자에서 성의 선악은 아직 나타나지 않고, 후자에서 그것이 나타난다고 말한다.

> 성은 비록 선악이 있을지라도 미발의 상태에서 기미가 동動하지 않습니다. …… 그것이 동動하면 그 기가 청명하여 리를 따라 중절의 정情으로서 달도達道입니다. 어찌 조금의 누累가 있겠습니까? 오직 그 기질이 가지런하지 않아서 그것이 움직여 기가 맑지 않아서 리를 따르지 못하고 그 발현이 중中이 되지 않으면 악으로 치닫습니다. 처음에 움직임이 그러합니다. 처음부터 반드시 선이 되고 악으로 흐르는 것이 아닙니다.[73]

---

69 『中庸』1장, 성균관대 대동문화연구원, 1970, 喜怒哀樂之未發, 謂之中; 發而皆中節, 謂之和.
70 『朱子語類』권20: 86, 北京: 中華書局, 1999, 性者指其未發… 情卽已發
71 『朱子語類』권53「맹자」3, 惻隱 羞惡 辭讓 是非, 情也. 仁義禮智, 性也；권4 성리1, 以仁義禮智爲性, 以喜怒哀樂爲情
72 『朱子語類』권5「성리」1, 情有善惡, 性則全善
73 『栗谷全書』卷之十二 答安應休 a_044_251d 性雖有善惡, 而當其未發之際, 幾微不動…

이것은 주자에 대하여 보다 엄밀하게 해석한 것이다. 이처럼 율곡의 미발과 이발은 동정動靜여부에 있으며 그것은 기의 동정을 가리킨다. 미발상태에서 선악이 나타나지 않는 것은 기가 정靜한 상태에 있기 때문이다. 기가 동동한 상태에서 선악이 나타난다는 것이다. 그러한 기는 형기와 본연지기가 있다. 매산은 기질지기氣質之氣와 심기心氣 또는 조기粗氣와 정기精氣로 구분한다. 그것에 대하여 간재에 이르면 율곡의 형기와 본연지기를 따라 구분하고, 매산을 따라서 전자를 조기라고 하고 후자를 정기라고 하였다.

간재는 미발시에 본연지기가 고요한 상태이기 때문에 당연히 순선이라고 말한다. 기질체청설이 바로 그것이다.

> 그러므로 인간에게 품부된 이러한 기란 부여된 그 본연을 완전히 얻었다. 이것은 밤의 휴식기에 기의 청명함이 회복된 상태이다. 맹자혹문, 주자어류 절록에 기가 바로 청한 것을 얻었다고 한 것이 그것이다. 이러한 기질의 본체는 청수하다는 것이 증명된 것이다. 그러므로 비록 중인衆人이 경敬을 이루지 못하였을지라도 심이 미발未發한 상태에서는 성인과 다름이 없다. …… 주자의 이기오행은 본연을 말한 것이다. 이계선에게 기질을 말한 것은 본체와 본연이다. 또한 본래 청미淸美하다고 말한 것이다. 또 그 처음을 회복하였다고 말한 것이다. 이외암李巍巖(이간)이 미발 상태에서 기질은 지극히 청수淸粹하다고 한 것은 본연을 의미한 것이다.[74]

及其旣動, 其氣淸明, 惟理是從, 則乃中節之情而是達道也. 豈有纖毫之疵累乎. 惟其氣質不齊, 其動也. 氣或不淸. 不能循理. 則其發也不中. 而馴至於惡. 自其初動而已然. 非厥初必善而厥流乃惡也

이처럼 그는 기질체청설의 근거를 주자의 이기오행이 바로 본연이라고 해석한 것에 두고 있다. 또한 외암(이간)의 미발 상태에서 기질이 청수하다는 설에 근거를 둔다. 이 때문에 외암은 그 상태는 바로 심체 즉 심의 본체이고 순선하다고 주장한다. 따라서 그는 남당이 미발상태에서 기질은 악이 있다는[75] 주장에 대하여 양웅의 설이라고 비판하였다.[76]

간재의 기질체청설은 실제로 율곡의 본연지기에 기원을 두고 있다. 율곡은 순선한 리는 동정할 수 없기 때문에 인간의 선행으로 직접 연결되지 못하고, 기가 동정하기 때문에 인간의 선악의 행동에 직접 영향을 미친다고 여긴다. 이 때문에 선악의 근거는 기일 수밖에 없고 순선한 기로써 본연지기를 설정하게 된다. 그것이 매산을 거쳐 간재에 이르게 되었다.

---

[74] 『艮齋集』 後編 卷之十四 「氣質體淸」 示金鍾熙, 權純命, 柳永善 癸丑 a_335_144b 故人之稟此氣者, 並與其本然而盡得之. 此所以暮夜休息則其氣復淸明耳. 孟子或問. 語類節錄. 歇得些時氣便淸. 此氣質本體淸粹之實驗也. 故雖衆人未有敬功者, 亦時有此心未發而聖人無異 … 335_144d 朱子於二氣五行. 言本然. 李繼善於氣質. 言本體本然. 又言本淸本美. 又言復其初. 李巍巖於未發時氣質. 指至淸至粹者. 爲本然.
이 설을 초년설이라고 해석하기도 한다.(朱建民, 「朱子與艮齋的理氣思想 - 以艮齋的氣質本體淸粹說爲中心-」『간재학논총』6, 간재학회, 2007, 175-176쪽) 하지만 1913년(癸丑) 73세에 지은 것이기 때문에 오히려 후기에 정립한 설이다.

[75] 『南塘集』 卷之九 「與李公擧」 束 別紙 辛卯六月, 민족문화추진회, 1998, a_201_212b, 則以爲未發之前. 語性則無不善. 語氣質則不能無惡

[76] 『巍巖遺稿』 卷之四 「上遂菴先生」 辛卯, 민족문화추진회, 1997, a_190_306b, 未發有善惡之論. 是揚氏之說. 而今此天命五常. 判以爲二物. 物得於天命之全. 而不得於五常之德者. 尤是無前之論也. 先生於此等議論. 果每汎然印可. 則無乃爲未安乎. 鄙見不逮. 敢此仰稟. 伏乞千萬明誨也. 惡氣自有惡理. 惡質自有惡性. 雖言未發. 而其氣質之惡自在. 則其性理. 豈能獨善哉. 此德昭精微獨到. 十分自見處也. 然古人亦已見到此處. 揚氏是也. 竊念聖人之意. 則有異於是. 雖天下至惡之氣質. 而果能有寂然未發四亭八當之時. 則其心體固已純乎190_306c 善矣. 故其性理. 亦四亭八當. 爲天下之大本. 此雖平平無甚新奇. 而天下至理. 恐不出此矣

5) 본연지기에서 정기와 기질체청으로 발전

율곡과 퇴계의 근본적인 차이는 리기설에 있다. 주자의 이기설에 대한 해석에서 율곡은 리무위와 기유위라고 한 반면에 퇴계는 리를 체용으로 구분하여 그 체를 주자가 말한 무정의이지만 그 용은 능발능생이라고 해석하였다. 하지만 율곡의 리는 능동적이지 못하고 오히려 기가 능동적이다. 따라서 인간의 선악행에 대하여 직접 영향을 미치는 것은 기이다. 선행의 근거 역시 기이고 그는 본연지기에 두었다. 그가 직접 새로운 용어라고 했듯이 그것은 창의적인 것이었다. 물론 그것은 주자학에 근거를 두었다고 한다. 율곡의 본연지기는 순선하고, 그것과 구별되는 형기는 선악이 모두 있다.

이것은 매산에 이르러 심기와 기질지기 그리고 전자는 정기이고 후자는 조기이다. 전자는 순선하지만 후자는 선악이 모두 있다. 이것이 간재에 이르러 전자는 본연지기, 정기, 순선 그리고 후자는 형기, 기질지기, 조기, 겸선악으로 정립되었다. 그리고 기질의 본체는 청淸하다는 기질체청氣質體淸설로 정립되었다. 그러한 기질체청설은 미발상태에서 심체는 순선하다는 낙론의 설로서 전개되었다. 그로 인하여 겸선악하다는 남당의 호론을 비판하기도 한다. 그것은 남당을 비판한 외암의 설을 지지하는 것이기도 하다. 이러한 간재의 설은 율곡과 낙론, 매산의 계승이고 발전이라고 할 수 있다.

3. 전우의 주재와 인물성편전론

1) 주재설과 인물성편전론의 기원

주희는 리의 주재를 말함으로 인하여 주재설의 기원이 되었다. 그 후 이이와 이황이 그것을 보다 엄밀하게 정의한다. 훗날 조선후기에 이르러 보다 엄밀하게 정의함으로 인하여 논쟁이 벌어지기도 하였다. 이이의 주재설은 전우에 이르러 보다 엄밀하게 정리되고, 이황의 그것은 이진상에 이르러 논리적으로 엄밀해 진다.

그것은 주로 심과 성의 주재에 관한 내용이다. 또한 성에 대해서도 인간과 다른 생물로 구분하여 같은지 다른 지에 대하여 율곡학파의 이간과 한원진은 논쟁을 벌인다. 즉 인간과 다른 생물의 성이 편벽과 완벽에 대하여 논쟁을 하였다. 그것에 대하여 전우는 다음과 같이 정리한다.

2) 심성의 주재

간재 전우는 심이 몸을 주재한다고 말한다. 그러나 심이 순선하지 않다는 것이 문제이다.

심은 몸을 주재한다. 심이 잠깐이라도 성을 배반하여 자용自用하면 사지백체가 모두 일어나 다투니 어찌 주재할 수 있겠는가? 반드시 경으로써 성을 높여야 몸을 제대로 관리할 수 있다.[77]

하지만 심이 몸을 주재하는데 심즉기이고 그것은 선 뿐만 악이 있기 때문에 악행이 나타날 수 있다. 따라서 심은 순선한 경敬으로써 성을 높여야 한다고 주장한다. 이 때문에 성존심비性尊心卑, 성사심제性師心弟의 설이 등장하게 되었다. 하지만 성이 몸을 직접 주재한다고 생각할 수 있다. 그러나 간재는 성은 리이고 무위이기 때문에 몸을 직접 주재할 수 없다는 것이다. 몸을 직접 주재한다는 것은 능동적이라야 가능하기 때문이다. 그래서 심이 성에 뿌리를 두고 몸을 주재해야 한다고 주장했던 것이다.

그러한 심은 몸뿐만 아니라 성도 주재한다. 또한 성은 심을 주재한다고 말한다. 그러나 과연 그것이 가능한지가 문제이다. 그러나 간재의 성과 심의 주재는 그 의미가 다르다. 심이 성을 주재한다는 것은 유행하는데 있어서 심이 성을 운용한다는 의미이다. 또한 성이 심을 주재한다는 것은 본원상에서 성이 심의 뿌리가 된다는 의미이다.

주재 두 글자는 글자가 같지만 쓰임새는 다르다. 심이 성의 주재자가 된다는 말은 유행처에서 심이 능히 리를 운용함을 가리켜 말한 것이다. 성이 심의 주재자가 된다는 말은 원두처에서 성을 기가 뿌

---

[77] 『艮齋集』 권13: 89a, 「李氏心卽理說條辨」, 민족문화추진회, 2004년, 86쪽, "心爲一身之主宰, 須要細勘使, 所謂心者, 雖一霎時叛性而自用, 則四肢百體, 將群起而爭雄矣. 如何做得主? 必也用敬尊性, 乃可以管攝一身矣."

리로 삼는 바가 됨을 가리켜 말하는 것이다.[78]

성이 심을 주재한다는 것은 능동적이지 못하다. 왜냐하면 성즉리이고 그것은 무위이기 때문이다. 따라서 성의 주재는 무위의 주재이다. 이러한 점을 고재가 계승한 것이다. 그 무위의 주재는 바로 심의 뿌리 역할을 한다는 의미이다. 반면에 심이 성을 주재한다는 것은 심즉기이기 때문에 능동적인 주재가 가능하다. 하지만 그것은 그는 운용이라는 의미라고 말한다. 성즉리, 심즉기이기 때문에 리가 기를 주재하고 기가 리를 주재한다는 의미가 되기도 한다. 그러한 주재의 의미도 구분하여 리의 주재는 자연, 기의 주재는 운용이라고 말한다.[79] 그러나 용경존성用敬尊性해야 하는 심이 그렇지 않고 기로써 주재한다는 것이 쉽지 않다. 따라서 간재는 심즉기에서 기를 조기粗氣와 정기精氣를 구분하여 후자의 주재를 말한다.[80]

이처럼 그는 성과 심, 리와 기의 주재를 말하면서도 그 의미를 다르게 사용하고 있다. 그렇다면 구태여 주재라는 용어를 성과 심에 같이 사용할 필요가 있는지가 문제이다. 성은 뿌리, 심은 운용과 리는 자연, 기는 운용이라고 사용하면 그 의미가 분명해진다.

---

[78] 『艮齋集』 前篇 권5: 26, 「答金致容」, "主宰二字_ 字同而用異. 謂心爲性之主宰者, 從流行處, 指其能運用此理而言也 ; 謂性爲心之主宰者, 就源頭處, 指其爲氣之所本而言也"

[79] 『艮齋集』 前篇 권2: 63b, 「答柳穉程」〈別紙〉, "主宰, 有以自然言者 ; 有以運用言者. 運用者, 氣也 ; 自然者, 理也.

[80] 『艮齋集』 前編續 卷之三 「答洪思哲」 乙巳 a_333_388a, 郭公言天君豈氣乎. 氣有精粗之分. 湛一精英虛靈神明之類. 朱子謂之氣之至精至妙處. 與形氣氣質之粗底殺不同. 今所謂氣. 是何所指. 宜細辨. 且心君明是有知覺有運用底. 而直謂之理.

하지만 간재는 그렇게 사용하지 않았다. 왜냐하면 주자와 율곡이 그렇게 사용했기 때문이다. 그러나 양자 모두 주재에 대하여 그 의미가 분명하지 않는 것이 문제였다. 주자는 리의 주재, 심의 몸에 대한 주재를 말한다.

> 심은 진실로 주재의 뜻이고 이른바 주재자는 바로 리이다.[81]
> 심은 신身을 주재한다.[82]

특히 리가 주재하는 대상을 말하지 않았다. 또한 리와 심의 주재의 의미를 분명하게 구분하지 않았다. 주자의 대상을 말하지 않은 리의 주재와 심의 몸에 대한 주재라는 말을 근거로 한주는 심즉리를 주장하였다.[83] 주자의 주재대상이 없는 리에 대하여 율곡은 리가 기를 주재한다고 말한다. 리의 주재대상은 기라는 것이다.

> 리가 기를 주재한다.[84]

이러한 점에서 율곡은 주자에 대하여 보다 치밀한 논리로 해석했다고 할 수 있다. 또한 심이 몸을 주재한다 하고 심시기心是氣라

---

[81] 『朱子語類』 권1 「理氣上」, 北京: 中華書局, 1999, 心固是主宰底意, 然所謂主宰者, 卽是理也
[82] 『朱子語類』 권5 「性理」2, 心是主宰於身者
[83] 『寒洲集』 卷之三十二 「心卽理說」 a_318_141a, 민족문화추진회, 2004, 故心爲太極之語, 揭之於啓蒙之首… 又曰心固是主宰底, 而所謂主宰者, 卽此理也… 心卽理三字, 實是千聖相傳之的訣也
[84] 『栗谷全書』 卷之十 「答成浩原」(壬申) a_044_199a, 민족문화추진회, 1989, 夫理者, 氣之主宰也

고 말한다.

> 성과 기가 합하여 몸을 주재하는 것을 심이라고 말한다.[85]
> 심은 기이다.[86]

따라서 리도 주재하고 기도 주재하게 된다. 물론 리의 주재대상은 기이고, 기의 주재대상은 몸이다. 주재대상은 다르지만 그 의미는 다를 수밖에 없지만 율곡은 그 의미를 분명하게 구분하지 않았다. 이 때문에 간재는 심과 성, 리와 기의 주재에 대하여 그 의미를 분명하게 구분한다. 또한 그가 정통으로 여기는 주자와 율곡이 사용하였던 주재를 그대로 사용했던 것이다. 그러한 주재의 의미를 고재는 계승하여 리는 무위, 기는 유위의 주재라고 했던 것이다.

3) 인간과 다른 생물의 성의 편벽과 완벽

간재 전우의 인물성론은 한원진의 호론湖論 보다 이간의 낙론洛論과 상통하다. 남당은 리만을 단지單指한 것과 인기질因氣質의 성을 본연지성이라고 하여 인간과 다른 생물의 성이 다르다고 한다.[87]

---

[85] 『栗谷全書』 권14 「人心道心圖說」, 合性與氣而爲主宰於一身者, 謂之心
[86] 『栗谷全書』 卷之十 「答成浩原」 a_044_210b, 心是氣也
[87] 韓元震, 『南塘集』 卷之七 「上師門」 戊子八月 a_201_163d, 민족문화추진회, 1998, 就人物上除了氣. 獨以理言, 則渾淪一體, 不可以一理稱之一德名之. 而天地萬物之理, 仁義禮智之德, 無一不具於其中矣. 此人與物皆同之性也. 就人心中, 各指其氣之理而名之, 則木之理謂之仁, 金之理謂之義, 火之理謂之禮, 水之理謂之智. 四者各有間架, 不相淆雜, 而亦不雜乎其氣而

반면에 외암은 인기질은 본연지성이 아니라 기질지성일 뿐이고 본연지성은 형기를 초월한 리만을 가리키는 것이라고 주장하였다.

> 일원一原으로써 말하면 천명오상은 초형기이며 인간과 다른 생물의 편전의 다름이 없습니다. 이것이 이른바 본연지성입니다.[88]

전우는 기질지성을 품부받은 것은 본연지성이 아니라고 한다. 이것은 이간과 상통하기도 한다.[89]

> 처음부터 기질지성을 품부받은 것은 본연지성이 아니다.[90]

그것은 남당의 호론을 비판하는 것이기도 하다. 간재는 율곡의 설을 인용하면서 본연지성이란 리만을 말하는 것이고, 기질지성은 기가 리를 포함하고 있는 것을 말하는 것이라고 한다.

율곡이 우계에게 보낸 답장에서 본연지성은 오직 리만을 말하여

爲言. 故純善而無惡. 人則禀氣皆全. 故其性亦皆全. 物則禀氣不能全. 故其性亦不能全. 此人與物不同. 而人則皆同之性也. 以理雜氣而言之, 則剛柔善惡. 有萬不齊. 此人人皆不同之性也. 豈人既有人與物皆同之性, 又有人與物不同之性與人人皆不同之性哉. 特以其獨言理而不及氣, 則人與物皆同. 各指其氣之理. 而亦不雜乎其氣而爲言, 則人與物不同. 而人則皆同. 各指其氣之理. 故有仁義禮智名目之不同. 而人與物不同, 亦不雜乎其氣而爲言. 故純善無惡. 而人則皆同. 以理與氣雜而言之, 則人人皆不同而有是三層耳. 上二層本然之性. 下一層氣質之性. ;『南塘集』卷11「擬答李公擧」, 理本一也 而有以超形氣而言者 有以因氣質而名者 有以雜氣質而言者 超形氣而言 則太極之稱 是也 而萬物之理同矣 因氣質而名 則健順五常之名 是也 而人物之性不同矣 雜氣質而言 則善惡之性 是也 而人人物物 又不同矣

88 李柬,『巍巖遺稿』권7「答韓德昭別紙」(壬辰) 190_357d〈未發詠〉, 민족문화추진회, 1997. 以一原言, 則天命五常, 俱可超形器. 而人與物無偏全之殊. 是所謂本然之性也

89 李柬,『巍巖遺稿』권7「答韓德昭別紙」(壬辰) 190_357d〈未發詠〉, 민족문화추진회, 1997. 以一原言, 則天命五常, 俱可超形器. 而人與物無偏全之殊. 是所謂本然之性也

90 『艮齋集』後編 卷之四「答吳震泳」乙卯 a_334_186b, 當初禀受氣質之性, 非本然之性

기에 미치지 못한 것이고, 기질지성은 기가 그 가운데 리를 포함하고 있는 것을 모두 말한 것이라고 답하였다.[91]

이 때문에 남당의 설이 율곡과 다르다고 비판하였다. 남당이 기지리氣之理를 본연지성이라고 한 것이 율곡의 『성학집요』의 설과 다르기 때문이라는 것이다.

남당이 기지리만을 가리켜 각각 기의 본연지성이라고 말하였는데 그것은 성학집요의 설과 같지 않다.[92]

율곡은 『성학집요』에서 리만을 가리켜 본연지성, 리와 기질이 합해진 것을 기질이라고 칭하였는데[93] 간재가 그것을 근거로 남당을 비판하였던 것이다. 남당은 마음 가운데 기지리의 성에 대하여 인간과 다른 생물의 성이 다르고 인간끼리는 같다고 했으며 그것을 리와 함께 본연지성이라고 여겼다.[94] 이와 같이 간재는 율곡에 근거하여 남당의 설을 비판하였다.

---

91 『艮齋集』後編 卷之十一「與諸君」乙卯 a_335_036a, 栗谷答牛溪書云. 本然之性. 專言理而不及乎氣. 氣質之性. 兼言氣而包理在其中
이것은 임신년에 율곡이 우계에게 보낸 편지에서 나타난다.(栗谷全書 卷之十 答成浩原 壬申 a_044_199a, 本然之性. 則專言理而不及乎氣矣. 氣質之性. 則兼言氣而包理在其中)

92 『艮齋集』後編 卷之四「答吳震泳」a_334_201a 〈小註〉, 南塘單指其氣之理. 是所謂各氣本然之性者也. 與輯要說不同

93 『栗谷全書』卷之二十「聖學輯要二」〈修己第二上〉a_044_430a, 單指其理曰: 本然之性 ; 合理與氣質而命之曰: 氣質之性

94 韓元震, 『南塘集』卷之七「上師門」戊子八月 a_201_163d, 就人物上除了氣, 獨以理言… 此人與物皆同之性也. 就人心中, 各指其氣之理而名之… 人則稟氣皆全, 故其性亦皆全 ; 物則稟氣不能全, 故其性亦不能全, 此人與物不同, 而人則皆同之性也. … 上二層本然之性

4. 전우의 선과 그 실천으로서 파리장서에 대한 인식

1) 선의 실천과 파리장서

간재 전우(1841-1922)가 활동했던 시대는 격변의 시기인 19세기 말부터 20세기 초반으로서 개항기이며 일제강점기였다. 그는 기호학파를 대표하는 산림으로서 그의 행위는 다른 사람의 이목이 집중될 수밖에 없었다. 그의 행위는 궁극적으로 선의에 있었다. 그 역시 그 실천을 강조하였고, 그의 리기설과 심성설은 실천을 위한 것이었다. 그의 독창적인 성사심제, 리기와 심성의 주재설 등은 윤리의 실천에 근거하여 정립된 것이다. 그만큼 그의 실천은 중요했다. 그는 주자와 율곡의 성리설을 보다 정밀하게 분석하면서 독창성있는 자신의 성리설을 정립하게 되는데 그것은 윤리의 실천에 중점을 둔 것이다. 간재는 선유들의 성리설 실천과정에서 모순이 나타나고 있는 것을 논리적으로 정립했다. 특히 주자의 성리설에서 나타나는 모순을 그는 후세의 잘못된 기록이라고 하면서 자기 나름대로 논리적으로 정립하고 있다.[95]

---

[95] 『艮齋先生文集』 4, 『艮齋集』後篇卷20, 36b 「中庸記疑」, 대전, 충남대도서관, 1999, 278쪽: 如章句之說, 語類, 此段, 恐記錄有誤.

본 책에서는 그의 선과 그 실천으로서 파리장서에 대하여 논의할 것이다. 지금까지 간재艮齋의 선에 관한 연구는 다음과 같다. 박홍식의 「한말 도덕이상주의 철학의 학문관과 인간관-간재의 성론을 중심으로-」[96]과 김기현의 「간재의 범도덕주의 철학사상에 관한 연구」가 있다.[97] 전자는 간재의 윤리에 대하여 개개인의 자율적 능동성이나 개체적 독자성보다, 보편적이며 절대적인 도덕률의 원리에 순응하면서 인간의 본성을 실현하려고 했다고 한다. 따라서 실천방법에서도 사회적 실천론 보다는 수양론에서 구했다고 논했다. 후자는 간재에 대하여 주자내파의 범도덕주의라고 평가하였다. 한국의 주자학은 도덕의 영역만을 최우선시하는 외파와 우주의 모든 운행을 도덕법칙과 직결시키는 범도덕주의 내파가 있다는 것이다. 그 중에서 간재는 내파의 최후의 완결자라고 한다.

실천에 관한 연구는 다음과 같다. 도민재의 「추담별집에 나타난 간재의 의리정신」[98]과 김문준의 「간재의 항일정신과 한국 정신사적 의의」[99]는 주로 간재의 존화양이와 파리장서 사건에 대하여 연구하였다. 두 논문의 공통점은 파리장서에 대하여 처음에 서명하려고 했으나, 나중에 거절했다는 점이다. 박양자의 「간재의 출처관에 관한 일고찰」에서는 간재의 은둔적인 출처에 대하여 연구

---

[96] 박홍식, 『간재사상연구논총』 2집, 간재사상연구회, 1998. 1-28쪽.
[97] 金基鉉, 「艮齋의 凡道德主義 哲學思想에 관한 硏究」, 『간재사상연구논총』 2집, 1998, 28-78쪽
[98] 都民宰, 「秋潭別集에 나타난 艮齋의 義理精神」, 『간재학논총』 4집, 2004, 84-105쪽
[99] 金文俊, 「艮齋의 抗日精神과 韓國 精神史的 意義」, 『간재학논총』 4집, 2004, 161-188쪽

하였다.[100]

본 책에서는 간재의 선과 그 실천으로서 파리장서에 대한 인식을 연구하기로 한다.

2) 선의 발현

인간의 윤리적 기준은 선에 있으며 윤리의식은 그것에 대한 의식이라고 할 수 있다. 간재도 윤리를 선에 두고 있으며 그것은 본연의 성인 인의예지라고 생각하였다. 하지만 그는 성즉리性卽理, 심즉기心卽氣라 했고 리무위理無爲, 기유위氣有爲라고 했다. 따라서 성은 무위이므로 스스로 발현하기 어렵고, 오히려 심이 유위이므로 스스로 발현할 수 있다. 성즉리의 성은 본연의 성이며, 그것이 바로 인의예지이고 선이지만 무위이므로 스스로 발현할 수 없기 때문에 선의 발현이 문제가 된다. 이 때문에 간재는 기가 발현하면 리가 기를 타고 발현한다는 기발이승氣發理乘을 주장한다. 리는 무위로서 직접 發現하기 어려우므로 기를 타고 발현할 수밖에 없다는 것이다. 리는 순선하지만 기는 겸선악兼善惡하기 때문에 선뿐만 아니라 악도 나타날 수 있다. 그러므로 정기正氣가 가장 중요하다고 말한다.

정자가 말하기를 군자는 정기보다 더 큰 것이 없다.[101]

---

100 朴洋子, 「艮齋의 出處觀에 관한 一考察」, 『간재학논총』 4집, 2004, 106-130쪽
101 艮齋先生全集』 上, 『艮齋私稿』 卷18, 「書」, 〈答李琡載 丁巳〉, 서울: 보경문화사, 1984, 416쪽: 程子曰: 君子, 莫大乎正其氣, …

기를 타고 리가 발현되면서 선이 발현된다고 할지라도 리는 무위이므로 기를 능동적으로 제어할 수 없다. 이 때문에 정기를 강조했던 것이다.

그는 기를 심의 기, 기질의 기, 형기의 기로 구분한다.[102] 이처럼 심즉기라고 하면서도 심, 기질, 형기를 구분하였기 때문에 당시 유학자들이 기질, 정신을 심이라고 여겼다고 비판한다.[103] 이처럼 구분하는 것은 그의 독특한 것이라고 할 수 있다.

선의 실천은 몸이 하는 것이고, 그것을 주재하는 것은 심이다. 따라서 선의 실천여부는 심에 달려있다고 해도 과언이 아니다. 심의 실천은 유위인 기로 인하여 이루어진다. 물론 리는 작용하지 않지만 그것이 전혀 소용이 없는 것은 아니다. 리는 무위이지만 기의 근본이 되기 때문에 기가 작용할 때, 그 뿌리가 된다. 리는 무위이고 기의 뿌리가 되지만, 스스로 작용하지 못하며, 기는 유위이므로 스스로 작용한다. 따라서 기가 작용할 때, 리는 기에 붙어서 작용하게 되는데 그것이 기발이승이다. 기발이승의 상태에서 심의 작용이 이루어진다. 따라서 기발이승은 미발未發이 아닌 이발已發의 상태라고 할 수 있다. 심의 작용은 이미 발한 것이므로 아직 발하지 않은 상태인 미발이 아니라 이발인 것이다. 기발이승으로 인하여 심의 작용이 이루어지고 몸의 실천이 나타난다. 따라서 이때의 기는 기질, 형기의 기라기보다 심의 기이다. 그는 기질

---

102 위의 책 : …氣有心氣形之分.
103 위의 책, 卷28, 「書」, 「李氏心卽理說條辨 辛亥」, 643쪽: 使近世儒賢, 指氣質精神爲心, 則當曰: 以石爲玉也.

의 기에 대하여 청탁과 순잡純雜이 있지만 심은 오직 허령신묘虛靈神妙하다고 했다.[104] 또한 심과 기질을 각각 정조精粗, 본말本末로 구분하기도 한다. 심은 정정과 본本, 기질氣質은 조粗와 말末이 있다는 것이다.[105] 왜냐하면 심을 기의 정영精英이라고[106] 여겼기 때문에 정정이라 했고, 그것과 상대적인 기질氣質을 조粗라고 생각했기 때문이다. 심은 정정이고, 기질氣質은 조粗이므로 전자를 본, 후자를 말로 여겼다. 기질의 기는 청탁淸濁, 순잡純雜이 있기 때문에 그것이 나타났을 때, 선악이 모두 나타날 가능성이 있다. 그것이 청순淸純하면 선, 탁잡濁雜하면 악이 나타난다. 그러나 심은 허령신묘하여 정정한 기氣이므로 순선의 가능성이 있다. 이 때문에 기지본氣之本, 즉 본기本氣 내지 본래의 기를 선하다고 했다.[107] 이로 미루어 볼 때, 본기가 선한 것은 청순하기 때문이라는 것을 알 수 있다. 그는 기질의 본체도 청수淸粹하다고 한다.[108] 기질의 본체는 아직 발현하지 않았을 때를 가리킨다. 미발의 상태에서 정수하지만 그것이 이발已發한다면 달라질 수 있다. 이 때문에 기질을 조粗하다고 한 것이며, 그것은 이발已發한 상태를 가리킨다. 기질의 본체가 청수한 것은 고요한 상태이며, 그렇지 않고 조粗한 것은 동動한 상

---

[104] 위의 책, 卷29, 「雜著」, 「納涼私議疑目 壬寅」, 663쪽: 氣質者, 淸濁純雜, 有萬不齊 ; 心者, 虛靈神妙, 有一無二.

[105] 위의 책, 卷29, 「雜著」, 「淵齋集老洲雜識記疑疑疑 己酉」, 670쪽: 心者, 氣之精英, 則氣質之爲粗固也, 湛一氣之本, 則氣質之爲末亦無碍, 心氣質之分, 精粗本末, 兩皆可通.

[106] 위의 책: 心者, 氣之精英也, 氣質時粗麤者也.

[107] 위의 책, 後篇 卷17, 9b, 「關太極性命不齊」〈小註〉, 151쪽: 愚按氣之本善, 朱子屢言之善如此, 則全亦如此, 蓋氣本善本全

[108] 위의 책, 前篇 卷14, 31b, 「氣質本一論 辛亥」, 111쪽: 氣質本體, 淸粹.

태를 가리킨다고 할 수 있다. 그는 기와 리가 하나라는 말에 대하여 성인의 기질은 리에 어긋나지 않는 것이라고 해석한다. 그렇다고 해서 기가 리와 같다고 해석하지 않는다. 즉 기=리, 리=기가 아니라, 기인 심과 리가 하나라는 것이다.[109] 심과 리가 하나라고 해서 심=리는 아니다. 오히려 그는 왕양명과 이진상의 심즉를 심=리라고 해석하여 비판한다.[110] 심과 리가 같다면 구태여 심과 리라는 용사用詞를 따로 쓸 필요는 없다. 따라서 그는 심이 리를 포함한다고 여긴다.[111] 심이 곧 리라면 심은 당연히 선할 것이다. 반면에 심이 리를 포함한다고 해서 심이 곧바로 선한 것은 아니다. 왜냐하면 심이 리를 포함한다면 심과 리는 간격이 있기 때문이다. 따라서 선이 발현되려면 심의 의지가 필요하다. 심이 허령신묘한 것은 심의 기가 청순함으로 인한 것이다. 기가 청순하다면 본기이고, 그것이 선하므로 심도 선하다. 하지만 허령한 심이 선하다면 구태여 성리가 있을 필요가 없다. 그러나 심은 성에 비하여 미미하게 자취가 있기 때문에 스스로 수양할 필요가 있다.[112] 이 때문에

---

[109] 위의 책, 後篇 卷21, 5a, 「朱子大全標疑第一」, 285쪽: 氣與理一, 按聖人氣質之用自不悖於理, 故云然非爲聖人氣卽是理, 理卽是氣也, 凡言心與理一, 神與理一

[110] 위의 책, 前篇 卷13, 88a-b, 「李氏心卽理說條辨」, 90쪽: 王氏認心爲理, 故嘗言仁人心也, 心體本弘毅不弘不毅者, 私欲蔽之耳. 又言心無私欲卽是天理, 此是佗錯見眞贓處, 而李氏特把無欲是理之云, 以爲心卽理三字, 不可判舍之證, 此是二家合掌之一大公案也. 若乃吾儒議論, 則不但曰: 勝私欲而必筆復於禮, 然後, 乃曰: 事皆天理, 不但曰: 心無私而, 又必曰: 有其德, 不但曰: 心無私而, 又必曰: 事當理, 此乃爲本天之學, 與彼之做無本菩薩者, 判然別矣. 此是心性源頭學問主腦, 而有此乖舛自餘儱侗, 合說牽引揍著處雖多只緣本領, 不是, 一齊潰裂也

[111] 한주 이진상이 주자의 '심위태극心爲太極'을 심즉리라고 해석하자, 간재는 심즉리의 근거가 될 수 없다고 비판하면서 심이 리를 포함한다고 해석하였다.(위의 책, 82b, 87쪽: 言心爲太極, 竝擧心之所涵而言, 恐未足爲心理之之據也.)

[112] 위의 책, 卷37, 「修氣」, 855쪽: 心比性微有迹, 非如性之不容修 ; 比氣自然又靈, 非如氣之不能自修. 則當自心自修.

심은 경으로써 성을 높여야 한다는 용경존성用敬尊性을 주장한다.

이른바 심이 비록 잠시라도 성을 배반하여 자용自用하면 사지백체가 모두 일어나 서로 싸울 것이다. 이 어찌 주재를 얻었다고 할 수 있는가? 반드시 용경존성해야 몸을 관섭管攝할 수 있다.[113]

심은 용경존성하지 않으면 몸이 마음대로 움직여 오히려 마음이 몸의 부림을 받게 된다고 한다. 심이 성을 경으로써 높여야 자용自用하지 않고 몸을 제대로 주재하여 선행이 나타나는데, 그렇지 않으면 오히려 심이 몸의 부림을 받게 된다는 것이다. 그렇게 되면 몸이 자용하게 되어 악행이 나타나게 되고 스스로 닦을 수 없게 된다고 한다.

대개 심이 몸의 주인이고 몸이 심의 부림을 받게 된다. 심이 스스로 경하지 않으면 몸은 자용하지 않음이 없어 심이 도리어 몸의 부림을 받게 된다. 심이 몸의 부림을 받게 되면 몸은 어떻게 스스로 닦겠는가?[114]

---

[113] 위의 책, 前篇, 卷28: 25b, 「李氏心卽理說條辨」, 646쪽: 所謂心者, 雖一霎時叛性而自用, 則四肢百體, 將群起而爭雄矣. 如何做得主? 必也用敬尊性, 乃可以管攝一身矣.

[114] 위의 책, 後篇卷19: 21, 「大學記疑」, 255쪽: 蓋心是身之所主, 身爲心之所役, 心不自敬, 則一身百體, 無不自用, 而心反爲之役矣. 心爲身役, 則身如何自修.
간재는 성의 주재, 면우는 심의 주재를 주장했다며, 양자를 구분하는 논문이 있다(송석준, 「간재의 성사심제설과 면우의 심즉리설에 관한 고찰」, 『간재사상연구논총』 2집, 간재사상연구회). 그러나 간재는 심과 성의 주재를 모두 말한다. 또한 리와 기의 주재도 말했다.
이기심성의 상호주재라고 해석하는 논문도 있다.(이상익, 「간재 전우의 이기상호주재와 성사심제설」, 『동방학지』131, 연세대 국학연구원, 2005. 9).

이처럼 심이 성을 높이지 않고 자용하면 제대로 몸을 주재하지 못한다고 한다. 그는 심을 허령신묘하고, 기의 정영이라고 했는데도 불구하고 자용을 우려하였다. 이것으로 미루어 보았을 때, 허령신묘, 기의 정영 그 자체를 순선하다고 생각하지 않은 것이거나, 혹은 허령신묘, 정영이 순선하다고 할지라도 자용하면 악이 발현될 수 있다고 생각했거나, 또는 심의 허령신묘, 정영이 존성尊性을 통해서 나타난다고 생각했다. 성은 자취가 없지만, 심은 미미하게나마 자취가 있기 때문에 닦아야 한다는 것이다. 즉 수심修心을 해야 한다고 말한다.

> 심은 성에 비하여 지극히 미미하나마 자취를 갖고 있으므로 성이 닦음(수修)을 전혀 허용하지 않는 것과 같지 않다. 기에 비하면 자연스럽고 영적이며, 기가 스스로 닦지(자수自修) 못하는 것과 같지 않다. 마땅히 심은 스스로 닦아야 한다. 심 스스로 닦는 것은 성을 주로 하여 기를 닦는 것에 지나지 않는다.[115]

심의 자용을 우려하는 것은 심이 미미하게나마 자취가 있기 때문에 악이 드러날 수 있다고 생각하기 때문이다. 반면에 성은 닦을 필요가 없다는 것이다. 왜냐하면 성은 순선하기 때문이다. 기는 심보다 영적靈的이지 않기 때문에 더욱더 닦아야 함에도 불구하고 스스로 닦지 못한다고 했다. 심은 의지가 있어 자수自修할 수

---

[115] 위의 책, 卷37「修氣」, 855쪽: 心比性微有迹, 非如性之不容修 ; 比氣自然又靈, 非如氣之不能自修. 則當自心自修, 夫自心自修, 亦不過主性以修氣而已.

있지만, 기는 유위이지만 의지가 없기 때문에 자수할 수 없으므로 그렇게 말했다고 할 수 있다. 심의 자수는 리인 성을 높이고 기를 제어하는 데에 있는 것이다. 따라서 그는 철저히 심기가 성리에 근거를 두어야 한다고 생각했다. 이처럼 그는 철저히 성리 중심이었던 것이다.[116] 하지만 그는 성인이 자용을 우려하지 않는다고 하였다. 왜냐하면 자용할지라도 심과 리가 하나이며, 신神과 리도 하나이기 때문이라는 것이다. 심과 리가 일치하므로 악행이 드러날 수 없기 때문에 심이 자용한다고 할지라도 우려할 게 없다는 것이다.

기와 리는 하나이다. 성인을 살펴보면 기질의 작용은 스스로 리에

---

[116] 간재는 심기 중심이 아니라, 성리 중심이었다. 그럼에도 불구하고 고교형(高橋亨)은 간재를 주리파와 주기파의 절충이라고 해석하였다.(「李朝儒學史に於ける主理派主氣派の發達」, 『朝鮮支那文化の硏究』, 京城帝國大學法文學會第二部論集, 東京: 刀江書院, 昭和4年), 280쪽
간재를 절충파로 보는 고교형은 많은 영향을 끼쳤다. (高橋亨, 「李朝儒學史に於ける主理派主氣派の發達」, 『朝鮮支那文化の硏究』, 262-263쪽: 현상윤 『조선유학사』, 현음사, 1986, 409쪽: 배종호, 『한국유학사』, 연세대출판부, 1997, 145쪽 ; 유명종, 『한국철학사』, 일신사, 1982, 386쪽 ; 장숙필, 「전간재의 사단칠정론」, 『철학연구』 14집, 고려대 철학연구소, 1989, 19쪽: 채인후, 「간재의 심성론」, 『간재학논총』 3, 간재학회, 2000, 105쪽). 간재를 주기론이라고 보는 논문도 있다. (안진오, 「간재철학사상의 특징 - 노간논쟁(蘆艮論爭)을 중심으로-」, 『석당논총』 16, 동아대출판부, 313쪽.) 이병도는 간재를 주리설로 평가하였다.(『한국유학사』, 아세아문화사, 1989, 488-493쪽)
금장태는 간재 스스로 주리설이라고 자칭했다고 소개하였다. 반면에 간재를 주리설이라고 하지 않았고, 주기설이라고 하지도 않았다.(금장태, 「심즉기설이 쟁점과 간재의 심설논변」, 『한국유학의 심설』, 서울대 출판부, 2003.
당시 주리설=정학, 주기설 이단이라고 인식되어 있었기 때문에 그렇게 분류하는 방식은 객관적이지 않다.(졸고, 「한국유학사 분류방식으로서 주리·주기에 관한 비판과 대안」, 『철학연구』64, 철학연구회, 2004. 봄). 간재는 성리를 중심으로 전개하고 있기 때문에 절충파로 구분하는 것도 타당하지 않다.

어긋나지 않으므로 성인은 기가 곧 리, 리가 곧 기라고 말하지 않는다. 대저 심과 리는 하나이고, 신과 리는 하나라고 말한다. 모두 이것에 준거한 것이다.[117]

심은 정精하지만 자취가 있고 기질은 조粗하므로[118] 심은 악이 나타날 가능성이 있으며, 기질은 심보다 더 가능성이 크다. 그럼에도 불구하고 성인은 기질의 작용도 리에 어긋나지 않으며, 심도 리와 하나라고 하여 일치한다고 여겼다. 성인의 기질은 행위로 나타날 때 선하며, 그 심도 행위로 나타날 때 선하기 때문에 리에 어긋나지 않고 하나라고 여긴 것이다. 비록 기질과 심은 모두 기일지라도 리에 어긋나지 않고 하나라고 생각했다.

간재는 심즉기라고 하면서도 심과 기를 구분하고 있는데, 이 점이 독특한 것이다. 이 때문에 그는 당시 심과 기를 구분하지 않는 성리학자들을 비판하였고, 특히 영남학파의 한주 이진상은 심과 리도 구분하지 않는다고 비판하기도 했다.[119] 이진상과 같이 심이 리라면 그 자체가 순선하기 때문에 수양할 필요가 없는 것이다. 심이 순선하다면 그것이 몸을 주재하기 때문에 당연히 선행만이 나타나야 한다. 하지만 인간은 선행만이 나타나는 것이 아니라, 악행도 나타난다. 이 때문에 심즉리를 주장하는 이진상을 비판했

---

[117] 위의 책, 후편 권21: 5a「朱子大全標疑第一」, 285쪽, "氣與理一, 按聖人氣質之用自不悖於理, 故云然非爲聖人氣卽是理, 理卽是氣也, 凡言心與理一, 神與理一, 皆倣此"
[118] 위의 책, 6b, 285쪽, "心與氣質同一氣分上物事, 而心精而氣質粗"
[119] 위의 책, 권28: 23b「李氏心卽理說條辨」, 645쪽, "當時說者, 因心氣無分而誤, 今日李氏因心理無分而誤, 蓋胥失之矣."

던 것이다. 이진상과 같이 생각한다면 심즉기, 성즉리로서 구분할 필요가 없다. 물론 그는 심과 성을 분리해서 보는 분설分說과 합해서 보는 합설合說로서 분석한다.

> 심성일리心性一理는 군신일체君臣一體, 부자일체父子一體라고 말하는 것과 같다. 마땅히 하나 가운데 둘이 있다고 본 것이다. 심과 성은 분설分說할 때가 있고, 합설合說할 때가 있다. 합설할 때는 심성일리 만이 아니라, 도기형리와 같은 것도 있으니, 그것들은 모두 이물二物이라고 하는 것이 아니다. 분설할 때 심인心仁은 곡종생성穀種生性의 비유가 있다. 심성은 그릇에 찬 물과 같은 것이다.[120]

분설과 합설은 실제로 심과 성이 구분되어 있거나, 합해져 있는 것이라기보다는 구분 또는 합일해서 볼 수 있는 것이다. 존재의 차원이 아니라, 관점의 차원이다. 심과 성이 붙어 있기도 하고, 떨어져 있기도 한 것이 아니다. 그것을 붙여서 보기도 하고, 떨어뜨려서 보기도 한 것이다. 전자는 합설, 후자는 분설이다. 그의 심성일리는 합설의 관점이고, 성사심제는 분설의 관점이다. 심성일리는 본연의 심과 본연의 성으로서 둘 다 순서하기 때문에 선이 그대로 발현된다. 하지만 성사심제는 심이 작용하여 악이 발현 될 가능성을 갖고 있기 때문에 그것을 스스로 제어하기 위해서 성을

---

120 위의 책, 卷28, 21b,「李氏心卽理說條辨」, 644쪽: 心性一理, 猶言君臣一體, 父子一體, 宜於一中看得有二也. 大凡心性也, 有分說時也, 有合說時, 合說時, 非獨心性一理, 如道器形理, 皆未嘗有二物也 ; 分說時, 心仁有穀種生性之喩, 心性有如椀盛水之譬.

스승으로 높이는 것이다. 그로 인하여 선이 발현되는 것이다. 성즉리, 심즉기이고 리무위, 기유위이므로 성은 무위인데 인격적인 스승이라고 표현할 수 있을 지 문제가 된다. 하지만 그는 성을 스승 그 자체라기보다 비유한 것이다. 또한 스승이 제자를 인위적으로 가르치는 것이 아니라, 제자가 스승을 모범으로 삼았다고 한다. 스승은 무위적으로 모범으로서 존재하는 것이고, 제자가 능동적으로 그를 본받는다고 생각했다. 이러한 성사심제에 대하여 간재는 스스로 창안한 것이라고 자찬하였다.

> 성사심제 4자는 내가 창안한 것이다. 이것은 육경의 수십만 글자를 밝히지 않은 것이 없다. 이러한 이치는 하나로 꿰뚫었다.[121]

이처럼 자기가 발명한 성사심제性師心弟는 육경의 종지로서 일이관지一以貫之한 것이라고 자부하고 있다. 그는 심을 허령신묘하다고 했으면서도 성을 스승으로 높여야 한다는 것이다. 허령신묘하고 정미하고 순수하기 때문에 선의 가능성을 갖고 있다. 그럼에도 불구하고 순선한 성을 스승[사師]으로 높여야 한다고 주장하는

---

[121] 『艮齋集』 後篇 卷14, 18a, 「性師心弟獨契語 甲寅」, 10쪽: 性師心弟四字, 是僕所創, 然六經累數十萬言, 無非發明, 此理可一以貫之
간재의 성사심제에 대하여 퇴계의 '리존기천적리尊理氣賤的 사고'가 짙게 깔렸다는 논문이 있다. (송인창, 「전우철학의 인간학적 이해」, 『탈민족주의시대의 민족담론』, 한국철학회, 제16회 한국철학자대회, 2003.10, 242쪽 ;「간재 전우의 철학과 현실인식」, 『간재학논총』4, 간재학회, 2004.10, 146쪽)
반면에 율곡설을 근거로 자신의 철학체계를 건립하였으며, 주자나 퇴계 보다 율곡과 유사하지만, 그들의 학설을 참작하여 간재가 독창적으로 설계했다는 논문이 있다.(윤용남, 「간재철학의 연원적 고찰」, 『간재학논총』4, 간재학회, 2004. 10, 223쪽)

것은 완벽하게 순수한 선을 실천해야 한다고 생각했기 때문이다. 심은 허령신묘하지만, 미미하게나마 자취[적迹]가 있으므로 스스로 닦아야[수修] 하고, 그것을 위해서 성을 스승으로 높여야 한다는 것이다. 심이 성을 높일 때, 경으로써 해야 하는 것을 강조했다. 심이 허령신묘하다는 것은 밝다는 의미이며, 밝다는 것은 선악을 분명하게 구분할 수 있는 능력이 있는 것이다. 이러한 심이 성과 일치되었을 때, 순선함이 나타나는 것이고, 조금이라도 일치가 되지 않는다면 심의 자용이 나타나는 병폐가 생긴다.

> 반드시 심성을 하나로서 구분하지 않고 일치시키고자 한다면, 심을 성의 발현으로 인정하는 것이고, 심성이 일치하지 않고자 한다면, 심이 자용하는 병이 생기는 것으로 돌아간다.[122]

심은 허령신묘하지만 자취가 있기 때문에 자용하게 되면 악의 가능성을 여전히 갖고 있다. 그러므로 심의 자용을 병이라고 말했던 것이다. 이 때문에 그는 심의 자용을 막는 방법은 성을 스승으로서 모범으로 삼는 것이며, 그것을 통하여 심성일치가 이루어진다고 생각했다고 할 수 있다. 따라서 그의 궁극적인 목적은 심성일치라고 할 수 있다. 심성일치의 상태에서 몸을 주재했을 때, 선행이 나타난다고 생각했던 것이다. 심성일치는 본연의 심과 성을 가리킨다. 성사심제는 심의 자용을 제어하기 위한 것이다. 따라서

---

[122] 『艮齋集』 後篇 卷19, 19b, 「大學記疑」, 245쪽: 必欲其會一, 心性無辨, 則爲認心爲性之見, 心性不一, 則亦歸於恃心自用之病矣.

성사심제를 거쳐 심성일치에 도달하는 것이라고, 그는 생각했다고 할 수 있다.

3) 실천 : 거경치지居敬致知

간재의 실천은 선을 실천하는 것이며, 그것은 인의예지를 가리킨다. 그러한 인의예지의 실천은 심이 몸을 제대로 주재했을 때, 가능한 것이다. 실천은 몸이 하는 것이고, 그것을 주재하는 것이 심이지만, 그것은 자용할 수 있다. 자용으로 인하여 악행이 나타날 수 있기 때문에 경敬으로서 순선한 성을 높였을 때, 선행이 나타난다고 생각했다. 성은 인의예지이고, 그 실천은 경敬을 통해서 이루어진다. 이 때문에 거경居敬이 강조된다. 또한 인의예지를 관찰하여 제대로 인식이 되었을 때 실천을 할 수 있으므로 치지致知를 강조하게 된다. 이러한 거경치지는 심산 김창숙이 주도했던 파리장서巴里長書사건에도 나타난다. 그는 파리장서에 서명할 수 없는 이유를 거경치지居敬致知의 본뜻이 아니기 때문이라고 하였다.

> 서한을 보낸 뒤에 분명히 이씨의 종묘사직을 회복하고, 통령의 명색을 허락하지 않으며, 분명히 공자의 도학을 세우고, 예수교의 사술을 제거하며, 분명히 군부君父의 원통함을 씻고, 원수인 오랑캐를 몰아내고, 머리 깎는 제도를 금할 수 있겠습니까? 무릇 이 몇 가지 일은 우리나라의 억만 인사들에게 금수를 면할 수 있게 하는 것이니, 제공들은 여기에 보장하여 과연 조금도 의심하는 생각이 없겠습니까? 이와 같다면 나는 명령을 따라 몸이 만 조각이 되더

라도 또한 웃으면서 죽음을 선택하겠습니다. 그러나 만에 하나 그렇지 않다면, 여러분들이 나에게 서명하도록 권고함은 결국 한때의 명예를 위해서 그러함에 불과하고, 일신의 화해를 두려워함에 불과하니, 이 어찌 우리 유자들의 평소 거경치지하는 본뜻이겠습니까? 제공들의 뜻과 지의志義는 비록 높으나, 구구한 소견은 이와 같으니, 결코 천한 이름을 대신 서명하게 할 수가 없습니다.[123]

이처럼 맹보순孟輔淳에게 보내는 답장에서 그가 파리장서에 서명할 수 없는 것은 그것이 거경치지居敬致知가 아니기 때문이라고 밝힌다. 그는 순선을 실천하기 위하여 경을 통하여 심이 성을 높여야 한다고 강조하는데 그것이 바로 거경이다. 경은 심이 동정할 때, 그것이 자용하여 선에 어긋나는 일이 없도록 제어해 준다. 그는 정靜할 때 편의偏倚가 없고, 동動할 때 괴려乖戾함이 없는 것은 심의 묘용妙用인데, 이 때문에 심이 성정性情을 주재한다는 것이다. 그러한 심의 운용의 뿌리는 성에서 나오기 때문에 결국 성이 심을 주재한다는 것이다. 그것은 모두 경으로써 주재할 수 있다고 한다.

---

[123] 『秋潭別集』卷1, 「答孟士幹」, 354쪽: 遺書後分明復得李氏宗社, 而不許統領名色, 分明立得孔子道教, 而掃除耶蘇邪術, 分明洗得, 君父之寃, 分明驅得, 仇讎之夷, 分明禁得髡首之制否. 凡此數事, 皆所以使環東土億萬人士, 得免爲禽獸者也. 諸公於此, 果可以擔保而不少疑慮否. 如此, 則可以從命而身作萬段, 亦且含笑而入地矣. 萬之一未然, 是諸公之勸署名, 究不過爲一時之名而爲之, 不過爲一身之禍而爲之, 是豈吾儒, 平日居敬致知之本意耶? 諸公之志義雖高, 而區區陋見如此, 決不可以替署賤名也. "士幹"爲孟輔淳之字.
심산 김창숙의 문집 『심산유고』에서는 간재가 파리장서에 서명을 반대한 이유를 유자가 도를 위하여 죽는 것이 의리인데 서양방식으로 단발한 사람들과 복국운동(復國運動)을 하는 일에 상관하지 않겠다고 나타나 있다.(『心山遺稿』卷5, 「躄翁七十三年回想記」上篇, 國史編纂委員會, 1973, 313쪽: 柳丈溶根歷全南北, 從艮齋田愚所來, 細述田愚之執拗反對於儒林代表投書巴里之事, 其言曰: 儒者殉道之義, 豈與削髮人之復國運動, 不相涉)

고요하여 대본大本이 편의偏倚가 없고, 동동하여 달도達道가 어그러짐이 없는 것은 모두 심의 묘용妙用이다. 그러므로 심이 성정을 주재한다고 말한다. 이것은 이른바 사람이 도를 능히 넓히는 것이다. 심의 공용功用은 천지를 기르는데 참여하며, 그러한 리는 성에서 나오는 것이지, 심에서 나오는 것이 아니다. 그러므로 성이 심을 주재한다고 말한다. 이것은 이른바 성은 태극혼연의 본체이다. 심이 주재할 수 있는 까닭은 경으로써 하기 때문이다.[124]

심이 성정을 주재한다고 말하는데 그것은 묘용이다. 묘용은 운용한다는 의미이므로 심이 성정을 주재하는 것은 심이 성정을 운용한다는 의미라고 할 수 있다. 선악을 겸한 심이 성정을 운용하고, 그것을 바탕으로 몸을 주재한다면 악행이 나타날 수 있다. 이 때문에 심은 경으로써 성정을 주재하고 몸을 주재해야 한다는 것이다. 경으로써 심의 자용을 제어하는 것이다.[125] 결국 경이 마음을 주재하는 것이 된다.[126] 이러한 경도 내외를 제대로 인식했을 때 가능하다. 즉 심과 사물의 리를 제대로 인식해야 경도 가능한데 그것이 바로 치지이다. 치지를 하기 위하여 먼저 격물格物이 선행되어야 한다. 격물을 통해서 치지가 이루어지기 때문이다. 그는

---

[124] 『艮齋集』前篇卷14, 2a, 「主宰說 戊寅」, 96쪽: 靜而大本之無少偏倚 ; 動而達道之無所乖戾의, 皆是此心之妙用, 故曰: 心爲性情之主宰, 此卽所謂人能弘道也, 心之功用, 至於參天地贊化育, 然其所以參贊之理, 則出於性而不出於心, 故曰: 性爲心之主宰, 此卽所謂性是太極渾然之體也. 至於心之所以爲主宰者, 以其能敬也.

[125] 위의 책, 2a-b, "此卽所謂敬, 是此心之自做主宰者也… 心必本於性而不敢自用也.

[126] 위의 책, 2a, 敬爲一心之主宰

치지致知를 지지知至라고 말하는데, 이때의 지자知字를 지知, 또는 식識이라고 해석한다.[127] 즉 앎과 인식을 의미한다. 격물은 인식작용, 즉 인식과정을 의미한다.[128] 지知에 이르는 것이 치지인데, 그 지란 본연의 지를 가리킨다.[129] 본연의 지란 격물을 통하여 체득되는데, 그것을 인의예지라고 한다.[130] 이에 입각하여 그의 거경치지를 본다면, 인의예지를 인식하여 경으로써 실천해야 한다는 의미이다. 그러나 파리장서는 이에 어긋나기 때문에 서명을 하지 않았던 것이다.

파리장서에 서명하지 않았기 때문에 그것을 주도했던 김창숙의 비판을 받는다. 당시 구국운동으로서 가장 큰 사건은 삼일운동이었다. 하지만 유림은 참여하지 않았다. 이 때문에 김창숙은 이에 대한 후회가 많았고, 구국의 의리를 실천하지 못했다는 자괴감에 빠지기도 하였다.[131] 결국 김창숙은 이에 대한 실천으로서 파리장서를 만들어 프랑스 파리에서 열리는 만국평화회의에 보내려는 계획을 세웠다. 그는 영남의 대표적인 유림으로서 스승인 곽종석을 내세워 전국유림으로부터 서명을 받으려 했던 것이다.[132] 그가

---

[127] 위의 책, 後篇卷19, 「大學記疑」, 249쪽: 知至至字, 亦然知猶識也.

[128] 위의 책: 非惟物格, 格字無來至往至之義.

[129] 위의 책: 知至至字, 亦然知猶識也, 與良知知覺異, 語類有致得良知語, 而與陽明之良知爲理者, 迥別, 大全有致得本然之知.

[130] 위의 책,10a: 如說格物, 只晨起開目時, 便有四件在這裡, 不用外尋仁義禮智, 是也

[131] 『心山遺稿』卷5, 「躄翁73年回想記」上篇, 國史編纂委員會, 1973, 309쪽: 其翌, 卽三月一日也, 民族代表孫秉熙等三十三人, 會于京城之泰和館, 發敎獨立宣言書, 其聯署者, 乃天道敎, 耶蘇敎, 佛敎, 三派代表也. 翁讀其書而痛哭曰: 我韓卽儒敎國也, 苟究亡國之原, 寔以儒敎先亡而國亦隨之矣. 今之倡光復運動也, 惟三敎代表之, 而所謂儒敎, 無一人與聞者, 世之罵儒敎者, 曰: 迂儒腐儒不足與有爲, 吾人蒙此惡名, 恥孰甚焉!

[132] 同上, 309쪽: 翁曰: 今儒敎人之集于京中者, 殆數十萬人, 吾與子亟圖所以團結可乎? 苟能

파리장서사건을 주도한 것은 조선의 독립운동에 있어서 유교가 선구적인 역할을 해야 한다는 데 있었다.[133] 하지만 간재가 처음부터 파리장서에 서명하는 것을 거부하지 않았다는 주장이 있다. 김창숙이 파리장서에 서명할 것을 요청했을 때, 처음에 문인 오진영 吳震泳에게 인장印章을 주었으나 만나지 못했다는 것이다.[134] 그 후 간재는 자신의 뜻이 파리장서와 달라 서명하지 않았다. 그는 조선왕조의 회복, 공자의 도를 세우고, 야소교(기독교)의 사술邪術을 제거하고, 오랑캐를 몰아내고, 단발령을 없애는 일이라면 서명하겠지만, 그렇지 않고 명예를 위하고, 화를 두려워하여 서명하는 것이므로 유자들의 거경치지의 뜻이 아니기 때문에 거절한다고 밝혔다.[135]

반면에 김창숙은 국가흥망이 달려 있는데도 불구하고 양주楊朱의 무군無君, 불교佛敎의 무부無父와 같다며, 심하게 간재를 질타하

團結, 何憂乎儒敎之不振也, 今孫秉熙等, 旣發宣言, 鼓吹國人, 而但未聞有國際運動之機關, 與孫秉熙等, 互相呼應, 派遣代表於巴里平和會, 訴請於列國代表, 使之恢張公議, 認我獨立, 則吾等儒林, 不愧爲光復運動之先驅矣. 海史拍案稱善, 仍曰: 子旣有此志, 蓋不日遂之, 翁曰: 此事必有衆望所歸之儒林宗匠, 出而主之然후, 可以風動全國, 宜急送人於居昌, 聽郭俛宇先生指揮而行之.

[133] 同上, 309쪽, "派遣代表於巴里平和會, 訴請於列國代表, 使之恢張公議, 認我獨立, 則吾等儒林, 不愧爲光復運動之先驅矣."

[134] 간재문인 현곡 유영선의 아들 춘계 유호석은 당시 간재가 문인 오진영에게 인장을 주어 파리장서에 서명하도록 하였으나, 전날 기밀이 누설되고 풍랑이 강하여 만나기로 한 사람이 도피함에 따라 결국 만나지 못하고 돌아옴으로써 서명을 못하게 되었다고 전달하였다.(『春溪集』卷7, 「討金昌淑文」, 高敵, 사성당, 2000: 所謂巴里書, 孟輔淳氏發起介紹, 吳震泳氏請艮翁署名, 艮翁給印章於吳公, 吳公所約人美國宣敎師會合場所, 月日大邱相約, 而吳公携帶印章往所所, 則前一日事洩, 風波大起, 其所約人逃避隱身, 不遇而還.)

[135] 『秋潭別集』卷1, 「答孟士幹」, 354쪽: 是諸公之勸署名, 究不過爲一時之名而爲之, 不過爲一身之禍而爲之, 是豈吾儒, 平日居敬致知之本意耶? 諸公之志義雖高, 而區區陋見如此, 決不可以替署賤名也.

였다.¹³⁶ 유호석柳浩錫은 김창숙이 현상윤의 『조선유학사』에서 간재를 비난한 내용을 읽고 그를 비판했다고 사실을 왜곡시키고 있다고 비판하기도 한다.¹³⁷ 하지만 김창숙은 현상윤의『조선유학사』를 읽고 비난하지는 않았다. 당시 전라도 유림의 서명을 담당한 벽서碧棲 유준근柳濬根¹³⁸은 간재를 방문하였다고 한다. 유준근은 간재로부터 "유자가 도를 위해 죽는 의리는 실로 머리 깎은 자들이 벌이는 복국운동復國運動과는 아무 상관이 없다."면서 서명을 거부했다는 말을 들었고 그는 김창숙에게 전했다.¹³⁹ 이로 미루어 보았을 때, 김창숙이 간재가 서명을 거부한 것은 유준근으로부터 들은 것이지, 현상윤의『조선유학사』를 읽고 안 것은 아니다. 하지만 유호석은 김창숙이 유준근을 보냈다고 했으나, 전혀 그렇지 않다고 반박했다. 유호석에 따르면 김창숙이 보냈다는 유준근은 간재가 살고 있던 계화도에 그림자도 보이지 않았다고 한다.¹⁴⁰ 반

---

136 『心山遺稿』 권5, 「躄翁73年回想記」上編, 312쪽: 今曰國家興亡,不相涉於儒者, 彼是無君之楊耶? 無父之佛耶? 其所謂殉道之道者, 果何道也?
춘계 유호석은 "이른바 도란 무슨 도인가? 전우의 머리를 베어야 한다"고 심산의 문장을 인용하였다.(『春溪集』卷7, 「討金昌淑文」,〈引用心山金昌淑之文章〉, 192쪽: 金昌淑撰, 其族人金丁鎬墓文曰… 某所謂道者, 何道也? 田某之頭可斬.)
현상윤은 간재를 썩은 선비라고 비판하였다.(「전우」, 『조선유학사』, 410-411쪽)

137 柳浩錫, 『春溪集』卷7, 「討金昌淑文」, 193쪽: 昌淑曰: 曾見於玄相允所著, 朝鮮儒學史, 今考儒學史, 全無此等語, 假使有之, 玄氏譏侮艮翁也") 유호석은 간재의 문인 현곡 유영선이 아들이다.
현상윤은『조선유학사』에서 간재의 성리학은 공리공담에 불과하고, 사헌부 장령, 중추원 찬의(中樞院 贊議)라는 관직에 임명되었으므로 국난시기에 분골쇄신해야 되는데, 투쟁하지도 않고, 죽지도 않으면서 섬에 들어가 도피했다고 비판하였다.(『조선유학사』, 서울: 현음사, 1986, 410-411쪽)

138 『心山遺稿』卷5, 「躄翁73年回想記」上篇, 310쪽: 爛商各地方聯絡地方… 碧棲擔全南北

139 同上, 313쪽: 柳丈濬根歷全南北, 從艮齋田某所來, 細述田愚之執拗反對於儒林代表投書巴里之事, 其言曰: 儒者殉道之義, 保與削髮人之復國運動, 不相涉.

면에 김창숙은 유준근의 말을 듣고 간재는 유자가 아니라고 비난
했다. 김창숙은 유준근이 분명히 계화도에 들어갔고, 간재의 문인
들이 그것을 믿지 않는 것은 자신을 모함하는 것이라고 반박했다.
유준근은 1919년 2월 2일에 호남으로 출발하는 밤차를 탔고, 4일
에 계화도로 향했으며, 6일 서울로 돌아와서 체포되었다는 것이
다.[141] 하지만 간재가 파리장서에 서명을 거부하는 편지를 유준근
에게 보내지 않고 맹보순에게 보냈다. 더욱이 그 편지는 답장이었
기 때문에 맹보순에게 편지를 받았던 것으로 생각된다. 혹은 오진
영이 맹보순으로부터 들은 것을 간재에게 전하자, 간재가 맹보순
에게 답장한 것이라고 생각된다. 이로 미루어 볼 때, 유준근이 계
화도로 들어와서 직접 간재를 만났다고 하기가 쉽지 않다. 김창숙
의 파리장서사건에 대하여 당시 유림들이 워싱턴에서 열리는 국
제회의에 독립청원서를 보낸다는 것을 오진영이 맹보순으로부터
듣는다.[142] 이때 오진영은 간재에게 서명할 것을 권한다.[143] 도장

---

[140] 『春溪集』卷7, 「討金昌淑文」, 193쪽: 昌淑所謂送柳濬根氏者, 全無影響也. 脅約後, 艮翁痛憤時事, 告廟入海, 誓不出海外一步地, 自靖絶島.

[141] 『心山遺稿』卷2, 「答曺國鉉」, 132쪽: 大抵, 柳公之發向桂島, 在於四日, 返魂前二日夜車向湖南, 六日歸京, 見金丁鎬報往還桂島事實, 今艮齋徒, 主柳公不入桂島, 此陷淑一證也, 假使奉疏人宋氏, 被逮於奉疏時, 柳公方在湖南, 何以叅於奉疏, 而同被逮也, 柳公被逮, 在於六日湖南歸後, 無疑也

[142] 오진영, 『石農集』上, 권1: 25a「上艮齋先生」, 서울 : 여강출판사, 1988년 "孟士幹, 自京來會備道時機平和, 則已締若矣. 獨立則接受正式請願, 而移會於華盛頓… 皆勸儒林公函美統領, 則將大得力矣."
오진영은 맹보순으로부터 워싱톤에 독립청원서를 보내 미국대통령의 후원을 얻으려고 했다는 소식을 듣는다. 하지만 김창숙은 워싱턴이 아니라, 파리에 독립청원서를 보내려고 했다.(『心山遺稿』권5, 「躄翁七十三年回想記」上篇, 국사편찬취원회, 1973, 309쪽, "派遣代表於巴里平和會, 訴請於列國代表, 使之恢張公議, 認我獨立, 則吾等儒林, 不愧爲光復運動之先驅矣.") 이 때문에 '파리장서'라고 칭했던 것이다.

[143] 위의 책, "此委不可以不告于島上, 小子曰無聖賢前據, 先生豈用輕許?… 民族自決, 今天下之

은 유림들이 잘 쓰지 않지만, 서양인들의 규정이라며 쓸 것을 권하였다.[144] 간재는 맹보순에게 보내는 답장에서 서명을 거부한다는 뜻을 전했다.[145] 김창숙은 간재가 오진영에게 처음에 도장을 보내 서명하게 했다는 것을 부정한다.[146] 그러나『석농연보石農年譜』에 따르면 이수홍이 오진영에게 파리장서를 알려주었다고 한다. 당시 간재로부터 파리장서에 대하여 소개하려고 여러 사람들이 계화도로 들어가기로 했으나, 최원崔源·김학열만이 들어갔던 것이다. 오진영이 서명할 것을 권하자 간재가 파리회의에 투서하려고 했다. 그의 아들 전화구가 곽종석 보다 늦기 때문에 뒷북치는 것이 된다고 하자, 간재는 해볼 만한 일이기 때문에 그렇게 되어도 괜찮다고 했다는 것이다. 이에 글을 오진영에게 짓게 하고 도장을 주었고, 오진영이 이수홍을 찾았으나, 그는 이미 일본경찰에게 체포되었다고 한다.[147] 이에 따르면 유준근은 계화도에 들어가지 않았고, 간재가 처음에 파리장서에 서명하려고 했다는 것을 알

所許, 乃昧時棄勢, 惟執默容二字, 不念興復仁人君子, 恐不如拔毛不爲之心也, 且任他時輩幸而成事其終爲道學之流賊, 則明若觀火, 將全地無守道矣, 不如自吾主論, 以爲消共和, 主復辟之基, 將見憚於彼輩, 而有助於吾道矣, 吾輩, 惟知戴先生不知其許不許也. 小子自念精義, 則固不能知而國讐道禍痛恨刻骨, 則深矣. 今於其言刱然涕出, 而不能力排之, 謹專使馳稟伏俟處分."

[144] 위의 책, 25b「上艮齋先生」, 52쪽, "圖章, 則以儒林尊信不用, 此西人之規本然也."

[145] 『秋潭別集』권1: 29a「答孟士幹」, "遺書後分明復得李氏宗社, 而不許統領名色, 分明立得孔子道教, 而掃除耶蘇邪術… 諸公之志義雖高, 而區區陋見如此, 決不可以替署賤名也."

[146] 『心山遺稿』권2「答曺國鉉」, 132쪽, "其曰: 艮齋, 因孟輔淳所介, 許署名於巴里書, 給名章於吳震泳, 陰二月二十日頃, 往大邱, 其前一日巴里致書事, 業已泄露, 檢擧旋風大起, 吳氏逃歸, 更無發落云, 淑於其時, 以關於儒林團組織을 收拾事, 尙留京中而活動, 實無檢擧之風, 至陰二月二十五六日間, 淑始發向海外, 事泄檢擧之風, 在於陰三月初旬, 艮翁給名章於吳氏, 送大邱云者, 事實不符, 吳氏二月中旬之說, 自歸虛妄矣. 淑之走外前後, 全無涉於吳氏, 此誣淑一證也."

[147] 오진영, 『石農年譜』, 「己未 先生五十二歲條」, 최근덕「석농 오진영의 의리와 학문」(『간재학논총』, 간재학회, 2004, 10, 259-261쪽)에서 재인용

수 있다. 더군다나 직접 파리회의에 투서하려고 했다는 것이다. 그러나 『석농연보』는 석농 오진영이 직접 쓴 것이 아니기 때문에 그 증거가 확실한 것은 아니다. 더욱이 오진영이 간재에게 보낸 편지인 「상간재선생」에서 맹보순에게 들었다고 했으나, 『석농연보』에서는 이수홍에게 들었다고 하여 양자가 불일치하고 있다. 오진영이 직접 간재에게 쓴 글이 『석농연보』보다 신빙성이 있으므로 오진영은 이수홍에게 들었다기 보다 맹보순에게 들었던 것이 좀 더 정확하다고 할 수 있다. 또한 오진영이나 유호석의 글을 통하여 간재가 처음에 파리장서에 서명했다고 한 것도 그 증거가 확실하다고 생각하기가 쉽지 않다. 왜냐하면 그것은 간재의 문인들의 글이지 간재가 직접 쓴 글이 아니기 때문이다. 물론 그러한 증거는 간재의 글 속에서도 나타난다고 할 수 있는 면이 있다. 맹보순에게 보내는 편지에서 '석우유령곡절石友踰嶺曲折'이라는 문구에서 그러한 면을 찾을 수 있다. 석우石友는 석농 오진영을 가리키고 '유령곡절踰嶺曲折'에서 령嶺이란 고개인데 주로 영남을 의미한다. 따라서 오진영이 영남에 간 사연이라는 의미라고 할 수 있다. 이 부분에서 오진영이 영남에 가서 파리장서에 서명하려고 했다는 뜻으로 해석할 수 있는 가능성을 갖고 있다.[148]

---

[148] 김문준은 '석우유령곡절(石友踰嶺曲折)'에 대하여 간재의 문인 석농 오진영이 파리공함을 가지고 영남의 진해로 가서 항일지사 이수홍을 만나서 공함(公函)을 파리장서의 일에 전하고자 하였는데, 이수홍은 이미 체포되어 석농이 일을 이루지 못하고 돌아온 것으로 해석하였다.(「간재의 항일정신과 한국 정신사적 의의」, 『간재학논총』4집, 간재학회, 2004, 10, 168쪽)
도민재도 『석농연보』(권1 기미, '先生五十二歲'條)를 근거로 간재가 처음에 오진영을 보내 서명토록 했다고 주장하였다.(「『秋潭別集』에 나타난 간재의 의리정신」, 『간재학논총』4집, 간재학회, 2004, 10, 101쪽)

결과적으로 간재는 파리장서에 서명하지 않았고, 그의 항일운동 방법은 김창숙의 방법과 다른 것이었다. 김창숙은 그의 스승인 면우 곽종석을 내세워 파리장서사건을 주도하였지만, 이전에 곽종석도 최익현이 함께 의병을 일으키자고 제안했을 때, 역량이 부족하다며 사양한 적이 있다.[149] 따라서 간재를 심하게 비판할 만한 것이 되지 못한다. 오히려 무장투쟁을 했던 최익현崔益鉉, 유인석柳麟錫이 문서외교로 독립하려했던 김창숙과 곽종석을 소극적이라고 비판할 수도 있다. 구국하려는 의지는 모두에게 있는데, 그 방법이 다른 것일 뿐이다. 간재의 구국의지는 거경치지에 입각하여 인의예지를 실천하려는데 있었다. 그는 예의 유무에 따라 화이華夷를 구분했으며,[150] 당시 제국주의 국가들의 침탈이 횡행하던 시대에 간재는 그러한 침탈은 짐승만도 못한 것이라고 비판한다. 당시 제국주의 국가로서 일본과 서양의 국가들을 지칭하는 것이다.[151] 그는 서양을 이단, 이적을 넘어서 짐승만도 못하다고 하여 매우 비판적이다. 이 때문에 그는 단발하고 양복을 입은 문인들을 명단에서 지우고, 친족들을 족보에서 지울 정도로 철저히 보수적이고 엄격하였다.[152] 그는 개화에 반대할 수밖에 없었다. 짐승만도 못한

---

[149] 『俛宇先生年譜』 권3: 47b, (『俛宇集』), 서울: 아세아문화사, 1983년, 732쪽, "十年丙午, 先生六十一歲… 二月答崔贊政書論倡義事, 勉庵崔公, 將起義於湖南, 使人致書先生, 要與共擧, 先生答書謝之. 若曰: …亦不敢以力量之所不逮者, 而促禍於君父, 貽毒於生靈."

[150] 『秋潭別集』 권4 「華夷鑑」, "華夷之分, 以有禮無禮之異, 故曰禮小失則入於夷狄, 大失則入於禽獸也"

[151] 『秋潭別集』 권4 「天下策」, "欲奪人之私地而發許多兵丁, 支許多財穀, 用大砲胡亂數千百人而無所惜, 此曾豺狼之不若也"

[152] 『玄谷集』 권23 「艮齋先生家狀」, 서울 : 여강출판사, 1987, 622쪽, "毁形異服者, 門人削籍, 族人黜譜"

서양을 배울 필요가 없다고 생각했던 것이다. 그는 중화를 존중하고 이적을 배척하며, 그것을 실천하기 위해서는 심이 성을 배워야 하는 것이라고 주장했다.[153] 올바른 길로 가는 것이 인간의 도리이고 국가의 도리이며, 만국의 도리라고 여겼다.[154] 반면에 서양의 제국주의는 이와 반대이므로 개화를 반대했던 것이다. 파리장서에 서명하는 것을 반대했던 것도 서양인과 같은 단발을 금지하고, 예수교를 끊고, 유도를 지키며, 조선의 사직을 지키는 것에 대하여 김창숙의 의지를 확신할 수 없었기 때문이다.

간재가 파리장서에 서명하지 않았다고 해서 당시 현실을 간과한 것은 아니다. 그것은 을사오적乙巳五賊의 목을 베어야 한다는 상소를 올린 것을 보면 알 수 있다.[155] 물론 간재도 의병을 일으키지 못하는 자신을 부끄럽게 여기기도 한다.[156] 또한 실패할지라도 의병을 일으키는 것이 영광이라고 말한다.[157] 그럼에도 불구하고 무장투쟁하지 않고, 교육에 종사한 것은 수도守道가 곧 구국救國이라는 생각 때문이라고 할 수 있다. 유도교육이 제대로 되지 않았기 때문에 나라를 잃었다고 한다.[158]

---

[153] 『秋潭別集』 권2 「答張和眞」, "來諭爲今之計, 莫若尊華攘夷, 崇正闢邪, 誠然誠然, 但欲爲此, 亦莫若將心學性之爲要也"

[154] 『秋潭別集』, 권4 「天下策」, 自古有國者, 隣國雖小, 苟無罪亦無伐使我邦誠有可問之失, 萬國會貴使之從善, 乃爲與國之道,

[155] 『玄谷集』 권23, 「艮齋先生家狀」, 623쪽: "誅賊用沐浴, 請討之義, 而沬血進疏請斬五賊"

[156] 『秋潭別集』 권2, 「答金駿榮」: "但倡義諸公, 櫛風沐雨矛淅釗炊, 以爲國討賊安民爲務, 而我輩得而安坐看書, 何愧如之縱?"

[157] 『秋潭別集』 권1, 「答申順弼」: "然自古擧義, 未必皆成, 但爲吾所當爲, 雖敗亦榮"

[158] 『秋潭別集』 권1, 「答王司諫」: "夷狄之猾夏, 亂賊之販國, 皆由於吾儒道學之不明, 行誼之不修, 以致其極"

이처럼 교육을 강조했던 것은 그것이야말로 실사實事라고 생각했기 때문이다. 간재는 당시를 실사가 없기 때문에 헛된 말을 세울 뿐이라고 비판하였다.[159] 말을 앞세우는 것이 아니라, 실질적인 행위를 중요시했던 것이다. 그는 실사, 즉 의리의 실천으로서 교육을 중시했던 것이다. 즉 사람의 성리는 같지만 기질이 다르기 때문에 그것을 변화시키려면 학교, 서당을 세워 교육을 시켜야 한다고 역설하였다.[160] 기질이란 겸선악한 것이기 때문에 악이 드러날 수 있다. 그러므로 선하게 변화시키려면 교육이 필요하다고 생각했다.

> 교화가 쇠약해지고 풍속은 박악薄惡해졌으며 인후仁厚는 끊어져 얻기 어렵다.[161]

그러므로 교화를 통하여 제대로 기르는 것이야말로 천지조화天地造化에 참여하는 것이라고 강조했다.[162] 간재는 심을 기라고 생각하기 때문에 심이 항상 성에 뿌리를 두고 실천해야 한고 생각했다.

---

[159] 『艮齋私稿』 권13, 49b「体言」, 336쪽: "今無實事而, 但立空言"; 鄭衡奎, 『蒼樹集』 권6, 44쪽: 「觀俛宇答曺仲謹心說」, 517쪽: "勒停其案, 則是烏可謂爲己之實學哉?"

[160] 『艮齋私稿』, 231쪽: "人之性理雖同, 而所値之氣質不能不異, 所以於當行之道, 自非上智亞聖之資, 其孰能一出於中, 而無過不及之患也哉? 千古聖賢之在上而建學官立教官, 在下而書社延講師"

[161] 『艮齋私稿』, 87쪽: "近世敎化凌夷, 風俗薄惡, 一裏仁厚絶難得"

[162] 『艮齋私稿』, 149쪽: "大抵敎養兩字, 直與天地造化相參"
간재의 문인 蕙泉 成璣運은 교육은 물론 制度改革으로서 經世論에 관심이 많았다. 그는 茶山의 『牧民心書』와 磻溪의 『磻溪隨錄』을 읽고, 經濟의 재목, 大文字라며 극찬하였다(『蕙泉集』 권1「答宋瑩叔」, 서울: 여강출판사, 1988, "嘗見丁氏若鏞所著牧民心書, 歎賞其經濟之才矣."; 권2「答權文見」: "近看磻溪隨錄, 眞經濟之大文字")

이 때문에 간재는 적극적이기 보다 신중한 면이 있다. 이 때문에 간재는 교육에 중점을 둔 점이 대조를 이룬다고 할 수 있다. 간재의 실사는 교육에 있었던 것이다. 이 때문에 서해절도에 들어가 교육에 몰두했다고 할 수 있다. 이 때문에 그는 실천적인 학문으로서 실학을 추구했던 것이다.[163] 교육을 통해서 유도儒道를 지키면 인륜이 무너지지 않고, 훗날 나라를 되찾을 수 있다고 생각한 것이다. 수도하지 않고 구국하려고 무장투쟁한다면 구국할 수 있을지라도 유도가 무너지면 소용이 없다고 생각했다. 눈앞에 닥친 현실보다 미래를 보고 그러한 것이다.[164]

결국 그가 실천하고자 했던 것은 인의예지였고, 그것을 위하여 거경치지를 강조했던 것이다. 파리장서는 이에 어긋나기 때문에 서명을 거부하였고, 유도를 지키는 등 교육에 전념했다고 할 수 있다.

4) 선의 실천으로서 파리장서 거부

간재는 심의 자용을 경계하는 데에 있다. 심은 기이고, 미미하게나마 자취가 있으므로 몸을 주재하면 악행이 나타날 가능성이 있다는 것이다. 따라서 성을 스승과 같이 높여야 한다고 역설한다.

---

[163] 이종우,『19·20세기 한국성리학의 심성논쟁-한주·면우계열과 간재계열의 논쟁을 중심으로-』, 서울: 심산출판사, 2005, 208-212쪽.

[164]『艮齋集』前篇 권2,「與申東玉」: "嘗聞古之君子, 得志則能以道覺其君臣, 不幸遇亂世, 則能以道開其士民, 又不幸而値夷狄之變, 上黟下黷, 無所於往, 則能以身守其道義, 或致命遂志, 或抱木枯死, 或隱居授徒, 以基異日陽復之本, 其窮達之遇, 常變之行, 雖不盡同, 而有功于天地則一也"

성은 순선하지만 리이고, 그것은 무위이므로 현실에서 스스로 발현될 수 없다. 오히려 기가 유위이므로 현실에서 스스로 발현된다. 이 때문에 리는 기를 타고 발현된다. 기는 겸선악하기 때문에 닦아야 하지만, 자수自修하지 못하고, 심이 자수할 수 있다는 것이다. 자수한 심이 몸을 주재함으로서 선행이 나타난다. 심의 자수는 성을 높이고, 기를 제어함으로서 이루어진다. 이 때 심이 성을 높이지 않고, 자용하면 악행이 나타날 가능성이 있다. 따라서 그는 순수한 선이 발현되고, 그것이 선행으로 나타날 수 있도록 하는데 중점을 두었던 것이다. 이 때문에 본연의 심도 미미하게나마 자취가 있기 때문에 자수해야 한다고 주장했던 것이다.

이러한 선의 실천에 있어서도 그는 교육에 중점을 두었다. 의병을 일으키는 것 보다 유교를 부흥시키기 위하여 섬에 들어가 후진양성에 일생을 바쳤다. 유도를 지키는 것이 나라를 지키는 것이라고 생각했던 것이다. 물론 의병을 일으키는 것이 당연하다고 생각한다. 그럼에도 불구하고 의병을 일으키지 않고, 교육에 종사한 것은 유도를 지키는 것이 바로 선을 실천하는 것이고, 그것을 실천하기 위하여 거경치지하는 것이라고 생각했기 때문이다. 그러한 간재의 실천은 현실적인 것이라고 할 수 있다. 의병을 일으킨다고 해서 당장 독립할 수 있는 것도 아니기 때문에 미래를 바라보면서 유도를 지키고, 후진을 양성하며 이에 입각하여 나라를 되찾는다는 것이 무장독립투쟁보다 현실적이라고 할 수 있다.

5. 전우의 이항로 이기설에 대한 비판과 심설논쟁

1) 이기의 동정과 심설

간재 전우는 화서 이항로의 성리설을 비판하고, 다시 그의 제자 성재 유중교와 논쟁을 벌인다. 그 후 간재의 제자들은 화서와 성재를 비판하는 등 논쟁이 지속된다. 이항로는 주로 퇴계와 우암의 심설을 근거로 심합이기心合理氣를 주장한다. 또한 본심을 리라고 주장한다. 반면에 간재는 그의 심설을 근거로 성즉리性卽理와 심즉기心卽氣를 주장하면서 화서를 비판한다. 그것은 훗날 성재와의 논쟁에서도 계속된다. 이항로는 뚜렷한 스승이 없이 거의 독학을 했으나 우암을 사숙하였다고 자처한다.

반면에 간재는 율곡와 우암을 계승하는 기호학파의 적통인 점이 화서와 다르다. 물론 양자 모두 우암의 성리설을 근거로 그렇게 주장한다는 것이 공통점이다. 그들의 논쟁은 이기설과 심설에 관한 것이었다. 이기설에서도 많은 주제가 논의되었지만 그 중에서도 이기의 동정動靜문제가 가장 근본적인 논제였다. 이러한 이기의 동정을 근거로 심설논쟁이 전개된다. 또한 심설도 마찬가지로 여러 가지 주제를 갖고 논쟁을 하였지만 그 중에서도 심합이기인가 심즉기인가 또는 심성일리心性一理인가 성리심기性理心氣인가

85

에 대한 것은 핵심문제였다.

따라서 본 책에서는 간재가 기의 동정動靜과 심즉기에 입각한 화서 비판과 그의 제자 성재 유중교와의 심설논쟁을 연구할 것이다.[165]

2) 리가 동정動靜하는가 기가 동정動靜하는가

간재와 화서의 다른 점은 리의 동정에 있다. 간재는 리가 동정하는 것이 아니라 기가 동정하는데 리는 그 원인이 된다고 여겼으나 화서는 리가 동정한다고 주장한 점이 다르다.

화서는 태극을 리, 음양을 기라 하였고, 리는 기의 뿌리이고 기는 리를 갖추었다고 하였다.[166] 이것은 간재와 유사하여 상통하는 점이다. 즉 태극은 리, 음양은 기이며 리가 기의 뿌리이고 기가 리를 싣고 있다는 것이다.[167] 화서는 리 또는 태극을 근본으로 인식하고 있는데 그것이 동정하지 않는다는 주장을 비판한다.

---

[165] 화서학파와 간재학파의 논쟁에 대한 연구는 아직 나타나지 않고 있다. 이와 관련된 연구로서 김근호의 「유중교와 전우의 심설논쟁에 대한 연구 - 논쟁에 나타난 심설을 중심으로-」(『한국사상사학』28, 한국사상사학회, 2007년)이 있다. 또한 이상익의 「조선후기 명덕논쟁과 그 의의」(동양철학연구39, 동양철학연구회, 2004년)이 있다. 본 책에서는 간재의 화서에 대한 비판, 간재와 화서학파 성재의 논쟁, 간재학파 김준영의 성재에 대한 비판을 그 범위로 한다. 또한 양학파의 이기동정, 화서학파의 심합이기와 간재학파의 심즉리에 대하여 그 사상의 동이점과 특징을 연구할 것이다.

[166] 이항로, 『華西集』권4「答徐夏卿」서울: 민족문화추진회, 2003년, 太極理也, 陰陽氣也, 氣本於理, 理具於氣

[167] 田愚, 『艮齋先生文集2』前篇, 권14: 45b「讀栗谷先生答牛溪先生書」(乙巳), 충남대학교도서관, 1999년, 118쪽, 氣固載理而發見

> 태극이 만약 스스로 동정할 수 없고, 음양의 기가 스스로 동정한다면 이른바 태극은 실도 없고, 작용도 없는 위치일 뿐이다.[168]

이처럼 태극이 동정할 수 없다면 그것이 실질적인 역할을 못하고, 단지 이름만 있게 된다는 것이다. 그는 태극이 동정을 해야만 현실에서도 영향을 미친다고 생각했던 것이다. 하지만 그것이 동정을 하지 못한다면 공적空寂에 빠진다고 한다. 이 때문에 기의 뿌리가 되지 못한다는 것이다. 그것은 리무위理無爲와 기유위氣有爲를 주장하는 율곡에 대한 비판이기도 하다. 물론 그는 율곡을 직접 언급하면서 비판하지는 않았다.

> 이제 태극은 동정이 없다고 하여 동정을 오로지 기기氣機에만 붙이니 그렇게 한다면 태극은 공적에 빠져 기기의 본원이 되지 못하게 되고, 기기가 전횡함에 의혹되어 도리어 태극의 주재가 될 것이다.[169]

태극이 동정한다는 것은 만유는 결국 그것으로 인하여 생성되는 것으로 귀결된다. 따라서 그 역시 모든 사물과 일은 태극으로 인하여 일어나는 것이라고 하였다.

---

[168] 『華西先生文集』 권24 「太極說」 36쪽, 太極若不能自會動靜, 而陰陽之氣自會動靜, 則所謂太極, 是無實無用之位而已
[169] 『華西雅言』 권1 「臨川2」, 조용승발행, 1974년, 今曰: 太極無動靜, 而動靜專仰於氣機, 然則太極淪於空寂, 而不足爲氣機之本源矣, 氣機疑於專擅, 而反作爲太極之主宰也

원형이정은 태극의 덕, 춘하추동은 태극의 시간, 인의예지는 태극의 성, 애경의지는 태극의 정, 양을 안고 음을 등지는 것은 태극의 상도, 복선화음은 태극의 명, 금목수화는 태극의 형, 청황적백은 태극의 색채, 궁상각치우는 태극의 소리, 감산신함은 태극의 미, 일이삼사는 태극의 생수, 육칠팔구는 태극의 성수이다. 천하의 물이 무엇이든지 태극의 온축한 것이 아님이 없고, 천하의 일이 종일토록 말하여도 다할 수 없으리라.[170]

그러나 간재는 동정이란 기가 직접 하는 것이지 리가 하는 것은 아니라고 한 것이 화서와 대비된다. 리는 기가 동정하는데 원인이 되는 것이지 직접 동정하는 것은 아니라는 것이다. 그는 율곡과 우암의 말을 인용하여 그렇게 주장하면서 화서를 비판한다.

율옹이 말하기를 "동정을 하는 것은 기이고, 동정이 있는 것은 리이다."[171]

이이는 리를 무동정無動靜으로서 무위無爲, 기를 유동정有動靜으로서 유위有爲라고 하여 기발이승氣發理乘을 주장하였다. 리란 직접

---

[170] 『華西雅言』 권1「臨川」, 元亨利貞, 太極之德也; 春夏秋冬, 太極之時也; 仁義禮智, 太極之性也; 愛敬宜知, 太極之情也; 抱陽背陰, 太極之常也; 福善禍淫, 太極之命也; 金木水火, 太極之形也; 福善禍淫, 太極之命也; 金木水火, 太極之形也; 青黃赤白, 太極之采也; 宮商角徵羽, 太極之音也; 甘酸辛醎, 太極之味也; 一二三四, 太極之生數也; 六七八九, 太極之成數也. 天下之物, 何莫非太極之所蘊乎? 天下之事, 何莫非太極之所生乎? 終日言之, 有不可窮者矣.
[171] 『艮齋先生文集2』 前篇 권14: 74a「華西雅言疑義」, 132쪽, 栗翁曰: 有動有靜者, 氣也; 在動在靜者, 理也.

동정하는 것이 아니라 그 원인이라는 것이다.[172] 이에 근거를 둔 간재가 화서를 비판했던 것이다. 그러한 리에 대하여 화서는 비판적이다. 이 때문에 위와 같이 비판하였다. 그러한 화서의 리에 대한 이해를 간재가 비판하는데 그는 율곡이 안응휴를 비판한 것을 근거로 하였다. 안응휴는 리를 유위라고 주장하였는데 율곡이 이 기설을 모른다며 비판했던 것이다.[173] 간재는 리를 활물活物로 보는 것이 퇴계라고 하여 우암이 그를 주자와 다르다고 비판했다는 것이다.

> 퇴계는 리활理活의 이론을 잘못 접하였는데 우암은 주자의 뜻과 확연히 같지 않다고 말하였다.[174]

그는 퇴계를 직접 비판하지 않고 우암이 비판한 것을 근거로 화서를 비판하고 있다. 퇴계는 주자의 리에 대하여 활로 해석하였는데 그것을 본 우암이 퇴계의 이개념은 주자와 완전히 다르다고 비판한 것을 간재가 인용하였다. 사실상 퇴계는 리를 능동적인 것으로 보고 있어 능발능생能發能生한다고 하였다.[175] 능동적인 존재

---

[172] 李珥, 『栗谷全書』 권10 「答成浩原」, "理無爲而氣有爲, 故氣發而理乘 ; 같은 책, "氣發而理乘者, 何謂也? 陰靜陽動, 機自爾也, 非有使之者也, 陽之動則理乘於動, 非理動也 ; 陰之靜則理乘於靜, 非理靜也. 故朱子曰: 太極者, 本然之妙也 ; 動靜者, 所乘之機也. 陰靜陽動, 其機自爾, 而其所以陰靜陽動者, 理也"

[173] 『艮齋先生文集2』 前篇 권14: 74a 「華西雅言疑義」, 충남대학교도서관, 1999년, 132쪽, 昔安應休見乘氣流行之理, 便謂理亦有爲, 則栗翁斥之

[174] 『艮齋先生文集』 前篇 권14: 73b 「華西雅言疑義」, 132쪽, 退翁遇誤有理活之論, 而尤翁謂之與朱子意逈然不同

[175] 李滉, 『退溪集』 권55 「答李公浩」(『한국문집총간』 서울: 민족문화추진회, 1990), "朱

89

라고 해서 스스로 발생하는 것은 아닌데 퇴계가 발생한다고 한 점은 일반적인 능동의 의미보다 더욱더 강하다고 생각했던 것이다.

간재는 화서도 리활理活을 주장한다고 해석하여 그것은 화서가 기를 주체로 삼는 것이라고 비판한다.[176] 그러나 화서는 리를 주체, 기를 객체라고 하였다.[177] 간재는 리를 소이연지고所以然之故라고 말하여 운동의 원인자로 생각하고 있었다. 이에 입각하였을 때 화서가 말하는 기는 운동하지 않기 때문에 결국 그것이 그 원인이라고 해석하여 그렇게 비판했던 것이다. 그러나 화서는 리를 능동적으로 주재하는 것이라고 생각하였다. 반면에 간재는 모든 존재란 기의 운동으로 인하여 생성소멸되고 운동의 원인을 리라고 하였다. 그러나 화서가 생각하기를 모든 존재가 기의 운동으로 인하여 생성소멸 된다면 리가 할 일이 없다는 것이다. 따라서 주체는 리가 아니라 기가 되는 것이 되기 때문에 존재의 운동을 기가 아니라 리라고 생각하여 그렇게 말했던 것이다. 그러나 화서가 말한 대로 리가 동정한다면 기는 어떤 역할을 하는지 구별이 모호해질 수 있다. 그는 리와 기의 역할에 대하여 리 즉 태극은 동정의 도이고, 기는 그것의 기器라고 하였다.

천지간에 다만 동과 정이 있을 뿐이다. 무형으로부터 그것을 보면

子譽曰: 理有動靜, 故氣有動靜, 若理無動靜, 氣何自而有動靜乎? 知此則無此疑, 皆無情意云云. 本然之體 ; 能發能生, 至妙之用"

[176] 『艮齋先生文集2』 前篇 권14: 73b 「華西雅言疑義」, 132쪽, 華老之意, 豈非就理爲氣主處說耶

[177] 『華西雅言』 권1 「形而1」, 理者, 一而不二者也, 命物而不命於物者也, 爲主而不爲客者也 ; 氣者, 二而不一者也, 命於物而不命物者也, 爲客而不爲主者也

태극이고, 태극은 일동일정의 도이다. 유형으로부터 본다면 기기氣
機이고, 기기는 일동일정의 기器이다.[178]

이로 미루어 보았을 때 동정은 기가 없이 리만으로 이루어지지
않는다는 것을 알 수 있다. 동정을 하는데 태극은 도이고 기기는
기器라고 한다면 그 역할은 구분되어 있는 것이다. 그렇다면 구체
적으로 어떻게 다른가? 천지에는 동정이 있는데 그것을 무형으로
서 보면 태극이고, 유형으로서 보면 기기氣機라고 한다. 무형의 태
극과 유형의 기기의 작용이 바로 동정이라는 것이다. 그의 제자
성재 유중교는 주자의 설이 이중적이라고 해석하고 있다. 주자는
태극을 함동정含動靜과 유동정有動靜으로 말했다는 것이다. 성재는
전자를 태극의 본체로서 충막무짐冲漠無朕, 후자를 태극의 유행流行
으로써 말했다고 해석한다. 그러나 주자의 초년설은 태극을 본체,
동정을 작용으로써 말했다고 하는데 이것은 태극을 본체와 유행
으로써 말한 것과 태극을 본체 그리고 동정을 작용으로써 말한 것
은 다르다고 해석하였다.

충막무짐을 본체로서 말하면 주자가 말한 태극은 동정을 포함한다
는 것이고, 일동일정을 유행으로서 말한 것은 주자가 말한 태극은
동정이 있다는 것이다. 대개 하나의 도자에 나아가 체용을 나눈 설
은 같은데 주자가 초년에 동정과 태극을 각각 본체와 작용으로 구

---

[178] 『華西雅言』 권1 「臨川」, 天地之間, 只有動與靜而已, 自其無形者而觀之, 則太極也, 太極者, 卽一動一靜之道也 ; 自其有形者而觀之, 則氣機也, 氣機者, 卽一動一靜之器也

분한 것은 그것과 같지 않은 것 같다. 이를 아직 알지 못하니 어찌 할꼬?[179]

성재는 주자의 초년설보다 태극이 동정을 포함하거나 그것이 있다는 설을 더욱더 믿는 다. 그것은 다음해 간재에게 보낸 편지에서 더욱더 잘 나타난다.

태극은 다만 그 사이에 동하고 정함으로써 양을 생하는 원인이고, 정하고 동하면서 음을 생하는 원인이다. …… 이른바 태극의 동정은 다만 기가 동하고, 기가 정할 뿐이다.[180]

이것은 태극이 직접 동정하는 것이 아니라 그 원인이며 기가 직접 동정하는 것이라고 해석하고 있다. 위에서 살펴보았듯이 화서는 태극을 동정의 도, 기기를 동정의 기라고 말한 것과 비교해 보았을 때 유중교는 그것을 보다 구체화하였고, 보다 분명하게 태극과 기를 구분하였다.

이러한 성재의 설에 대하여 간재는 리는 무위이면서도 동정을 주재한다고 주장한다. 본체와 유행의 관점도 그렇게 보고 있다.

---

[179] 柳重敎, 『省齋集』(上) 권5: 9a「上重菴先生」(乙丑), 조용승 발행, 1974년, 79쪽, 冲漠無朕, 以本體言, 卽朱子所謂太極含動靜者也 ; 一動一靜, 以流行言, 卽朱子所謂太極有動靜者也. 蓋同競一道字內而分體用說, 與朱子初年, 以動靜對太極分體用者, 恐不同矣, 未知如何
유중교가 인용한 주희의 글은(『朱熹集』4 권45「答楊子直1」, "盖謂太極含動靜則可, 謂太極有動靜則可")에 나타난다.
[180] 『省齋集』(上) 권12: 20a「答田子明」, 206쪽, 太極者, 特於其間所以動其靜以生陽 ; 靜其動以生陰者也… 所謂太極之動靜, 只是以氣而動, 以氣而靜而已

대저 이를 무위의 본체라고 말한다면 우암이 이른바 리를 정의가 없고 조작이 없어서 본체와 작용의 간격이 없다는 말이 그것이다. 만약 그 주재의 실實이라고 말한다면 주렴계가 태극이 동하여 양을 생하고 정하여 음을 생한다는 말이 그것이다. 또한 무위와 주재를 구분하여 말하면 그것은 이른바 원두와 유행의 관점에서 설명한 것이다.[181]

우암이 말한 리의 무정의 무조작은 주자의 말을 인용한 것이다. 그것을 간재는 무위라고 해석하고 있다. 그가 말하는 무위란 무동정을 의미하는데 주자의 무정의 무조작을 그렇게 해석했던 것이다. 물론 주자는 이유동정理有動靜도 말하였는데 그것을 성재는 流行이라고 해석하였다. 하지만 간재는 주자의 이유동정도 리가 직접 동정하는 것이 아니라 무동정으로서 무위라고 해석하고 있는 것이 성재와 다른 점이다. 또한 주렴계의 「태극도太極圖」에 나타나고 있는 태극의 동정도 직접 동정하는 것이 아니라 그것을 주재한다고 해석하고 있다.

반면에 화서는 동정은 리가 주체가 되기도 하고, 기가 주체가 되기도 한다고 말한다. 리가 주체가 되고 기가 그것을 위하여 사역하면 리가 순수하고 기가 바르게 되어 만사가 잘 다스려지고 천하가 편안하지만, 기가 주체가 되고 리는 기 다음의 위치가 되면 기는 강하고 리는 제대로 발현되지 않고 은미하다는 것이다. 그로

---

[181] 『艮齋先生文集2』 前篇 권2: 34a-b, 「答柳穉程」, 139쪽, 夫理若言其無爲之體, 則如尤翁所謂理之無情意無造作, 無間於體與用者是也 ; 若言其爲主之實, 則如周子所謂太極動而生陽, 靜而生陰者, 是也, 若又理無爲與爲主, 分而言之, 則向所謂源頭流行之說, 是也

인하여 만사가 어지럽고 천하가 위태롭다는 것이다.

> 리가 주체가 되고 기가 사역을 하면 리는 순수하고 기는 바르게 되어 만사가 잘 다스려지고 천하가 안정된다. 기가 주체가 되고 리가 그 다음의 위치가 되면 기는 강하고 리가 은미하여 만사가 어지럽고 천하가 위태롭다.[182]

화서는 리주기역理主氣役과 기주리이氣主理貳를 말하면서도 전자가 되어야 한다는 의미를 나타내고 있는 것이 특징이다. 즉 리주기역理主氣役이 되어야 한다는 당위적인 규범의 의미를 내포하고 있는 것이다. 리와 기가 둘 다 능동적이기 때문에 결국 주체는 리가 될 수 있고 기가 될 수 있게 된다. 전자는 순선하지만 후자는 악이 나타날 수 있는 것이다. 성재가 리의 동정을 본체와 작용으로 해석하고 있는데 위의 화서의 말은 성재의 입장에서 볼 때 작용의 관점이라고 할 수 있다. 이것이 화서와 성재의 구별되는 점이다.

반면에 간재는 화서가 무위를 사死, 유위를 활活이라고 이해하고 있다는 것은 이미 리를 잘못 인식하고 있는 것이라고 비판한다.

> 대개 유위를 활活이라 여기고, 무위를 사死라고 여긴다면 리유위理有爲, 기무위氣無爲로서 앞의 가르침과 상반되는 리를 인식하고 있

---

[182] 『華西集』 권25: 8a-b 「理氣問答」, 157쪽, 理爲主氣爲役, 則理純氣正, 萬事治而天下安矣 ; 氣爲主理爲貳, 則氣强理隱, 萬事亂而天下危矣

는 것이 다르다고 자처하는 것과 같다.¹⁸³

그것은 『화서아언華西雅言』에 리를 제대로 인식하면 리자는 활, 기자는 사이고 그것을 제대로 인식하지 못하면 기자는 활, 리자는 사라고 한 문장에 대한 비판이다.

리를 알고 하는 말은 리자는 살고, 기자는 죽는 것이나, 리를 알지 못하고 하는 말은 기자는 살고 리자는 죽은 것이다.¹⁸⁴

윗글에서 화서는 간재가 비판한 것과 같이 리를 활, 기를 사라고 인식하지는 않았다. 단지 리자를 정확하게 인식해야 한다는 주장인 것이다. 리를 능동적인 존재로 인식해야지 무위로 인식해서는 안된다는 의미이지 그 리와 기를 사활로 인식하지는 않았다. 다만 리의 동정을 주장하면서 리무위를 주장하는 설에 대한 비판으로서 사활을 언급하였다.

이러한 화서의 이의 능동성은 그의 제자 성재에게 나타난다. 특히 유중교는 율곡의 이무위도 능동성의 의미로 해석하고 있는 것이 특징이다.

우암이 역의易義에서 율곡의 가르침을 인용하기를 "무형무위가 유형유위의 주재가 되는 것은 리이다. 유형유위가 무형무위의 기器가

---

183 『艮齋先生文集2』 前篇 권14: 74b 「華西雅言疑義」, 132쪽, 蓋若以有爲爲活；無爲爲死者, 然理有爲氣無爲, 一反前訓, 以自處而識理可異也
184 『華西雅言』 권1 「形而1」, 識理之言, 理字活而氣字死；不識理之言, 氣字活而理字死

되는 것은 기氣이다."라고 하였다. 이것을 내가 보건대 주主와 기器는 상대적인 의미로서 주는 물에 명령을 하는 것을 말하고, 기는 명령을 받는 물을 말한다. 리는 비록 무형이나 기가 형으로써 나타나게 하고, 리는 무위이나 기를 하게 하므로 무형무위가 유형유위의 주재가 되는 것은 리라고 말한다. 기는 유형이나 그것이 형체로 나타나게 하는 것은 리이고, 기는 유위이나 그렇게 되게 하는 것은 리이다. 그러므로 유형유위이나 무형무위의 기가 되는 것은 기이다.[185]

리의 주를 명령을 하는 것, 기의 기를 명령을 받는 것이라고 해석한 것은 리가 기에 명령하고 기는 리의 명령을 받는다는 의미로서 양자 모두 능동적인 존재로서 상대적인 것으로 생각하고 있는 것이다. 하지만 율곡의 이무위는 그러한 명령을 하는 존재는 아니다. 기의 뿌리가 되는 것을 의미한다.[186]

---

[185] 『省齋集』(上) 권12: 23a 「答田子明」, 208쪽, 尤翁易義引栗谷之訓云: 無形無爲而爲有形有爲之主者, 理也 ; 有形有爲而爲無形無爲之者, 氣也. 按主與器相對, 主是命物者之謂也 ; 器是命於物者之謂也. 理雖無形而以氣而形 ; 理雖無爲而以氣而爲, 故曰: 無形無爲而爲有形有爲之主者, 理也 ; 氣雖有形而形之者, 理也 ; 氣雖有爲而爲之者, 理也, 故曰: 有形有爲而爲無形無爲之器者, 氣也
유중교가 인용한 우암의 글은(『宋子大全』 권136 「一陰一陽之謂道」(癸酉科義) 민족문화추진회, 1993년, 112_513c, 蓋嘗論之. 無形無爲而爲有形 有爲之主者. 理也. 有形有爲而爲無形無爲之器者. 氣也)에 나타난다. 우암의 그 글은(『栗谷全書』 권10: 210b 「答成浩原」, 無形無爲而爲有形有爲之主者. 理也. 有形有爲而爲無形無爲之器者. 氣也)에 나타난다.

[186] 『栗谷全書』 권10: 217b 「與成浩原」, 민족문화추진회, 1989년, 理, 樞紐根柢
이상익은 「기호성리학에 있어서 리의 주재문제」(『기호성리학연구』, 서울: 한울아카데미, 1998년)에서 이이의 리의 주재에 대하여 '소이연(所以然)으로서의 리의 필연적 주재', '본(本)으로서의 리의 이념적 주재', '도의(道義)로서의 리의 당위적 주재'라고 해석하였다.

성재의 율곡에 대한 해석을 간재는 비판한다.

> 율곡의 이른바 "무형무위가 유형유위의 주재가 되는 것은 리이다. 유형유위가 무형무위의 기器가 되는 것은 기氣이다."라는 설과 서로 어그러지지 않겠는가? …… 그것은 곧 리와 기를 무위와 유위로 구분한 것인데 지금 오히려 유위와 무위를 리에 귀속시키고, 체용의 구분도 제대로 못하니 옛설과 서로 배치되지 않겠는가?[187]

간재는 성재가 리를 유위와 무위로 인식하여 옛설을 잘못 해석하였다고 비판한다. 옛설이란 율곡의 설을 가리킨다. 율곡은 이무위, 기유위를 주장하였는데 간재는 그의 설을 고수한 채 성재를 비판하였던 것이다.

3) 심설논쟁: 심합이기 대 심즉기

화서는 심을 합이기合理氣로서 동정을 포함하는 것으로 인식하고 있는 것이 특징이다. 또한 심의 본체가 성으로서 정靜하고, 그 작용은 정으로서 동動한 것이라고 하였다.

> 마음이란 사람의 신명으로서 리와 기를 합하고 동과 정을 포함한 것이고, 성이란 마음의 본체로서 이가 기를 타고 안정하고 있는 것

---

[187] 『艮齋先生文集2』 前篇 권2「答柳穉程」, 栗谷所謂: 無形無爲而爲有形有爲而之主者, 理也 ; 有形有爲而爲無形無爲之器者, 氣也.

이고, 정이란 마음의 작용으로서 리가 기를 타고 동하는 것이다.[188]

심을 전체로 보면 합이기이지만 본심만을 가리킨다면 리라고 한다. 즉 심즉리라는 것이다.

마음이란 리와 기를 합하여 칭한 것이지만 그 리만을 가리켜 말하면 본심이다.[189]

심을 합이기라고 한 것은 보다 구체적으로 그것을 형기신리形氣神理라고 한데서 나타난다.

심 한 글자가 형과 기와 신과 리를 겸하여 포함하고 있다. 이 때문에 형으로 말한 것도 있고, 기로 말한 것도 있고, 신으로 말한 것도 있고, 리로 말한 것도 있다.[190]

형과 기는 형이하로서 기이고, 신과 리는 형이상으로서 도라고 한다. 또한 형과 기는 각각 음과 양이며, 신과 리는 체용관계로서 전자는 작용이고 후자는 본체라고 한다.

---

188 『華西雅言』 권3 「神明」, 心者, 人之神明而合理氣, 包動靜者也；性則心之體而理之乘氣而靜者；情則心之用而理之乘氣而動者也
189 『華西雅言』 권3 「神明」, 心者, 合理與氣而立名也, 單指理一邊, 則曰本心也
190 『華西雅言』 권3 「神明」, 心之一字, 兼包形氣神理, 故有以形言, 有以氣言, 有以神言, 有以理言

심이 형과 기와 신과 리를 포함하고 있는데 형은 음이고 기는 양으로서 형이하인 기이다. 신은 작용이고 리는 본체로서 형이상인 도이다. 형은 심이 있는 집이고, 기는 심이 타고 있는 것이고, 신은 심의 오묘한 작용이고 리는 심의 본체이다.[191]

음양은 기이고, 체용은 일원이기 때문에 형기신리를 구태여 이기로써 배속한다면 형形과 기氣는 기이고 신神과 리理는 리인 것이다. 그가 합이기라고 하여 리기로써 심을 해석하면서도 형과 신을 추가하여 말하고 있는 것은 심의 구조를 보다 구체적으로 설명하기 위한 것이었다. 즉 심이 있는 집을 형이라 하고, 심의 작용을 신이라고 했던 것이다. 심의 집을 형이라고 한 것은 심을 감각기관으로 인식가능한 것으로 생각하고 있었기 때문이다. 형이란 눈을 비롯한 다른 감각기관으로서 인식할 수 있는 것이다. 그렇다면 구체적으로 심의 집으로 형은 무엇인가? 그는 심을 화장火臟으로서 몸을 주재하는 것이라고 말한다. 그것은 마치 화火인 태양이 만물을 비추는 것과 같다는 것이다. 이처럼 심의 집을 오장 중의 하나인 화장이라고 하여 누구든지 감각기관으로서 인식가능한 것이다.

심이란 불의 화장火臟으로서 몸을 주재하는 것이 되고 만사의 강령이 되는 것이다. 왜 그런가 하면 양은 음의 종통이 되고 상은 하를 주재하는데 불은 양의 극성, 상의 극치가 되는 까닭으로 오장과 몸

---

[191] 『華西雅言』 권3 「神明」, 心包形氣神理, 形陰而氣陽, 形而下之器也 ; 神用而理體, 形而上之道也. 形乃心之所舍 ; 氣乃心之所乘 ; 神乃心之妙用 ; 理乃心之本體

을 주재하니 하늘의 해가 만물을 통틀어 비추어 주는 형상이다. 『서경』에 이르기를 "진실로 총명하여야 임금이 된다."는 것이 또한 이와 같은 리이다.[192]

그가 말하는 화장이란 심장을 가리키는 것으로 보인다. 왜냐하면 심장이 피를 공급하고 받아들이는 곳이기 때문이다. 또한 피는 화를 상징하는 것이기도 하다. 심을 리와 기로 설명하게 되면 눈으로 확인할 수 없기 때문에 형으로서 설명했던 것이다. 그렇게 했을 때보다 현실성 있는 심설이 될 수 있기 때문이다.

이러한 화서의 심설에 대하여 간재는 본심은 영각靈覺으로서 대상을 인식하는 것이므로 당연히 유위이다. 그것을 리라고 한다면 리를 유위라고 여기는 것이라고 비판한다. 그는 어디까지나 이무위, 기유위에 입각하여 비판하였다.

내가 보건대 본심은 영으로서 깨닫고, 신으로서 인식하여 능히 리를 내함하고 의를 밝히고 성을 지극히 다하니 지극함을 세우는 물사가 아닌가? 그것을 리라고 말하면 리는 유위인 것이 분명하니 의심할만하다.[193]

---

192 『華西雅言』 권3 「神明」, 心是火臟, 而爲一身之主, 萬事之綱, 何也? 曰陽爲陰之統, 上爲下之主, 火爲陽之性, 上之極, 故爲五臟百體之主, 卽天日統照萬物之象也. 書曰: 亶聰明作元后, 亦此理也

193 『艮齋先生文集2』 前篇 권14: 81a, 「華西雅言疑義」, 136쪽, 愚按本心, 得非有靈覺神識, 能涵理明義盡性, 立極底物事耶? 以此而謂之理, 則理之有爲明矣, 可疑也

간재는 본심이라고 할지라도 그것은 대상을 지각하는 것이고 그것은 작용이며 유위이기 때문에 당연히 기라고 여겼다. 그는 이 무위, 기유위에 입각하여 성즉리, 심즉기를 주장한다. 본심은 본연지기로서 순선한 것이다. 그 점이 화서와 다른 점이다. 본심을 본연지기라고 한 것은 율곡에 기원한 것이다. 반면에 화서는 본심을 리라고 한 점이 다르다. 물론 심의 전체는 합이기이다. 간재 역시 심을 합이기라고 생각하였다고 해석할 수 있는 여지가 있다. 왜냐하면 그는 성즉리 심즉기라고 하였고, 성은 심 가운데 있다고 하였다. 따라서 성은 심 안에 포함되어 있는 것이므로 심합이기가 되는 것이다. 이러한 면에서 간재와 화서 모두 심합이기라고 해석할 수 있기도 하다. 물론 심합이기라고 하지만 그 내용은 다르다.

화서는 본심은 리이고 그 정은 성이며 그 동은 정이라고 하여 성과 정도 심의 동정이고 리의 동정이므로 결국 심성정일리心性情一理를 주장하게 된다.

> 심과 성과 정은 일리一理이고 그것을 스스로 주재하는 것을 심이라고 말한다. 그 본체는 성, 작용은 정이라 말하니 이른바 심통성정心統性情이 이것이다.[194]

이러한 심성정일리에 대하여 간재는 양명학과 유사하여 구별할 수 없다고 비판한다.

---

[194] 『華西雅言』권3 「神明」, 心也性也情也一理也, 自主宰而謂之心, 其體謂之性 ; 其用謂之情, 所謂心統性情, 是也.

또한 살펴보건대 양명이 "리는 하나일 뿐이고 그 주재로써 말한 것이 심이고, 응취로써 말한 것이 성, 발동으로써 말한 것이 의이며 명각으로써 말한 것이 지이다." 이것과 화서아언에서 말하는 심과 성과 정은 일리, 그것을 스스로 주재하는 것을 심이라고 말하고, 그 본체를 성, 작용을 정이라고 말하는 것은 그 뜻이 유사하여 크게 동이가 없다. 그것을 아직 알지 못하겠으니 어찌 구별할 것인가?[195]

화서의 심합이기설에서 그 본심을 리라고 하는데 그것은 훗날 성재에 의하여 심을 리의 유행이라고 하여 보다 구체적으로 정립된다.[196] 그는 리의 본체는 무사려 무지각이지만 사려와 지각을 포함하고 있다는 것이다. 따라서 심은 리의 유행으로서 사려와 지각이 작용한 것이라고 한다. 즉 심의 중요한 기능인 사려와 지각을 리의 작용이라고 인식하고 있으므로 심즉리라고 여겼던 것이다.

내가 보건대 리의 본체로 말하면 진실로 사려가 없고 지각도 없다. 오직 사려와 지각의 리를 포함하고 있을 뿐이다. 심은 리의 유행이고 내 몸에 보존된 것이므로 사려와 지각의 작용이다.[197]

---

195 『艮齋先生文集2』 前篇 권14: 82b-83a, 「華西雅言疑義」, 136-137쪽, 又按陽明曰: "理一而已, 以其主宰而言則謂之心 ; 以其凝聚而言則謂之性 ; 以其發動而言則謂之意 ; 以其明覺而言則謂之知." 此與雅言所謂: 心也性也情也, 一理也, 自主宰以言謂之心 ; 其體謂之性 ; 其用謂之情. 一段意思似無大異同矣, 未知何以辨別也?

196 『省齋集』(上) 권13: 3a 「答田子明 別紙」(甲戌4월), 216쪽, 心是理之流行

197 『省齋集』(上) 권13: 2b-3a 「答田子明 別紙」(甲戌4월), 215-6쪽, 竊謂以理之本體言, 則故無思慮無知覺, 惟含具得思慮知覺之理而已. 若所謂心乃是理之流行, 而存主乎吾身者也, 故有思慮知覺之用耳

반면에 간재는 주자의 말을 인용하여 지각을 기의 허령처라고 하면서 심즉기를 주장하며 성재의 심즉리를 비판한다.

> 정상精爽은 묘용으로써 말한 것이고, 정신혼백은 공용으로써 말한 것이고, 주자가 지각을 기의 허령처라고 말하였다.[198]

간재는 지각이란 작용하는 것이므로 유위이기 때문에 기라는 생각했던 것이다. 지각이란 대상을 접하면서 생기는 것이므로 능동적이기 때문에 유위이고 기라고 생각하였다. 반면에 성재는 지각도 리의 유행 즉 동정으로 인하여 생기는 것이라고 생각한 점이 간재와 다르다. 지각은 심이기 때문에 심즉리에 입각한 것이다. 그렇다고 해서 성재가 심즉리만을 말한 것은 아니다. 그는 스승 화서와 같이 심합이기를 주장한다.[199] 그는 퇴계와 우암을 근거로 심합이기를 주장한다.

> 퇴계는 이른바 심합이기라 하였고, 우암은 이른바 심은 리로써 말하기도 하고 기로써 말하기도 한다고 하였다. 두 선생의 가르침은 온전하여 깨지지 않는다는 것을 깨닫게 되었다.[200]

---

[198] 『艮齋先生文集2』前篇 권2: 45a「答柳穉程」, 144쪽, 精爽以妙用言 ; 精神魂魄以功用言 ; 朱子言知覺正是氣之虛靈處
[199] 『省齋集』(上) 권5: 5b「上重菴先生」, 77쪽, 心合理氣則可矣… 固有以理言, 有以氣言
[200] 『省齋集』(上) 권5: 5b「上重菴先生」, 77쪽, 退溪所謂心合理氣 ; 尤翁所謂心有以理言 ; 有以氣言, 兩訓覺包含渾全無破定處

그러나 간재는 우암의 심설을 성재와 다르게 해석하면서 그를 비판한다.

심은 리로써 말한다는 다섯 글자는 본래 우암이 말한 것이다. 그 뜻은 곧 높은 가르침을 준 것으로서 호리천리의 다름이 있다. 대개 그것을 살펴보면 주자대전의 오백풍문목에 심은 리가 된다는 말을 우암이 해석하기를 리는 심과 대조하였을 때 심은 기가 되고, 심을 형과 대조하였을 때 심은 리가 된다고 말하였다. 대개 심은 비록 기일지라도 리를 갖추고 있으므로 리라고 말하기도 하고 혹은 기 라고 말하기도 하니 그것은 모두 통할 수 있는 것이다.[201]

성재와 간재는 우암의 말을 근거로 자신의 심설을 주장하는 것은 같지만 전자는 심합이기라 하고 후자는 심즉기를 주장하면서 상대를 비판하는 것이 다른 점이다. 간재는 성재가 우암의 심설을 잘못 해석하였다고 비판한다. 특히 우암이 "심을 리로써 말한다." 라는 말을 잘못해석하고 있어 병폐라고 지적한다.[202] 하지만 그것은 심을 형形에 비교하였을 때 리라고 한 것이지 심을 본래 리라고 하지는 않았다는 것이다. 형이란 감각기관으로써 인식할 수 있는 것으로서 겉으로 드러난 형체를 가리킨다. 하지만 심은 형과

---

[201] 『艮齋先生文集2』前篇 권2: 52a-b「答柳穉程」(甲戌), 148쪽, 心有以理言五字, 本尤翁語也, 然其意, 則與尊誨有毫釐千里之別矣, 蓋嘗考之朱子大全吳伯豐問目, 有心爲理之語而, 尤翁釋之曰: 以理對心則心爲氣; 以心對形則心爲理, 蓋心雖是氣而該貯此理, 故或謂理; 或謂氣而, 皆可通

[202] 『艮齋先生文集2』前篇 권2: 52a「答柳穉程」(甲戌), 148쪽, 來書謂愚之憂執事在, 心有以理言一句, 執事之病

같이 겉으로 드러난 상태는 아니다. 즉 형에 비하면 무형에 가까운 것이다. 이 때문에 형에 비하여 형이상자라고 간재는 생각하였다. 형이상자는 리이기 때문에 심은 형에 대조하면 리이고, 리에 비하면 심은 기가 되는 것이라고 간재는 우암을 해석하였다. 이처럼 간재는 우암의 설을 성재가 잘못 해석하였다고 비판한다. 그의 제자 병암 김준영도 성재가 우암의 설을 해석한 것은 육왕의 설이라고 비판한다.

> 옛 성현이 혹 리로써 심을 말한 것이 과연 이와 같겠는가? 이미 심을 리라고 여기는 것은 육왕의 견해와 어찌 다르겠는가?[203]

당시 육왕학은 이단이기 때문에 스승 간재 보다 더욱더 강력하게 성재를 비판하였던 것이다.

물론 성재도 심즉리만을 주장하는 것이 아니라 심합이기이라고 하였기 때문에 심즉기도 주장한다. 즉 간재는 심즉기라고 주장하는데 성재 역시 심즉기라고 주장하기 때문에 그러한 측면에서 양자는 동일하다. 하지만 성재는 심의 본체를 리라고 주장하는 것이 간재와 다르다. 양자의 논쟁에서도 이 점은 첨예하게 대립되었다.

> 대개 고명한 간재선생이 말하기를 심은 기에 속한다고 하였다. 중교도 심은 기에 속한다고 말하였으니 이것이 같다. 고명한 간재선

---

[203] 金駿榮, 『炳菴集』 권2: 14a 「柳集辨」, 여강출판사, 1988년, 283쪽, 古聖賢, 或有以理言心者, 果如是乎? 旣以心爲理, 則此何異於陸王之見乎?

생이 말하기를 심은 기에 속할 뿐이라고 말하였다. 중교(성재)도 심을 비록 기에 속한다고 말하지만 그 본체로서 그 골자는 리이다. 이른바 본심, 명덕 같은 종류가 바로 그것이다. 이것이 다른 까닭이다. 고명한 간재선생이 말하기를 리는 무위라고 하였다. 중교도 말하기를 리는 무위라고 말하였으니 이것은 같다. 고명한 간재선생이 말하기를 리는 무위일 뿐이라고 하였다. 중교는 말하기를 이는 비록 무위이나 실제로 유위를 주재한다고 말하였다. 그러므로 기가 하는 것이 리가 하는 것이다. 이것이 다른 까닭이다.[204]

성재는 심을 기이지만 그 본체는 리라고 한 것은 이체기용理體氣用에 입각한 것이다. 그러나 간재는 성재의 이체기용과는 달리 본심도 기라고 하였다. 물론 그것은 순선한 본연지기本然之氣이다. 리는 기의 소이연所以然일 뿐이지 체용관계라고 볼 수 없다고 생각하였던 것이다. 그것은 리와 기의 관계에 대한 이해가 서로 달랐기 때문에 심에 대해서도 달랐던 것이다. 간재는 이무위, 기유위라고 하여 이와 기를 분명하게 구분하였다. 물론 성재도 리를 무위라고 하여 간재와 같다. 단지 리는 무위이지만 유위인 기를 주재한다는 것이다. 그것은 유위인 기가 능동적으로 운동하는 것은 바로 리가 주재하기 때문에 그러한 것이므로 결국 리가 하는 것이라고 생각하고 있었다. 기의 운동으로 인하여 만유는 생성소멸되

---

[204] 『省齋集』(上) 권12: 24a 「答田子明」(壬申8월), 208쪽, 高明曰心屬氣, 重教亦曰: 心屬氣, 此所同也, 高明曰: 心屬氣而已矣, 重教則曰: 心雖屬氣而其本體骨子乃理也, 如所謂本心明德之類是也, 此其所以異也. 高明曰: 理無爲, 重教亦曰: 理無爲, 此所同也, 高明曰: 理無爲而已矣, 重教則曰: 理雖無爲而實爲有爲之主, 故凡氣之所爲乃理之爲也, 此其所以異也

지만 그것을 주재하는 것은 리이기 때문에 결국 기의 운동도 바로 리가 하는 것이라고 생각했던 것이다. 하지만 간재는 기의 운동으로 만유는 생성소멸되고 그 원인이 바로 리라고 생각했던 것이다. 리가 기를 주재하는 것도 능동적인 주재가 아닌 뿌리로서의 역할을 하는 것이라고 그는 생각하였다.

4) 전우: 기의 동정과 심즉기, 이항로: 리의 동정과 심합이기

만유는 기의 운동으로서 생성소멸되고 그 근거로서 리가 있다는 것은 양학파의 공통점이다. 그러나 리가 동정하는 것인가? 그렇지 않으면 기가 동정하는 것인가? 이 점이 양학파의 차이이다. 화서는 리를 동정한다고 하면서 그렇지 않다고 하는 설을 비판한다. 그는 리도 동정하고 기도 동정한다고 한다. 따라서 리가 주체가 되기도 하고, 기가 주체가 되기도 한다는 것이다. 물론 전자는 리주기역理主氣役으로 현실에서 그렇게 되어야 한다는 당위적인 규범과 같은 의미를 내포하고 있다.

반면에 간재는 기가 동정하는 것이고 리는 그 원인이 된다는 것이다. 기가 동정하고 리는 그 원리라고 생각하고 있는 것이다. 물론 이러한 그의 생각은 화서학파 성재로부터 비판을 받는다. 성재는 퇴계와 우암의 설을 바탕으로 심합이기心合理氣를 주장한다. 또한 본심은 리라고 하여 리체기용理體氣用을 바탕으로 심합이기를 주장하였다. 그러나 간재는 그러한 유중교를 비판한다. 우암은 심을 기라고 생각했다며 성재가 그를 잘못 해석하였다고 비판한다.

107

그것은 그의 제자 병암 김준영에게로 이어져 성재가 우암을 잘못 해석하여 육왕陸王의 견해가 되었다고 보다 더 강력하게 비판한다. 당시 육왕학은 이단으로 인식되어 왔기 때문에 그를 이단시했던 것이다.

또한 간재는 이체기용을 바탕으로 심설을 주장하지도 않는다. 리무위, 기유위이기 때문에 현실에서 발현되는 것은 기이고 그 원인을 리라고 생각하여 기발이승氣發理乘이라 하였고 그에 입각하여 심도 그 핵심기능이 대상을 지각하는 것이고 그것은 유위이므로 심즉기라고 주장한다.

반면에 화서는 리를 동정한다고 말한 것은 그것이 올바른 것이기 때문에 그렇게 주장하였다. 그것은 곧 당위적인 규범과 같은 의미를 내포한다. 이 때문에 심도 본심을 리라고 하였다.

그러나 간재는 그를 비판하는데 왜냐하면 리는 무위이므로 현실에서 기가 없이 발현될 수 없다고 생각하였기 때문이다. 그렇다면 발현되지 않는 리를 현실에서 순선의 근거로 생각하기가 어려워진다. 따라서 그는 본연지기를 순선하다고 했던 것이다. 심도 마찬가지로 심즉기에서 본심은 본연지기이고 그것이 순선한 것이었다.

결국 화서는 현실의 근거를 리, 간재는 본연의 기라고 생각했던 것이 다른 점이다. 물론 리와 본연의 기는 순선하다는 것이 공통점이다.

6. 주희 리기설의 쟁점에 대한 이항로의 이해

1) 이기의 동정과 선후

주자학이 조선에 전래되면서 그 해석으로 인하여 논쟁이 치열했다. 그 논쟁은 크게 16세시 사단칠정, 18세기 인물성, 19세기 심설논쟁으로 나타났다. 하지만 그 논쟁의 기초는 이기설이었다. 율곡 이이와 우계 성혼의 퇴계 이황의 사칠설에 대한 해석에서 비롯되는 리의 동정문제 등이 주로 나타났다. 그러나 그것은 당시에만 국한된 논쟁이 아니었고, 율곡을 중심으로 하는 기호학파와 퇴계를 중심으로 하는 영남학파 간에 끊임없이 전개되었다.

그것은 화서 이항로도 예외는 아니었다. 하지만 그는 특정학파에 속하지 않고 거의 독학하다시피 공부하여 자신의 설을 확립하였다. 그 역시 그러한 쟁점에 대하여 설을 정립하였다. 그는 주자학의 기초인 리기설에서의 쟁점에 대하여 리에 동정動靜이 있는가? 없는가? 그리고 리와 기의 선후先後가 있는가? 없는가? 라고 이해하여 자신의 설을 전개하고 있다.[205] 하지만 그것은 이미 우암

---

[205] 華西先生文集 卷之六 答李伯五 丁未五月十日 a_304_163a, 晦翁論理氣, 或曰無先後, 或曰有先後, 或曰動靜者氣而理不能動靜, 或曰理有動靜, 其言若相反何耶. 尤翁曰, 從原頭而言則理氣有先後, 從流行而言則理氣無先後. 原頭指何而言, 流行指何而言耶. 曰無先後者, 明理氣無間也. 曰有先後者, 明理爲氣主也. 曰有動靜者, 明氣本於理也. 曰無動靜者, 明理無形體也. 言雖不同, 各有發明, 請更玩索. 原頭指陰陽所生處而言, 流行指動靜循環處而言.

송시열에게서 나타났던 쟁점이었다.[206] 화서는 이기의 선후문제에 대하여 우암의 설을 직접 인용하였다. 이 때문에 본 책에서는 이기선후理氣先後의 문제에 대하여 우암과 관련하여 그 쟁점에 대하여 화서가 어떻게 이해하고 전개하고 있는지에 대하여 연구할 것이다. 또한 이기의 동정문제는 퇴계, 율곡과 관련하여 연구할 것이다.[207]

2) 이기선후의 유무

화서는 주자가 리와 기의 선후가 있다고 말하기도 하고, 없다고 말하기도 했다는 것이다. 그것에 대한 우암의 해석을 인용하면서 그 근원을 보면 선후가 있고, 그 현상을 보면 없다는 것이다. 전자는 리가 기를 주재와 음양의 소생처, 후자는 양자의 간격이 없으며 동정의 순환처라고 해석한다. 그 이기선후는 리의 동정이 있는가 없는가의 문제와 함께 언급하고 있다.

    회옹(주희)이 이기를 논하기를 선후가 없다고 말하기도 하고, 있다

---

[206] 宋子大全附錄卷十九 記述雜錄 韓元震 a_115_587b, 理氣之說. 莫詳於濂洛關閩. 而或言理有動靜. 或言理無動靜. 或言其理氣之有先後. 或言其理氣之無先後. 其言不一. 若相牴背. 而學者每患於難爲會通. 於是尤菴先生出. 摠而斷之曰. 理氣只是一而二. 二而一者也. 有從理而言者. 有從氣而言者. 有從源頭而言者. 有從流行而言者. 蓋謂理氣混融無間. 而理自理氣自氣. 又未嘗夾雜. 故其言理有動靜者. 從理之主氣而言也. 其言理無動靜者. 從氣之運理而言也. 其言有先後者. 從理氣源頭而言也. 其言無先後者. 從理氣流行而言也.

[207] 화서 이기론에 대하여 주자와 관련하여 연구한 것이 있고(강필선, 화서 이기론의 주리적 특성에 관한 일고, 한국철학논집, 한국철학사연구회), 그것이 퇴계학과 흡사하다는 연구가 있다.(이상익, 화서 이항로의 주리론과 퇴계학, 퇴계학보117, 퇴계학연구원, 2005)

고 말하기도 한다. 혹은 동정하는 것은 기이고 리는 능히 동정하지 못한다고 말하기도 하고, 리에 동정이 있다고 말하기도 한다. 그것은 상반된 말인 것 같은데 어찌된 것인가? 우옹(송시열)이 말하기를 원두를 따라 말하면 리와 기는 선후가 있고, 유행을 따라 말하면 선후가 없다. 원두는 어디를 가리키는 말이고, 유행은 어디를 가리키는 말인가? 선후가 없다는 말은 리와 기가 간격이 없다는 것을 밝힌 것이고, 선후가 있다는 말은 리는 기를 주재한다는 것을 밝힌 것이다. 동정이 있다고 말하는 것은 기의 뿌리는 리라는 것을 밝힌 것이고, 동정이 없다고 말하는 것은 리의 형체가 없다는 것을 밝힌 것이다. 말이 비록 같지 않을지라도 각각 발명함이 있으니 청컨대 다시 완색하기 바란다. 원두는 음양의 소생처를 가리키는 말이고, 유행은 동정의 순환처를 가리키는 말이다.[208]

주자는 리와 기의 선후에 대하여 본래는 없다고 말한다. 하지만 그 근원은 이선기후라고 한다. 그것은 이선기후가 있는가 라는 질문에 대한 답변에서 나타난다.

혹자가 묻기를 반드시 리가 있은 다음에 기가 있습니까? 답변하기를 이것은 본래 선후가 없다고 말할 수 있다. 그러나 반드시 그 소종래를 보고자 하면 리가 먼저 있는 것이다. 하지만 리는 별도로

---

[208] 華西先生文集 卷之六 答李伯五 丁未五月十日 a_304_163a, 晦翁論理氣. 或曰無先後. 或曰有先後. 或曰動靜者氣而理不能動靜. 或曰理有動靜. 其言若相反何耶. 尤翁曰. 從原頭而言則理氣有先後. 從流行而言則理氣無先後. 原頭指何而言. 流行指何而言耶. 曰無先後者. 明理氣無間也. 曰有先後者. 明理爲氣主也. 曰有動靜者. 明氣本於理也. 曰無動靜者. 明理無形體也. 言雖不同. 各有發明. 請更玩索. 原頭指陰陽所生處而言. 流行指動靜循環處而言.

일물이 아니다. 기 가운데 있으니 기가 없으면 리가 있을 곳이 없다.[209]

이것은 리의 동정문제와 더불어 조선시대에 쟁점사항이었다. 당시 남당 한원진은 그것에 대한 우암의 견해를 언급하였다.

이기설은 염락관민보다 자세한 것이 없다. 혹은 리에 동정이 있다고 말하기도 하고, 없다고 말하기도 하였다. 혹은 리기의 선후가 있다고 말하기도 하고, 없다고 말하기도 하였다. 그 말이 한결같지 아니하여 서로 배치되는 것 같다. 학자는 그 회통이 어려워 늘 근심하였다. 이것은 우암 선생에게서도 나왔으니 그것을 확실하게 말하였다. "리와 기는 하나이면서 둘이고, 둘이면서 하나이다. 리를 따라 말하기도 하고, 기를 따라 말하기도 한다. 원두를 따라 말하기도 하고, 유행을 따라 말하기도 한다. 대개 이기는 서로 섞여 간격이 없으나 리는 스스로 리, 기는 스스로 기이므로 서로 섞이지 않았다. 그러므로 리에 동정이 있다고 말하는 것은 리는 기를 주재한다는 것에 따라 말한 것이다. 리에 동정이 없다고 말한 것은 기가 리를 운용한다는 것을 따라 말한 것이다. 선후가 있다고 말한 것은 이기의 원두를 따라 말한 것이고, 선후가 없다는 것은 이기의 유행을 따라 말한 것이다.[210]

---

[209] 朱子語類 권1 理氣上, 或問: 必有是理, 然後有是氣, 如何? 曰: 此本無先後之可言. 然必欲推其所從來, 則須說先有是理. 然理又非別爲一物, 卽存乎是氣之中 ; 無是氣, 則是理亦無掛搭處

[210] 宋子大全附錄卷十九 記述雜錄 韓元震 a_115_587b, 理氣之說. 莫詳於濂洛關閩. 而或言理有動靜. 或言理無動靜. 或言其理氣之有先後. 或言其理氣之無先後. 其言不一. 若相牴背. 而

이로 미루어 보았을 때 화서는 이선기후에 대하여 우암의 설을 그대로 답습하였던 것이다. 우암은 또한 율곡의 설을 답습하였다.

대저 리는 기를 주재하고, 기는 리를 태우는 곳이다. 리가 아니면 기는 뿌리가 없고, 기가 아니면 리는 의지할 곳이 없다. 이미 이물이 아니고 일물도 아니다. 일물이 아니므로 하나이면서 둘이고, 이물이 아니므로 둘이면서 하나다. 일물이 아니라는 것은 무슨 말인가? 이기는 비록 서로 떨어져 있음을 얻지 못할지라도 묘합의 가운데 있어서 리는 스스로 리이고 기는 스스로 기이므로 서로 섞이지 않았으므로 일물이 아니다. 이물이 아닌 것은 무슨 말인가? 비록 리는 스스로 리이고 기는 스스로 기이다. 서로 섞여 간격이 없으며 선후가 없고 이합이 없다. 이물로서 나타나지 않으므로 이물이 아니다.[211]

이기는 시작이 없고 실제로 선후가 없다고 말할 수 있다. 그 소이연의 근본을 미루어 보면 리는 추뉴근저이므로 부득불 리가 먼저이다. 성현의 말은 비록 천만이 쌓여있더라도 대요는 이와 같은 것

學者每患於難爲會通. 於是尤菴先生出. 摠而斷之曰. 理氣只是一而二. 二而一者也. 有從理而言者. 有從氣而言者. 有從源頭而言者. 有從流行而言者. 蓋謂理氣混融無間. 而理自理氣自氣. 又未嘗夾雜. 故其言理有動靜者. 從理之主氣而言也. 其言理無動靜者. 從氣之運理而言也. 其言有先後者. 從理氣源頭而言也. 其言無先後者. 從理氣流行而言也

[211] 栗谷先生全書 卷之十 答成浩原壬申 a_044_199a, 夫理者. 氣之主宰也. 氣者. 理之所乘也. 非理則氣無所根柢. 非氣則理無所依著. 旣非二物. 又非一物. 非一物. 故一而二. 非二物. 故二而一也. 非一物者. 何謂也. 理氣雖相離不得. 而妙合之中. 理自理氣自氣. 不相挾雜. 故非一物也. 非二物者. 何謂也. 雖曰理自理氣自氣. 而渾淪無間. 無先後無離合. 不見其爲二物. 故非二物也

에 지나지 않을 뿐이다. 사물에서 본다면 먼저 리가 있은 후에 기가 있는 것이 분명하다. 대개 천지가 아직 생기기 전에는 천지의 리가 없다고 말할 수 없다. 그것을 사물에 미루어 보아도 모두 그러하다.[212]

반면에 퇴계는 이기는 이물 같아서 선후가 있지만 그 선후를 구분하는 어렵다고 말한다.[213] 이것을 미루어 보았을 때 화서의 이기선후에 대한 유무는 율곡과 우암의 영향을 받은 것이라고 할 수 있다.

3) 리의 능동

화서는 조선시대 당시 논란이 되었던 주자의 리의 능동문제 즉 유동정과 무동정이라는 두가지 말에 대하여 모두 용인한다.

회옹(주자)은 …… 동정하는 것은 기이고, 리는 동정을 하지 못한다고 말하기도 하였는데 그것은 상반된 말인 것 같은데 어찌된 것인가? …… (리)에 동정이 있다는 말은 기는 리에 뿌리를 두고 있다는 것을 밝힌 것이다. 동정이 없다고 말한 것은 리가 형체가 없다는 것을 밝힌 것이다. 말은 비록 다를지라도 각각 발명한 것이

---

212 栗谷先生全書 卷之十 與成浩原 a_044_217b, 理氣無始. 實無先後之可言. 但推本其所以然, 則理是樞紐根柢. 故不得不以理爲先. 聖賢之言, 雖積千萬. 大要不過如此而已. 若於物上觀, 則分明先有理而後有氣. 蓋天地未生之前. 不可謂無天地之理也. 推之物物皆然.
213 退溪先生文集卷之三十七 答李平叔 a_030_345b, 蓋理氣二物若有先後. 而實難分先後

있다.[214]

이것은 당시 조선시대에 주자의 리에 대한 이중적 표현에 대하여 두 가지로 해석한 것에 대하여 그것 모두 용인한 것이다.

주자의 글에서 리에 대하여 무정의, 무계탁, 무조작이라고 표현한 것이 있는 반면에 동정이 있다고 표현한 것이 있기도 하다.

리는 무정의, 무계탁, 무조작[215]

리에 동정이 있으므로 기에 동정이 있다.[216]

이에 대하여 퇴계는 체용관계로 정리한다. 무정의는 본연의 체, 능발능생은 지묘한 용이라고 했던 것이다. 리에 동정이 있기 때문에 기에 동정이 있다는 것이다. 주자가 리에 대하여 유동정과 무정의를 말한 것은 이중성의 의미가 있기 때문에 퇴계가 이와 같이 체용관계로 해석하였던 것이다.

주자가 말하기를 "리에 동정이 있으므로 기에 동정이 있으며 만약 리에 동정이 없으면 기에 어찌 동정이 있겠는가?"라고 하였다.

---

214 華西先生文集 卷之六 答李伯五 丁未五月十日 a_304_163a, 晦翁論理氣… 或曰動靜者氣而理不能動靜, 或曰理有動靜, 其言若相反何耶?… 曰有動靜者, 明氣本於理也, 曰無動靜者, 明理無形體也, 言雖不同, 各有發明

215 『朱子語類』 권1 「理氣上」, 理卻無情意, 無計度, 無造作

216 『朱熹集5』(成都: 四川教育出版社, 1996) 권56 「答鄭子上14」, 理有動靜 故氣有動靜

이것을 알면 이러한 의심이 없습니다. 무정의를 말한 것은 본연의 체이고, 능발능생은 지묘의 용입니다.[217]

하지만 율곡은 리무위, 기유위이기 때문에 기발이승이라고 주장한다. 기는 유위이기 때문에 발동하고 리는 무위이기 때문에 그것을 탄다는 것이다. 그것은 기에 동정이 있기 때문에 발동할 수 있고, 리에 동정이 없기 때문에 직접 발동할 수 없고 기를 타고 발동할 수밖에 없다고 해석한 것이다.[218]

리는 무위, 기는 유위이므로 기는 발동하고 리는 그것을 탄다.[219]

리는 발동하지 않고 기만 발동한다는 것이다. 하지만 퇴계의 해석은 리뿐만 아니라 기도 발동한다는 것이었다. 하지만 그는 주자도 그렇게 생각하지 않았고 만약 그렇게 생각하였다면 오류라고 한다.[220] 그만큼 그는 주자의 리에 대하여 이무위라고 해석한 것을 확신하고 있었다. 이에 입각하여 율곡은 퇴계를 비판하였고, 퇴계학파는 율곡을 반박하였다. 이러한 논쟁은 화서가 활동했던

---

217 『退溪集』 권55 「答李公浩」(『한국문집총간』 서울: 민족문화추진회, 1990), "朱子嘗曰: 理有動靜, 故氣有動靜. 若理無動靜, 氣何自而有動靜乎? 知此則無此疑. 皆無情意云云. 本然之體; 能發能生, 至妙之用"

218 『栗谷全書』 권10 「答成浩原」, "氣發而理乘者, 何謂也? 陰靜陽動, 機自爾也, 非有使之者也, 陽之動則理乘於動, 非理動也; 陰之靜則理乘於靜, 非理靜也. 故朱子曰: 太極者, 本然之妙也; 動靜者, 所乘之機也. 陰靜陽動, 其機自爾, 而其所以陰靜陽動者, 理也"

219 『栗谷全書』 권10 「答成浩原」, "理無爲而氣有爲, 故氣發而理乘"

220 栗谷先生全書 卷之十 答成浩原 a_044_203c, 若朱子眞以爲理氣互有發用. 相對各出. 則是朱子亦誤也. 何以爲朱子乎

때에도 끊임없이 전개되었다.

화서는 앞에서 언급했듯이 리의 유동정과 무동정을 모두 용인하였다. 주자가 말한 리의 무정의에 대해서도 그대로 받아들인다.

무정의 무조작이라고 말한 것은 리이다.[221]

무정의, 무조작한 리는 결국 그에게서 무위라는 표현으로 나타난다. 그는 리를 무위라고 정의한다. 무위라고 하면 전혀 작용이 없는 것이지만 그러한 리는 만 가지 행위의 본체라는 것이다.

리는 비록 무위일지라도 실제 만 가지 행위의 본체이다.[222]

또한 그는 리는 기의 근본이고 준칙, 기는 리의 형적이고 기구라고 한다. 이 때문에 양자는 서로 떨어져 있지 않고, 섞여 있지도 않다는 것이다.

다만 리는 기의 근본이고, 기는 리의 형적이다. 리란 기의 준칙이고, 기는 리의 기구이다. 그것은 본래 서로 떨어져 있지 않고, 섞여 있지 않다.[223]

---

221 華西先生文集 卷之六 答盧粲兼 龍奎 己酉四月 a_304_158b, 自無情意無造作者言之, 則曰理.
222 華西先生文集 卷之五 答李長汝 乙卯二月十九日 a_304_141d, 理雖無爲而實是萬爲之本體
223 華西先生文集 卷之十九 明德理氣人物性同異辨 a_305_008c, 但理者氣之根本也. 氣者理之形迹也. 理者氣之準則也. 氣者理之器具也. 本不相離, 亦不相雜

리는 무위이지만 만 가지 행위의 본체라는 말은 리는 기의 근본이고 준칙이라는 말과 상통한다.

이것과 반대로 그는 리는 발동한다고 말한다. 물론 기도 발동한다는 것이다. 사단은 이발, 칠정은 기발이라는 것이다. 또한 인심은 기발, 도심은 이발이라고 한다.

만약 리발과 이발의 구별을 논한다면 사단은 악성의 류가 기발은 받아들인 것이다. 사단은 이발이고, 칠정이 중절한 것도 이발이다. 과불급은 기발이다. 인심도심으로써 말하면 인심은 기발이고 도심은 이발이다. 이것을 보면 장애가 없는 것 같다. 아마도 합설을 끌어들이지 않아도 될 것 같다.[224]

이처럼 그는 사단과 도심, 칠정과 인심을 각각 이발과 기발이라고 이해하고 있다. 그는 분명히 이를 무위라고 했는데 왜 발동한다고 했는가? 그 해답은 다음의 글에서 찾을 수 있다.

태극은 리, 음양은 기이다. 이른바 리는 기가 없으면 승재하여 운용하고, 응취하여 생성하는 것이 없다. 이른바 기는 리가 없다면 그 뿌리가 되는 것이 없고 준칙을 주도하는 것이 없다. 비유컨대 길을 가는데 사람과 말이 서로 의지하고, 전쟁에서 장수와 졸병이 서로 작용하는 것과 같다. 하나가 빠져 홀로 이루어질 수 없다는

---

[224] 華西先生文集 卷之十九 四端七情圖說 a_305_025c, 若論氣發理發之別, 則四端則納交要譽惡聲之類是氣發, 而四端是理發也. 七情則中節者是理發, 而過不及者是氣發也. 以人心道心言之, 則人心是氣發而道心是理發. 如是看則似無碍, 恐不必牽合說

것은 분명하다.[225]

이와 같이 리가 직접 발동하는 것은 아니다. 리는 기를 타고, 기는 리를 싣는다. 그로 인하여 사물이 생성된다는 것이다. 리는 사람과 장수, 기는 말과 졸병에 비유한다. 사람이 말을 타고 길을 가는데 말이 직접 가는 것이지 사람이 직접 가지 않는다. 전쟁터에서도 장수가 병졸에게 명령하여 상대편과 싸운다. 이 때문에 그는 리는 기에게 명령하는 장수이고, 기는 리를 싣는 그릇이라고 말하였다.[226] 이것으로 미루어 사단칠정과 인심도심에서 이발과 기발을 해석할 수 있다. 그것은 모두 리가 기를 타고 발동한 것이지만 사단과 도심은 리의 명령을 기가 잘 따른 것이고, 칠정과 인심은 기가 리의 명령을 제대로 수행하지 않은 것이다. 물론 사단도 기발이 있고, 칠정도 이발이 있다고 한다. 전자는 악성 등이고, 후자는 중절한 것이라고 한다. 이 때문에 이발과 기발을 모두 인정했던 것이다. 리가 무위이면 당연히 발동할 수 없다. 이것은 율곡의 주장이다. 하지만 화서는 리는 무위이지만 발동한다. 왜냐하면 기를 타고 발동하기 때문이다. 그러나 율곡도 리는 기를 타고 발동한다. 따라서 그는 이발을 비판하지만 화서와 상통한다고 할 수 있다. 결국 화서는 율곡의 영향을 받았던 것이다. 표현에서 이

---

[225] 華西先生文集 卷之六 答李伯五 丙午正月二十七日 a_304_161c, 太極理也. 陰陽氣也. 然則所謂理者無是氣, 則無以乘載運用凝聚生成也. 所謂氣者無是理. 則無所根柢樞紐主張準則也. 譬之行則人馬之相須也. 譬之戰則將卒之相用也. 不可闕一而獨成也明矣

[226] 華西先生文集 卷之九 答朴景胄 虁祐 壬戌十二月 a_304_243c, 理是命氣之帥也… 氣乃載理之器也

발이라고 했을 뿐 그 의미는 율곡과 상통하기 때문이다. 물론 사단을 이발, 칠정을 기발이라고 한 것은 주자가 사단을 이지발, 칠정을 기지발이라고 한 것에 근거한 것이다.

사단은 리의 발, 칠정은 기의 발[227]

또한 사단은 이발, 칠정은 기발이라고 한 것은 퇴계가 고봉 기대승에게 보낸 사단칠정 제2서에서 나오는 내용이다.[228] 제3서에서는 사단을 이발이기수지, 칠정을 기발이이승지라고 하였다.[229] 퇴계는 기대승에게 보내는 제1서에서부터 정추만의 천명도에 나타난 사단은 리에서 발하고, 칠정을 기에서 발한다는 설에 대하여 양자를 심하게 나누었다며 논리적으로 문제가 있다고 하여 제기를 했었다.[230] 물론 그러한 이발과 기발은 앞에서 언급하였듯이 주자에게서 나타난 것이었다.

이것으로 미루어 보았을 때 화서의 이발과 기발이라는 글자는 주자와 퇴계를 답습한 것이라고 할 수 있다.

---

[227] 주자어류 권53 맹자3, 四端是理之發, 七情是氣之發
[228] 『退溪集』 권16 答奇明彦 論四端七情第二書 a_029_413a, 改本, 見滉以氣發言七情, 則力言理發, 是見人說馬行, 而必日人行也, 見滉以理發言四端, 則又力言氣發, 是見人說人行, 而必曰馬行也
[229] 『退溪集』 卷十七 「答奇明彦」論四端七情第三書, a_029_431a, 且四則理發而氣隨之, 七則氣發而理乘之
[230] 『退溪集』 卷十六 「答奇明彦」論四端七情第一書, a_029_407c, 往年鄭生之作圖也, 有四端發於理, 七情發於氣之說, 愚意亦恐其分別太甚, 或致爭端

4) 이발理發: 이황의 영향, 이기선후 문제: 이이와 송시열의 영향

화서는 당시 주자학의 이기설 쟁점에서 이기선후의 유무는 우암의 설을 그대로 답습하였다. 우암은 율곡의 설을 바탕으로 한 것이다. 따라서 화서 역시 그의 영향을 받았던 것이다.

반면에 리의 동정에 대한 유무는 이발理發과 기발氣發을 모두 말한다. 따라서 그것은 퇴계의 영향을 받은 것이다. 그가 말하는 리는 직접 동정하는 것이 아니라 기가 동정할 때 그것을 탄다는 의미이다. 이것으로 미루어 보았을 때 그것은 율곡의 영향이다. 율곡의 기발이승의 영향을 받은 것이라고 할 수 있다.

II 영남학파의 심리학

1. 이진상 – 심즉리설의 연원

1) 율곡학파의 심즉기설 비판으로서 이진상의 심즉리설

인간의 윤리학倫理學이 핵심인 주희의 성리학은 우주에 대하여 리와 기로 인하여 생성되었다고 한다. 인간도 몸과 마음으로 구성되었고, 심은 몸을 주재하며, 심은 리와 기로 이루어졌다고 하였다. 이 때문에 그의 심설은 리라고 하기도 하고 기라고 하기도 하는 등의 양면성으로 보일 수 있는 가능성을 갖고 있다. 이러한 주희의 심설에 대하여 훗날 이황은 심합이기라고 하여 심을 체용관계로 보았지만 이이는 심시기心是氣, 성즉리性卽理라고 구분하였다. 그 후 양자는 학파를 이루면서 서로를 비판하는데 그 속에서 율곡학파의 심즉기에 대하여 보다 더 극단적으로 반박하는 과정에서 한주 이진상(1818-1878)은 「심즉리설」(1861, 44세)을 지었다. 심즉리설은 육왕학에서 주장하는 심설인데 육왕학에 대해 벽이단闢異端이 아주 강한 이황의 영향이 그대로 남아있던 영남에서[1] 파문이 일어날 수밖에 없었다. 당시 이진상은 율곡학파의 심즉기설心卽氣說은 물론 육구연과 왕수인, 선가禪家, 의가醫家의 심설을 철저히

---

[1] 이황은 왕수인의 「전습록(傳習錄)」을 읽고 「전습록변(傳習錄辨)」을 지어 이단으로 규정하였다. 이 때문에 당대는 물론 후대에 이르기까지 전국적으로 육왕학(陸王學)을 이단으로 보았다. 더욱이 영남에서는 보다 더 심하였다.

비판하면서 『서경』 「대우모」의 도심, 『논어』의 종심從心, 『맹자』의 심설, 정이의 심즉성설心卽性·성즉리性卽理, 주희의 심위태극心爲太極, 이황의 「심통성정도心統性情圖」의 〈중도中圖〉를 심즉리설의 근거로 삼았다. 하지만 율곡학파는 물론 퇴계학파에서도 이진상의 심즉리설을 육왕학이라고 하여 배척하였다. 이 때문에 이황을 위폐를 모신 도산서원에서는 이진상의 문집을 소각시키는 등 많은 파문을 일으켰다.[2] 하지만 그는 주희를 조술祖述하고 이황을 헌장憲章한다고 하여 이들을 계승한다는 의지를 나타냈다.[3] 더욱이 그가 유학의 정통을 공자-주희-이황이라고 한 것을 보면[4] 그들을 계승하고자 하는 마음이 절실했다는 것을 알 수 있다.

본 책에서는 당시 육왕학이라는 비난을 받았던 이진상 심즉리설의 사상적 연원을 밝히고자 한다. 우선 그가 주된 근거로 삼고 있는 주희와 이황의 심설과 관련하여 심즉리설의 연원을 밝히고자 한다. 이에 관한 논문으로는 이동희의 「한주학파의 퇴계 성리학 계승」[5]이 있다. 이 논문은 이황의 사단칠정론을 근거로 하여 이진상의 성리설이 이황의 성리학을 계승하였다고 보고 있다. 또한 이황 성리학의 계승자로서 이진상의 제자 곽종석도 함께 논하

---

[2] 黃玹, 『梅泉野錄』(국사편찬위원회,1971) 권1, "首送于退溪書院, 諸李譁然, 斥以異端, 背署于卷而逐之曰, 此冊可深藏伽倻山谷中, 待吾道滅絶之後, 始乃出而行世, 又會一道之士, 聚其書而焚之"

[3] 李震相, 『寒洲全書1』(아세아문화사, 1980) 『寒洲先生文集』 권32 「玉獅子印章說」, 698면, "祖述雲谷 憲章陶山"

[4] 李震相, 『寒洲全書1』(아세아문화사, 1980) 『寒洲先生文集』 권5 「上崔海庵」, "竊按 朱子是孔子後一人 退陶是朱子後一人 而其言之不異 若合符節"

[5] 이동희, 「한주학파의 퇴계 성리학 계승」, 『한국학논집』 26집, 계명대학교

였다. 그러나 이진상의 심즉리설이 이상정의 이주기자理主氣資를 바탕으로 정립된 설이라는 것에 대하여 언급이 없다.

이 책에서는 주희로부터 시작하여 이황, 이상정李象靖, 이진상의 심설을 범위로 한다. 또한 이진상의 심즉리설을 주리론이라고 하는 논문이 많은데[6] 본 책에서는 객관성을 기하기 위하여 주리, 주기론이라는 용어를 쓰지 않을 것이다.

---

[6] 이진상의 심즉리설을 주리론 내지 주리파로 보고 있는 논문은 다음과 같다.
강대걸, 「한주 이진상의 이기설소고」, 『북악논총』 5집, 1987; 금장태, 「한주 이진상의 성리학과 심즉리설」, 『퇴계학파의 학문〈21〉』, 『퇴계학보』 102집, 퇴계학연구원, 1999; 김동혁, 「한주 성리학의 주리적 특성」, 『동양철학연구』 제14집, 동양철학연구회, 1993; 송찬식, 「한주 이진상의 이기론 연구」, 『한국사학』 제5집, 한국정신문화연구원, 1983년.
* 주리, 주기론은 이황이 사단=주리, 칠정=주기라고 한데서 나온 말이다. 그러나 이황, 이이 이후의 영남, 기호학파의 후학들은 주리=정학, 주기=이단으로 사용하였다. 특히 효종 때 영남의 유직이 올린 상소에서 이이에 대하여 주기론=이단이라고 비판하면서 그러한 인식이 확산되었다. 당시 이진상은 이이의 성리학을 주기론으로서 이단이라 했고,(『寒洲全書1』 권15 「答許退而(癸酉)」, 344면, "故近世主氣之學, 莫如韓南塘而其引文成之言曰, 理之體用, 大本達道, 是也. 又曰, 心則可論氣稟, 而言明德則不拖帶氣稟, 若李陶庵, 則直以主氣冶心爲淬穢太淸";『寒洲全書2』 『理學宗要』 권21 「明異端主氣以滅理」, 351면, "右明異端之學, 主氣以滅理.", 이이를 인용한 한원진의 심즉기를 주기론이라 하였고 주기론을 이단이라 하였기 때문에 한원진을 주기론=이단이라 보았고 그가 인용한 이이 역시 주기론=이단이라 보았다고 할 수 있다. 한남당은 한원진의 호, 문성은 이이의 호, 도암은 이재의 호이다.) 그의 제자 장석영은 이진상의 심즉리설을 천성의 주리의 종지를 밝혔다 하여 주리론이라고 보았다.(『晦堂先生文集4』 권22 「性師心弟辨」, 406면, "寒洲子明千聖主理之旨")
반면에 간재 전우는 이진상의 심즉리를 주기론으로서 이단이라 하고,(『艮齋先生文集2』 권13 「觀李氏與張新齋書(壬子)」, 641쪽, "李氏論東方一邊之學, 有主氣之病") 그의 제자 김택술은 이이의 심시기·성즉리를 주리론으로서 정학이라고 주장하였다.(『後滄先生文集2』『後滄文集』 권13 「主理主氣對」, 177면, "栗翁之所謂檢束其氣者, 所以復氣之本然也, 復其本, 則性不待復而自復矣, 然則復其性者爲主理") 따라서 이진상의 심즉리를 주리론이라고 칭한다면 正學이라고 하여 편파적인 견해가 된다. 이 때문에 이 책에서는 객관성을 기하기 위하여 주리, 주기론이라는 용어를 쓰지 않을 것이다.

2) 주희의 체용론적 심설

주희는 우주의 요소를 리와 기로 표현하는데 그 관계에 대하여 리가 기를 주재한다고 정의하였다.[7] 이 때문에 리가 기를 생한다고 하였다.[8] 그러나 리에 대하여 이유동정理有動靜을 말하기도 하고[9] 무정의無情意, 무조작無造作, 무계탁無計度하여 동정이 없다고 말하기도 하는 등의 양면성으로 볼 수 있는 가능성을 갖고 있다.[10] 그는 리=태극, 기=동정이라고 인식하였는데[11] 그의 동정설은 주돈이 태극도설에서 비롯된다. 주돈이는 『태극도설太極圖說』에서 '태극이 운동하여 양을 생하고, 고요히 음을 생한다'라고 하여 태극=동정이라고 인식했다.[12] 이에 대한 해설에서 주희는 태극이 동정을 포함하거나, 동정이 있다고 말하는 것은 옳다고 하였다. 반면에 태극이 곧 동정이고, 형이상과 형이하를 구분하지 않고 역에 태극이 있다고 말하면 잘못이라는 것이다.[13] 그는 태극을 형이상, 동정을 형이하로 생각하여 태극과 동정을 구분하고 태극=동정을 부정했던 것이다. 이로 인하여 주희는 주돈이의 「태극도」를 해설하면서 그와 다른 면을 보여주었다. 이것은 주희가 자신의 이론으

---

[7] 朱熹, 『朱子語類1』(북경: 중화서국, 1999) 권1 「夔孫錄」, "然所謂主宰者 卽是理也"

[8] 朱熹, 『朱子語類1』 권1 「德明錄」, "有是理後 生是氣"

[9] 朱熹, 『朱熹集5』(成都:四川教育出版社, 1996) 권56 「答鄭子上14」, "理有動靜 故氣有動靜 或理無動靜 則氣何自而有動靜乎"

[10] 朱熹, 『朱子語類1』(北京: 中華書局, 1999) 권1 「佃錄」, "理卻無情意, 無計度, 無造作."

[11] 朱熹, 『朱子語類1』 권9 「董銖錄」, "太極理也 動靜氣也"

[12] 周惇頤, 『性理大全』(保京文化社, 1990) 『性理大全書』 권1 「太極圖」, "太極動而生陽, 靜而生陰"

[13] 朱熹, 『朱熹集4』 권45 「答楊子直1」, "盖謂太極含動靜則可 謂太極有動靜則可 若謂太極便是動靜 則是形而上下者不分 而易有太極之言 亦贅矣"

로 주돈이의 「태극도」를 해설한 것이라고 할 수 있다. 또 그는 리를 양면성으로 본 것이 아니라 리의 무동정無動靜은 체를 말한 것이고 유동정有動靜은 용用을 말한 것이라고 할 수 있다. 즉 리의 본체는 무동정이지만 현상에서는 직접 동정하는 기를 타고 있기 때문에 동정이 있는 것이다. 또 현상적으로 이승기동理乘氣動[14]하기 때문에 리가 동정하는 것이라고 보았다고 할 수 있다.

주희는 리가 동정하기 때문에 기가 동정한다고 하여 동정의 주체를 리라는 성향을 보이면서도[15] 다른 한편으로 동정이 없다고 말하기도 한다.[16] 주희가 리에 동정이 있다고 말할 때 리가 스스로 주재하는 자유주재自有主宰를 의미한다.[17] 하지만 동정이 없다고 할 때의 리는 기를 주재하는 원리의 뜻으로서 말한 것이라고 할 수 있다. 따라서 전자는 인격적이지만 후자는 비인격적인 면에서 말한 것이다. 그러나 리와 기의 관계를 사람과 말에 비유한 것을 보면[18] 상황은 다르다. 말이 출입할 때 사람도 함께 출입하고 말이

---

[14] 朱熹, 『朱子語類1』 권9 「賀孫錄」, "問 太極者 本然之妙 動靜者 所乘之氣 太極只是理 理不可以動靜言 惟動而生陽 靜而生陰 而寓於氣 不能無動靜 所乘之氣 乘 如乘載之乘 其動靜者 乃乘載在氣上 不覺動了靜 靜了又動 先生曰 然"

[15] 朱熹, 『朱熹集5』 권56 「答鄭子上」, "理有動靜 故氣有動靜 或理無動靜 則氣何自而有動靜乎"

[16] 朱熹, 『朱子語類1』 권1 「偶錄」, "理卻無情意, 無計度, 無造作."

[17] 정이는 건괘(乾卦)의 형체를 천이라 하고 천을 주재하는 것을 제(帝)라고 하였다.(『周易傳義大全』 권1 「乾卦」, "傳… 以形體謂之天 以主宰謂之帝") 하지만 주희는 제의 주재를 부정하고 스스로 주재하는 自有主宰를 말했다.(같은 책, "問以主宰謂之帝 孰爲主宰 曰自有主宰") 이것을 리라고 하였다.(같은 책, "乾者 天之性情之理而言也") 따라서 주희는 理가 스스로 주재하는 자유주재(自有主宰)를 말했던 것이다. 정이는 인격적인 帝의 주재를 말했지만 주희에 이르러 비인격적인 리의 자유주재를 말했다고 할 수 있다.

[18] 朱熹, 『朱子語類』 권94 「董銖錄」, "太極理也, 動靜氣也, 氣行則理亦行, 二者常相依而未嘗相離也. 太極猶人, 動靜猶馬, 馬所以載人, 人所以乘馬. 馬之一出一入, 人亦與之一出一入. 盖一動一靜, 而太極之妙未嘗不在焉."

출입하지 않으면 사람도 출입하지 못하기 때문에 동정의 주체는 말이 되는 것이다. 따라서 동정의 주체는 기이기도 하다. 그러나 주희는 우주의 생성을 윤리적으로 보았기 때문에 본래적인 동정의 주체를 리라고 생각하였고 동정의 주체가 기인 것은 본래성의 변화라고 할 수 있다.

따라서 리의 동정은 기의 동정과 역할이 겹치면서 리와 기의 지위가 애매해진다. 물론 주희는 리의 무동정, 유동정을 체와 용으로 인식했다고 볼 수 있으나 직접 표현하지 않았다. 이것은 훗날 이황에 의하여 리의 무동정은 체, 유동정은 용이라고 하여 체용논리로 정리되면서 리와 기의 자리매김도 보다 분명해진다.[19]

리와 기는 인간의 생성에서 리를 품부 받은 후에 성이 있고 기를 품부 받은 후에 형태가 있게 되면서 이루어지는 것으로 설명된다.[20] 이것으로 미루어 보았을 때 인간이라는 형태가 이루어지기 전에 이미 리는 있었던 것이라고 볼 수 있다. 이것은 곧 인간이 존재하기 전에 이미 바뀔 수 없는 리가 있다고 생각했던 것이다. 그러므로 주희가 생각하는 리는 상대적인 것이 아니라 절대적인 것이다. 그만큼 주희는 우주를 리 중심으로 보았고 이러한 리는 곧 인의예지이기 때문에 그의 우주론은 철저히 윤리적이라고 할 수 있다. 그것은 산하대지가 무너져도 그 속에 리가 있다는 말에서

---

[19] 李滉, 『陶山全書 3』(정신문화연구원,1984) 권55「答李公浩」, "朱子嘗曰 理有動靜 故氣有動靜 若理無動靜 氣何自而有動靜乎 知此則無此疑 皆無情意云云 本然之體 能發能生 至妙之用"

[20] 朱熹, 『朱熹集5』 권58「答黃道夫1」, "是以 人物之生 必稟此理 然後 有性 必稟此氣 然後 有形"

잘 알 수 있다.[21] 이것은 곧 기의 취산으로 이루어진 사물은 생멸이 있어도 리는 생멸이 없는 존재로서 영원성, 보편성, 절대성을 지닌 것으로 보았던 것이다.

주희는 인간의 심이 몸을 주재하는 것으로 보았다.[22] 그의 심의 구조는 미발未發은 체, 이발已發은 용用이다.

심에 체용이 있으니 미발未發의 전前은 심의 체體이고, 이발已發할 즈음에는 심의 용이다.[23]

이설은 기유己酉년 60세 이후의 설로서[24] 40세에 중화신설中和新說이 있은 지 20년 후의 일이다. 중화신설中和新說에서 이미 심을 체용體用론으로 정립하였다. 구설舊說을 지을 당시 의심이 있었으나 40세에 의심이 풀려 신설新說을 발표하였다.[25] 심의 미발은 성으로서 리이고 이발은 정으로서 겸이기兼理氣이기 때문에[26] 심을

---

[21] 朱熹,『朱子語類1』권1「胡泳錄」, "且如萬一山河大地都陷了, 畢竟理却只在這裏"
[22] 朱熹,『朱子語類1』권5「道夫錄」90면, "心, 是主宰於身者"
[23] 朱熹,『朱子語類1』권5「道夫錄」, "心有體用, 未發之前是心之體, 已發之際乃心之用"
[24] 朱熹,『朱子語類1』권5「道夫錄」, "楊道夫, 字仲思, 建寧人, 己酉以後所聞"
[25] 陳來,『朱子哲學硏究』(北京: 北京師範大學出版社, 2000), 161-162면, 중화구설은 37세 때 병술년에 깨달은 것이고 중화신설은 3년 후인 40세 기축년에 깨달은 설이다. 주희는 중화구설을 발표한 수 의심을 품었다가 기축년에 깨달아 의심을 풀었다고 한다. 중화구설은 심은 이발, 성은 미발로서 성체심용(性體心用)을 가리킨다.(陳來,『朱子哲學硏究』, 165면) 중화신설에서는 중은 심의 체로써 적연부동(寂然不動)하고 화(和)는 심의 용(用)으로써 감이수통(感而遂通)하는 것이라고 하였다. 즉 심을 체용론으로서 정립한 것이다.(『朱熹集』권32 答張敬夫, "其所謂中, 是乃心之所以爲體, 而寂然不動者也. 及其動也, 事物交至, 思慮萌焉, 則七情迭用, 各有有主, 其所謂和, 是乃心之所以爲用, 感而遂通者也") 또한 심의 미발(未發)은 성(性)의 정(靜), 이발(已發)은 정(情)의 동(動)을 가리킨다.(陳來,『朱子哲學硏究』, 178면)

리 또는 기라고 하여 양면적이라는 해석의 여지가 남아 있다. 그는 '심위태극心爲太極', '심자心者, 기지정상氣之精爽', '성유태극性猶太極'을 말하여 심=리, 심=기, 성=리라고 보아 이러한 면 때문에 훗날 심즉리를 주장하는 한주학파와 심즉기를 주장하는 간재학파 간의 논쟁이 일어났다.[27]

주희는『역학계몽易學啓蒙』에서 '심위태극'[28]이라고 하여 훗날 심=리의 논리가 나오게 하였다. 심위태극은 심의 윤리를 말하는 것으로서 체에 해당된다고 할 수 있다. 심의 체는 성으로서 리이다. 반면에 심의 용은 정으로서 겸이기이다.『역학계몽』은 주희가 57세 때인 병오년 3월에 완성하였다.[29] 반면에 '심이란 기의 정상이다'[30]라고 하여 심즉기의 근거가 되고 있다. 정상精爽은 기의 허령虛靈이다. 허령은 곧 신神이며 발동하여 능히 지각을 한다. 이것은 64세 이후의 설이다.[31] 이러한 설은 모두 40세 때 중화신설을 지은 이후의 설이다.

주희가 심을 리 또는 기라고 본 것은 리와 기는 서로 떨어져

---

26 朱熹,『朱子語類1』권5「銖錄」, "性是未動, 情是已動, 心包得已動未動, 蓋心之未動則爲性, 已動則爲情"

27 이진상은 1861년 심즉리설을 지어 율곡학파의 심즉기설을 비판하였다. 1911년 전우는 이이의 심시기·성즉리를 바탕으로 이진상의「心卽理說」을 비판하는「李氏心卽理說條辨」을 지었다. 그 후 양 학파는 대를 이어 논쟁을 벌인다.

28 朱熹,『性理大全』권15「易學啓蒙2」, "邵子曰 道爲太極 心爲太極" 주희의 '心爲太極'은 邵雍의 말을 인용한 것이다.(邵雍,『性理大全』「皇極經世書5」권11〈觀物外篇上〉, "心爲太極, 又曰, 道爲太極")

29 朱熹,『中國思想叢書24』『朱子實紀』卷2「年譜」, "十三年丙午, 朱子五十七歲三月, 易學啓蒙成"

30 朱熹,『朱子語類1』「節錄」, "心者, 氣之精爽"

31 朱熹,『朱子語類1』「朱子語類姓氏」, "甘節 字吉父 臨川人. 癸丑以後所聞"

있지 않으면서도 서로 섞이지 않은 것이기 때문에 그러하다. 리와 기는 하나이면서 둘이고 둘이면서 하나인 것이다. 또한 성=리이나 심과 성은 둘이면서 하나이고 하나이면서 둘이기 때문에 심은 리도 되고, 심=음양이므로 음양은 기이기 때문에 심은 기라고 말할 수 있다.[32] 이 때문에 심에 양면성이 있는 것처럼 보일 수밖에 없다. 하지만 이기의 부잡不雜은 체體, 불리不離는 용用이라고 주희는 인식했다고 할 수 있다.

이와 같이 주희의 체용적 심설은 양면성이 있는 것처럼 보이기 때문에 후세 학자들은 어느 한쪽을 수용하면서 만년정설晩年定說이라고 칭하였다. 그 대표적인 예로 왕수인은 자신의 심즉리설心卽理說은 주희의 만년정론과 같다고 한 경우다. 그는 「주자만년정론朱子晩年定論」을 지어 그렇게 주장하였다.[33] 그 후 주로 육구연과 왕수인의 심학心學을 추종하는 학자들이 주희의 만년설이 육왕陸王의 심학心學과 같다고 주장하였다. 청나라 때 이불李紱은 주희가 51세부터 71세 사망할 때까지의 설을 만년설晩年說이라고 보고 있다.[34] 그는 주희의 만년설晩年說을 육왕陸王의 심학心學과 같다고 주장한다. 하지만 이황은 「전습록변傳習錄辨」을 지어 왕수인의 심학을 비판하였고 그 후로 조선에서는 육왕의 심학을 이단시 하였다. 이로

---

[32] 朱熹, 『朱子語類1』 권5 「砥錄」, 87면, "性猶太極也, 心猶陰陽也, 太極只在陰陽之中, 非能離陰陽也. 然至論太極, 自是太極 ; 陰陽自是陰陽. 惟性與心亦然. 所謂一而二, 二而一也"

[33] 王守仁, 『傳習錄』(『漢文大界16』, 부산방, 소화59년) 卷之下 「朱子晩年定論序」, "且慨夫世之學者 徒守朱子中年未定之說 而不復知求其晩歲旣悟之論 競相呶呶以亂正學 不自知其已入於異端 輒採錄而哀集之 私以示夫同志 庶幾無疑於吾說"

[34] 李紱, 『朱子晩年全論』(북경: 중화서국, 2000), 「凡例」, "以五十一歲至七十一歲爲晩年 此書所錄 皆在朱子五十一歲以後"

미루어 보았을 때 주희의 만년설을 강조했던 것은 주로 이단이라고 지목되는 것을 꺼려한 나머지 주장했던 설인 것으로 보인다.

또한 심은 체인 성과 용인 정을 포괄하며[35] 성과 정을 통統한다고 하였는데 이것이 곧 심통성정心統性情설이다. 장재張載의 심통성정을 인용하면서 주희는 정립하였다.[36] 그는 심통성정의 통에 대하여 여러 가지 의미로 썼는데 군사를 통솔하는 것과 같이 쓰기도 하고 이 때문에 주재의 뜻으로 사용하였다. 이 밖에도 겸, 포괄, 관섭管攝의 뜻으로 사용하였다.[37] 이처럼 성과 정은 각각 심의 체와 용이 되고 심은 성과 정을 통솔, 주재, 겸하는 것이다.

심이 성과 정을 통統하지만 어떻게 해서 심에 성과 정이 생겨난 것인가가 문제이다. 그는 심의 미동微動을 성性이라 하고 심의 이동已動은 정情이기 때문에 심이 성과 정을 통솔함으로서 심통성정이라고 하였다.[38] 성은 리이고 정은 겸이기兼理氣이기 때문에 심은 합이기合理氣로서 보았다고 할 수 있다.

또한 성은 심의 체, 정은 심의 용이라고 하여 심성정을 체용논리로 정립하였고 이를 근거로 심통성정이라는 논리를 정립하였다.[39] 이러한 심은 성과 정을 주재하는 것이다.[40] 하지만 그는 리

---

35 朱熹, 『朱子語類』 권119 「包揚錄」, "心是包得這兩個物事, 性是心之體, 情是心之用"
36 朱熹, 『朱子語類1』 권5 「無人錄」, 91-92, "橫渠 心統性情 語極好"
37 『朱子語類』 권98 升卿錄, "心統性情, 統猶兼也": 권30 「幹錄」, "性其理 情其用, 心者 兼性情而言, 兼性情而言者, 包括乎性情也": 권98 「卓錄」, "故心能統之, 統如統兵之統, 言有以主之也": 권5 「端蒙錄」, "心則管攝性情者也": 『朱熹集』 卷74 「孟子綱領」, "心則統性情, 該動靜而爲之主宰也"
38 『朱子語類1』 권5 「銖錄」, "蓋心之未動則爲性 已動則爲情 所謂心統性情也"
39 『朱子語類1』 권5 「銖錄」, "性是未動 情是已動 心包得已動未動 蓋心之未動則爲性 已動則爲情 所謂心統性情也"

의 체험과 실천을 궁극적인 목적으로 하였고 성=리[41]라고 하였으며 이 때문에 합이기인 심이 성을 주재하는 것은 리가 리를 주재하는 것이 되기 때문에 논리적인 정리가 필요하다.

또한 성=리이고 리는 무정의無情意, 무조작無造作, 무계탁無計度으로서 동정이 없지만 기는 발동하여 응결조작을 한다고 하였다.[42] 따라서 성이 발하여 정이 된다는 '성발위정性發爲情'의 성은 본연지성과 기질지성 양자를 모두 가리킨다. 본연지성은 곧 리로서 그 리가 발하여 사단이 되고, 기질지성은 겸이기이지만 리가 발하지 않고 기가 발하여 칠정이 된다는 것이다.[43] 이 역시 리의 체인 무동정, 용인 유동정으로서 표현한 것이라고 할 수 있다. 따라서 리의 체용론을 근거로 심의 체용론을 정립했다고 할 수 있다.

주희의 체용론적인 심설은 이황에 이르러 심합이기로 정립된다. 주희는 심의 용인 기보다는 체, 리를 지향한다. 따라서 심의 본체인 인의예지를 추구하고 기의 동정 보다는 리의 동정을 주로하여 윤리적인 성인의 경지에 다다르는 것을 궁극적인 목표로 삼았다고 할 수 있다.

---

[40] 『朱子語類1』권5「賀孫錄」, "或問 靜是性 動是情 曰 大抵 都主於心"
'심통성정'에서 '통'의 의미를 '주재' 외에 '통섭(統攝)', '관섭(管攝)', '겸(兼)'의 의미가 있다. "心主宰之謂也… 心統攝性情"('端蒙錄', 94면), "性以理言 情乃發用處 心卽管攝性情者也"('端蒙錄', 94면), 겸으로서 심이 성과 정을 포괄한다고 하였다.(『朱子語類7』, 권98「升卿錄」, 2513면 "心統性情 統猶兼也")

[41] 『朱子語類1』권5「燾錄」, "性卽理也, 在心喚做性, 在事喚做理"

[42] 『朱子語類1』권1「偶錄」, "蓋氣則能凝結造作, 理却無情意, 無計度, 無造作"

[43] 『朱子語類1』권5「廣錄」, "四端是理之發, 七情是氣之發"

3) 심즉리설의 연원

(1) 심즉리의 근거인 이주기자理主氣資

주희의 체용론적인 리 개념을 이황은 그대로 계승한다. 이황은 주희의 리설을 인용하면서 리의 무동정인 무정의 등을 본연의 체, 능발능생能發能生하는 것을 지극히 오묘한 작용이라고 하여 무동정과 유동정을 각각 체와 용으로 정리하였다.[44] 리의 유동정은 리를 인격적인 절대자로서 본 것이다. 즉 천을 주재하는 상제로서 유위적인 작용을 통하여 능발능생하는 존재로 본 것이다. 반면에 리의 무동정은 상제上帝가 주재하는데 있어서 그 원리를 가리키는 것이라고 할 수 있다.[45]

그는 인간의 순선인 사단은 이발이기수지理發而氣隨之이고 겸선악兼善惡인 칠정은 기발이이승지氣發而理乘之라고 하였다.[46] 이로 미루어 보았을 때 본래 리가 발하고 기가 따르는 것이라고 하여 리가 동정을 주재하고 기가 리를 따라 동정해야 하는데 칠정은 오히려 기가 발하여 리가 탄다고 한 것이다. 이 때문에 칠정은 겸선악으로서 악이 현상으로 나타날 수 있어서 이를 막기 위한 공부로서 경敬을 제시했던 것이다. 본래적인 인간은 이발이기수지의 사단이라고 생각했다고 할 수 있다. 왜냐하면 리의 유동정은 곧 상제이

---

[44] 이황, 『陶山全書3』 권55 「答李公浩」, 185면, "朱子嘗曰, 理有動靜, 故氣有動靜, 若理無動靜, 氣何自而有動靜乎? 知此則無此疑矣, 蓋無情意云云, 本然之體, 能發能生, 至妙之用也" 원문은 다음과 같다. 주희,『朱熹集』(成都: 四川敎育出版社, 1999) 권56「答鄭子上」, "理有動靜, 故氣有動靜, 或理無動靜, 則氣何自而有動靜乎?"

[45] 『陶山全書1』 권7「敬齋箴」, 202면, "正其衣冠 尊其瞻視 潛心以居 對越上帝"

[46] 『陶山全書2』 권24「答奇明彦」, "大抵, 有理發而氣隨之者, 則可主理而言耳, 非謂理外於氣, 四端是也. 有氣發而理乘之者, 則可主氣而言耳, 非謂氣外於理, 七情是也"

고 그것은 인간본연의 모습이기 때문이다.

따라서 주희의 "리가 동정하기 때문에 기가 동정한다."[47]는 것은 본래의 이기설이나 칠정은 기발이이승지이기 때문에 본래성에서 벗어난 것이라고 이황은 생각했다.

그는 본래 리가 기를 주재하고 기는 리의 재료라고 하여 양자를 구분했던 것이다. 물론 현상의 사물에서는 리와 기가 구분되어 있는 것이 아니라 섞여 있다.[48] 리와 기를 구분하는 것은 공간적으로 현상이 아닌 본체를 보고 구분한 것이며, 시간적으로는 현재가 아닌 최초를 보고 구분한 것이다. 이것을 보면 본래 동정 역시 리가 주재하고 기는 재료로서의 역할을 하는 것이라고 이황은 생각한 것으로 보인다.

이것은 훗날 동정의 주재는 리, 기는 리의 동정을 도와주는 자료가 된다는 이상정의 이주기자理主氣資의 논리적인 모태가 된다. 이황은 주희의 체용론적인 리개념을 그대로 계승하였고 리가 기 속에 있으면서도 기의 동정을 주재한다고 하여 理 중심적인 성향을 보이고 있다. 이러한 이황의 리 중심적이며 리의 능동성은 이상정에 이르러 주재성이 보다 더 강조되고 있다.[49]

리가 동정을 주재하지만 무위의 주재가 아니라 능동적으로 주

---

[47] 『朱熹集5』 권56 「答鄭子上」, "理有動靜, 故氣有動靜"

[48] 『陶山全書2』 권16 「答奇明彦」 〈論四端七情第一書〉, "夫理, 氣之主宰也, 氣 理之材料也, 二者固有分矣, 理氣在事物也, 則故混淪而不可分開"

[49] 이상정, 『大山全書』 권39 「理氣動靜說」, "竊意, 天地間, 只有理氣之動靜, 理也者, 所主以動靜之妙也. 氣也者, 所資以動靜之具也. 故據其所主之妙而言, 則氣所主之妙而言, 則氣所以能動能靜, 與動靜之不失其序者, 皆此理本然之妙也, 以氣所資之勢而言, 其動者, 卽陽之闢, 靜者, 卽陰之闔, 二者皆形而下者, 而理特乘載其上, 以主其發揮運用之妙耳"

재하는 것이며 기는 단지 직접 동정하는데 돕는 정도라고 보고 있다. 마치 말위에서 사람이 말을 주재하고 말은 사람의 부림을 통하여 달리는 것과 같은 것이다. 이처럼 이상정은 이황의 리의 용인 능동성을 주로 하여 생각하고 있는 것이 특징이다. 이진상은 이러한 이상정의 이주기자를 그대로 인용하여 훗날 심즉리설의 근거로 삼는다. 그가 말하는 심즉리에서 심은 능동적으로 주재하는 심으로서 본체의 심을 가리킨다. 또 리는 주재하는 존재이기 때문에 심즉리라는 것이다. 그가 이상정의 이주기자를 직접 인용한 것은 그의 나이 38세이고「심즉리설心卽理說」은 1861년 44세 때 지었다. 따라서 이진상은 이주기자를 근거로 심즉리설을 정립했다고 할 수 있다.

> 호상선생湖上先生(이상정)이 말하기를 리는 동정을 주재하여 운용하고 기는 동정을 돕는 도구이다.[50]

이진상도 이주기자를 말하여 이상정과 마찬가지로 리의 주재성을 강조하였다. 동정을 주재하는 것은 리이고 이것을 도와주는 도구는 기라고 하였다.[51] 그는 이주기자를 사람과 말에 비유하였다. 리가 기를 타고 동정하는 것은 사람이 말을 타고 출입하는 것

---

50 이진상,『寒洲全書1』卷7「答柳仲思(乙卯)」「別紙」, 157면, "湖上先生曰, 理也者, 所主以動靜之妙也, 氣也者, 所資以動靜之具也." 호상선생은 이상정을 가리킨다. 을묘년은 1855년으로서 이진상의 나이 38세 때이다.

51 『寒洲全書1』『寒洲先生文集』권11「答金聖汝」, "理者, 指其有條理者言之, 其體渾然而其用燦然, 所主以動靜之妙也. 氣者, 指其有氣力者言之, 其正浩然而其變欲然, 所資以動靜之具也."

과 마찬가지라는 것이다.[52] 또 사람이 말을 타고 출입하는 것은 실상 사람이 출입하는 것이지 말이 출입하는 것은 아닌 것과 마찬가지로 리가 동정하는 것이지 기가 동정하는 것은 아니라고 주장하였다. 왜냐하면 사람이 주主이고 말이 자資이듯이 리가 주主이고 기가 자資이기 때문에 그렇다는 것이다.

> 실제 사람이 출입의 주主이고 말은 출입의 자資이므로 다만 가히 사람이 출입한다고 말한다. 리가 동정의 주이고 기가 동정의 자이므로 다만 가히 리가 동정하는 것이라고 말할 뿐이다.[53]

이로 미루어 보았을 때 이진상은 리와 기를 주종관계로 보아 主인 리의 동정만을 인정하고 종從인 기의 동정은 리를 돕는 정도로 생각하였다. 사람이 말을 타고 출입하는데 그것은 사람의 출입이지 말의 출입이 아니라는 것을 보면 그렇다. 현상에서 보았을 때 사람과 말의 출입이라고 할 수 있는데 사람의 출입만으로 보았던 것이다. 하지만 사람이 말을 타고 출입하기 때문에 기가 있어야만 리도 동정할 수 있다고 생각한 것이다. 이러한 이주기자는 이상정의 논리를 그대로 인용한 것이다. 하지만 이상정은 이주기자라고 하여 동정을 리만 하는 것이라고 보지는 않았다. 동정은 리가 주재하지만 기가 자구資具가 되어 상호관계 속에서 이루어진다고 보

---

52 『寒洲全書2』『理學綜要』 권1 「天道(理之大原)第一上」, "理之乘氣而動靜, 猶人之乘馬而出入"

53 『寒洲全書2』『理學綜要』 권1 「天道(理之大原)第一上」, "其實 則人爲出入之主而馬爲出入之資 只可言人之出入矣 理爲動靜之主而氣爲動靜之資 只可言理之動靜矣"

았던 것이다. 이를 두고 보면 이진상은 이상정의 이주기자를 인용하면서 철저히 동정에 대하여 리의 주재만을 인정하고 있는 것이 이상정과 다른 점이다. 이진상은 이주기자를 근거로 하여 이발일로理發一路설을 주장하게 된다.

이상정은 리와 기를 주자主資관계 속에서 상호작용으로 보아 심합이기를 주장한다. 물론 리기는 주자관계이고 그 동정을 주재하는 것은 리이기 때문에 리중심이다. 그러나 이진상은 심을 삽이기로 보고 있지만 심의 동정은 리가 하기 때문에 결국 심즉리를 주장하게 된다. 그렇다고 심의 동정에서 기의 작용이 없다고 하지는 않았다. 기의 작용이 있지만 역시 리가 주재하기 때문에 리가 작용하는 것이라고 보았던 것이다. 기의 동정은 단지 리의 수동적인 자료가 되는 것이기 때문에 그 역시 리의 동정으로 보고 있다.

(2) 심합이기에서 심즉리로

주희의 체용론적 심설을 계승한 이황의 심합이기는 이기호발이지만 본래적으로 리가 동정의 주체가 되고 이로 인하여 기가 동정한다는 리중심적인 심설이다. 그는 리와 기의 동정으로 인하여 인간을 포함한 생물이 생겨난다고 하였고 인간은 몸과 심으로 이루어진 생명체인데 양자의 관계에 대하여 심은 몸을 주재한다고 생각했다.[54] 또한 경敬은 심을 주재하기[55] 때문에 이황이 궁극적으로 실천하고자 하는 것은 경이라고 할 수 있다. 그는 심이 합이기이

---

54 『陶山全書2』 권7 「心學圖說」, 201, "心者, 一身之主宰"
55 『陶山全書2』 권7 「心學圖說」, 201, "敬, 又一心之主宰也"

기 때문에 심통성정이라고 하였는데[56] 이것은 곧 주희의 심설을 보다 체계적으로 정립한 것이라고 할 수 있다.

그가 심을 이기의 합으로 보았기 때문에 선악이 모두 있는 것이고 성과 정도 마찬가지로 겸이기, 유선악인 것이다.[57] 심의 적연부동寂然不動과 본체는 성이고, 감이수통感而遂通과 작용은 정情이라는 것이다.[58] 이 때문에 심통성정이라고 이황은 여겼다. 심은 리를 갖추고 있기 때문에 주재성이 있는데[59] 이로 미루어 보면 심통성정의 통은 주재를 의미한다고 할 수 있다. 심의 리는 성이고 심의 본체는 성이기 때문에 성은 심의 근거가 된다. 심의 본체는 성이지만 작용은 정情이므로 심은 겸이기兼理氣인 것이다. 물론 성도 본연지성은 리지만 기질지성은 겸이기 때문이다.[60] 이 때문에 결국 심은 합이기인데 이러한 심이 리인 성을 주재한다는 것이 문제의 소지가 있다. 이러한 문제의 소지는 심이 성을 통섭統攝하지 못하면 미발未發의 중에 이르지 못한다고 하여 사라지게 된다.[61] 그는 인간의 길에 대하여 선으로 나아가야 한다는 생각 때문에 행위의 근거가 되는 심이 윤리적, 당위적이고 규범적이어야 한다고 말했던 것이다. 이 때문에 순선으로서의 리인 성을 통섭해야 미발의

---

56 『陶山全書2』, 권18 「答奇明彦」, "理氣合而爲心, 自然有虛靈知覺之妙, 靜而具衆理, 性也. 而盛貯該載此性者, 心也. 動而應萬事, 情也. 而敷施發用此情者, 亦心也. 故曰心統性情."

57 『陶山全書2』, 권18 「答奇明彦」, "兼理氣 有善惡 非但情爾 性亦然矣"

58 『陶山全書2』, 권7 「心統性情圖說」, 198, "心寂然不動爲性, 心之體也, 感而遂通爲情, 心之用也"

59 『陶山全書2』, 권14 「答鄭子中」, "卽吾心本具之理 但心爲主宰"

60 『陶山全書2』, 권18 「答奇明彦」, "兼理氣 有善惡 非但情爾 性亦然矣"

61 『陶山全書2』, 권7 「心統性情圖說」, 198, "林隱程氏曰: 心不統性, 則無以致, 其未發之中, 而性易鑿"

중中에 이른다고 했던 것이다. 그렇지 않으면 성이 뚫리기가 쉽다는 것이다. 왜냐하면 미발의 중은 성이기 때문이다. 성이 뚫리면 심의 본체가 망가지고 이로 인하여 인의예지를 발현할 수 있는 근거가 없어지고 오직 악만이 드러날 것이다. 결국 이황은 인간이 반드시 선의 길을 가야 한다는 당위적이고 규범적인 생각 때문에 심통성정의 통섭을 주재로 생각했던 것이다. 이것은 곧 주희가 심통성정에서 합이기인 심이 성즉리인 성을 통섭하는 것에 대하여 문제의 소지가 있다는 것을 언급하지 않은 반면에[62] 이황이 임은정씨의 말을 인용하여 정리한 것이라고 할 수 있다.[63]

다른 한편으로 그는 심에서의 사단은 이발이기수지理發而氣隨之, 칠정은 기발이이승지氣發而理乘之라고 하여 리와 기의 호발互發을 말하면서도 사단과 칠정을 분개分開하였다. 또 이발이기수지, 기발이이승지의 이기는 혼륜渾淪되어 있기 때문에 결국 이황은 혼륜

---

[62] 주희의 심통성정을 보면 심이 성정을 통섭하고 통섭은 곧 주재이기 때문에 결국 심이 성정을 주재하게 된다. 하지만 리와 기의 합인 심이 리인 성을 주재한다는 것은 논리가 어색하다고 생각할 수 있다. 왜냐하면 리가 리를 주재하는 것이 되기 때문이다. 하지만 반드시 그렇지 않다. 성은 본연지성과 기질지성이 있기 때문이다. 본연지성은 리만을 가리키는 순선이지만 기질지성은 리와 기가 섞여 있는 것으로서 겸선악이다. 따라서 기질지성은 악이 드러날 가능성을 갖고 있다. 이 때 순선인 리의 심이 기질지성의 악을 주재할 수 있다. 왜냐하면 리가 기를 주재할 수 있기 때문이다. 이러한 논리를 가지고 있기 때문에 주희는 구태여 심통성정에서 심이 성을 주재한다는 것이 논리적으로 어색하다고 생각할 필요가 없었다.

[63] "이황의 심통성정설에서 심을 합이기로 이해한 것은 '리에 따른 주재인가', '기에 따른 주재인가'라는 문제가 있다. 훗날 퇴계학파는 전자를 강조하는 경향으로 흘렀다. 특히 이진상은 이주기자를 적용하여 기에 따른 주재의 문제를 불식시킴으로써 심즉리설을 제시하였다."(김경호, 「심통성정: 마음이 본성을 드러내는 구조」, 『조선유학의 개념들』(한국사상사연구회,2002),206면)
이 논문에서 '리에 따른 주재인가'라는 문제는 타당성이 있지만 '기에 따른 주재인가'라는 문제는 퇴계는 물론 율곡을 비롯한 여타의 조선유학에서 중요하게 생각하지 않았던 것이다. 왜냐하면 조선유학은 존리(尊理)를 바탕으로 하고 있기 때문이다.

과 분개를 겸했다고 할 수 있다. 즉 그의 사칠설에서 사단과 칠정을 분개하였고, 리와 기는 혼륜시켰던 것이다. 하지만 퇴계학파의 이현일李玄逸은 이이를 혼륜설로 보아 비판하면서 분개설을 강조하였다. 그는 리와 기가 둘이라는 입장에서 사단과 칠정을 둘이라고 하여 분개하였다.[64] 이러한 율곡학파의 극단적인 분개설은 훗날 이상정에 의하여 혼륜과 분개로 다시 되돌아와 이황으로 복귀를 하게 된다. 이상정은 이이의 혼륜설과 자신의 외증조할아버지인 이현일의 분개설 양자를 모두 지양止揚하면서 본래 이황의 혼륜과 분개설의 겸兼으로 돌아간다.[65]

이황의 심설은 리의 무동정인 체와 유동정인 용, 유동정인 기의 합이다. 이 때문에 리의 용과 기의 유동정은 서로가 능동성이 있기 때문에 역할분담이 애매하다. 하지만 이것을 이황은 본래적인 측면에서 능동의 주체를 리라고 하여 이주理主의 심설을 정립한다. 본래 리가 동하기 때문에 기가 동한다고 하여 동정의 주체를 리로 보았던 것이다. 결국 그는 심을 합이기로 보았지만 어디까지나 리가 주主인 심이다. 이로 인하여 퇴계학파의 심설은 훗날

[64] 박홍식, 「이갈암 성리학의 조선유학사적 의의」, 『철학논총』 제12집(1996. 11. 16), 새한철학회

[65] 이상정, 『大山全書』 권20 「答李希道」, "自夫文成之徒 專主渾淪之論 則後之讀者 不得不摘其偏 而訂其謬 此曾王父 所以苦心極力 以用其一生之力 其略渾淪而詳分開 明其所異 而不甚言所同 蓋其救弊攻病 其勢不得不如是耳"
대산 이상정을 퇴계의 주리론을 유지하면서도 율곡의 논리적인 강점까지 수용하여 조선성리학사상의 변증법적 발전을 이룩하였다는 관점이 있다.(백도근, 「대산학의 조선성리학사상의 의의」, 『대동한문학』제10집, 1998년 12월, 56)
하지만 율곡의 논리적인 관점을 수용한다는 것은 무리가 있다. 왜냐하면 퇴계의 성리설 속에 이미 율곡의 혼륜설을 내포하고 있기 때문이다. 따라서 율곡은 퇴계의 혼륜설을 수용하고 분개설을 비판한 것이다. 이를 두고 보았을 때 이상정은 퇴계를 계승한 것이다.

이주설이 더욱더 강조되었다. 이 때문에 이상정의 이주기자설이 나오게 되었다.

　이상정은 리가 고요하여 성이 되고 리가 움직여 정情이 된다고 하여 성과 정이 모두 리의 동정으로 인하여 된다고 하였다.[66] 이러한 이상정의 논리로 인하여 훗날 이진상이 심과 성과 정이 모두 하나의 리라는 심성정일리의 정립에 영향을 주게 된다. 또한 이상정은 심에 대하여 리와 기가 합해진 것으로서 몸을 주재한다고 생각하였다.[67] 심의 허령에서 지각작용이 일어나는 것에 대해서도 허령은 체, 지각은 용이라고 구분하였다.[68] 그는 심의 허령지각을 체용으로 정리한 것이다. 리와 기의 합인 심은 이와 같이 주재하는 성격이 있어서 성과 정을 통統하여 중화의 오묘함이 있다는 것이다.[69] 이로 미루어 보았을 때 그는 심통성정의 통을 주재로 해석했던 것이다. 따라서 그는 이황의 심합이기와 심의 주재성을 계승하였다고 할 수 있다. 다만 이상정에 이르러 이황의 리의 용인 능동성이 더욱더 강조되었다는 것이 눈여겨 볼만한 일이다. 이 때문에 리의 능동적인 주재성이 강조되고 심 역시 리의 주재성으로 인하여 더욱더 주재성이 강조되었다. 이로 인하여 훗날 이진상에 이르러 심즉리설이 등장하게 되었다.

　이진상은 이황의 성리설을 주리로 해석하였고[70] 이것을 근거로

---

[66] 『大山全書』 권10, 「答李天牖 別紙」, "夫理之是一而已矣 情則爲性 動則爲情"
[67] 『大山全書』 권11, 「答金退甫 別紙」, "蓋人得天地之理以爲性, 受天地之氣以爲形, 理與氣合, 則虛靈之體, 以主於一身. 蓋通天地, 只是一箇理氣 而心爲總腦"
[68] 『大山全書』 권18, 「答柳叔遠 別紙」, "惟幷言虛靈知覺 則又當以虛靈爲體 而知覺爲用"
[69] 『大山全書』 권30, 「答金直甫 箚疑」, "蓋心者 統性情而妙中和者也"

심즉리설을 정립하였다. 그는 1861년 44세 때「심즉리설」을 지었다. 그는 이 글에서 자신의 심즉리설이 가장 선하고 심즉기설에 대하여 가장 불선不善하다고 비판하였다. 더욱이 심즉기설을 따르는 학자들이 많은 것을 염려하고 있다.[71] 이로 미루어 보았을 때 그의 심즉리설은 벽이단闢異端의 입장에서 심즉기설을 비판하기 위하여 지었다는 것을 알 수 있다.[72] 당시 심즉기설을 주장하는 학파는 율곡학파였기 때문에 결국 이진상의「심즉리설」은 율곡학파를 비판하기 위하여 머리글로 삼은 것이다. 그는 심을 리와 기가 함께 있는 합으로 보고 있지만 본래의 심은 리이기 때문에 심즉리를 주장한 것이다. 따라서 그의 심즉리는 심의 본체를 가리킨다. 그는 심에 대하여 체용으로 설명하였다.

인의예지의 순수하고 지선至善한 것은 심의 본체이고 외부가 둥글고 중심이 구멍이 뚫려 허명虛明하고 바르게 통하는 것은 심의

---

70 『寒洲全書1』『寒洲先生文集』권8,「與尹士善」, "退陶宗旨 亦惟主理而已" 이진상이 활동했던 때에 퇴계학파는 이황의 성리학을 주리론으로서 정학이라 하고 이이의 성리학을 주기론으로서 이단이라고 칭하였다.

71 李震相, 『寒洲全書1』『寒洲先生文集』권32「心卽理說」, "論心莫善於心卽理 莫不善於心卽氣 夫心卽氣之說 實出於近世儒賢 而世之從事 此學者 多從之"
이진상은「심즉리설」(1861, 44세)을 쓰기 전에 이미 이이의 사단칠정설을 비판한「사칠변」(1852, 35세)을 지었고, 이이학파인 한원진의『朱子言論同異攷』의 문제점을 비판하여「朱子言論同異攷辨」(1852,35세)와『南塘集』의 성리설을 비판하는「南塘集辨」(1852, 35세)를 지었고, 김창협의 사단칠정설을 비판하는「讀金農巖四端七情後」(1857, 40세)를 지었다. 같은 해에는 임영의 사단칠정설을 비판한「林滄溪四七說辨」(1861, 44세), 임성주의 성리설을 비판한「鹿門集攷辨」(1861, 44세)을 지었다.

72 산내홍일,「이진상의 심즉리설과 영남학파」,『벽사이우성정년기념 민족사의 전개와 그 문화』상권, 창작과 비평사, 1990, 1048
이 논문에서는 이진상이 노론계열 학자의 주기설을 공격하기 위하여 굳이 심즉리설을 제창하였다고 하여 정치성이 있는 것으로 보고 있다.

형체形體이고 사단과 칠정으로 만물을 느끼고 서로 응하는 것은 심의 묘용妙用이고 사려를 막고 잡박스럽게 하여 인욕을 따라 방탕한 것은 심의 객용客用이다.[73]

이처럼 심에 대하여 본체, 형체, 묘용, 객용이라고 하여 체용을 더욱더 세분화시켜 적용하였다. 심을 체용관계로 본 것은 주희는 물론 이황 이래 이상정에게서도 나타나는 것으로서 퇴계학파를 계승한 것이다. 인의예지를 심의 본체라고 한 것으로 미루어 보았을 때 그가 심즉리를 주장한 것은 심의 본체를 염두에 둔 것이다. 따라서 그는 심의 본체로 돌아가야 한다는 윤리적, 당위적인 관점에서 심즉리설을 주장한 것이다. 이 글에서 인의예지를 심의 본체라고 한 것은 곧 리로서의 성이고, 사단과 칠정을 심의 묘용이라고 한 것은 곧 정을 가리킨다. 따라서 성과 정, 심의 본체와 묘용은 체용일원體用一源의 관계이다.[74] 사단칠정의 작용인 묘용은 기의 작용이 아니라 리의 작용이다.[75] 또 형체는 기이며 겸선악인데 악의 성향이 드러난 것이 객용이라고 보았다. 이처럼 심을 체용, 리기로 정리하였다.[76]

---

[73] 李震相, 『寒洲全書2』 『理學綜要』 권8 「心(理之主宰)第四下」, "仁義禮智 純粹而至善者 心之本體也 圓外竅中 虛明而正通者 心之形體也 四端七情 感物而迭應者 心之妙用也 閑思雜慮 循人欲而熾蕩者 心之客用也"

[74] 李震相, 『寒洲全書2』 『理學綜要』 권7 「心(理之主宰)第四中」, "盖以妙用之心 推認本體之心 體用一原 故也"

[75] 李震相, 『寒洲全書2』 『理學綜要』 권2 「天道(理之大原)卷之二」, "按 此是心之妙用 非氣之作用"
李震相, 『寒洲全書2』 『理學綜要』 권6 「心(理之主宰)卷四上」, "明心之妙用 亦主乎理"

[76] 李震相, 『寒洲全書2』 『理學綜要』 권39 「隨錄」, "血肉之心 以質言 仁義之心 以理言 精爽之

심의 형체인 심장을 혈육이라고 하여 이것을 질質이라 하고 윤리적인 인의는 리, 주희가 심을 기의 정상精爽이라고 한 것에 대하여 정상을 기, 지각을 리와 기의 겸이라고 정리하였다. 이것은 심의 형체와 그 속에 내재하고 있는 선을 서로 연관시켜 보다 현실적인 심설의 체계로 세운 것이다. 이처럼 심의 구조를 합이기로 정리한 것을 보면 퇴계학파를 계승하고 있다는 것을 알 수 있다. 하지만 리, 기, 질로 구분하여 보다 정밀하게 심을 분석하고 있는 것이 특징적이다. 또한 이진상이 이황의 심합이기를 계승하고 있다는 것을 보여주기 위하여 그렇게 설명한 것이라고 할 수도 있다. 그는 이황의 「심통성정도」의 「중도」와 이상정의 이주기자에 근거하여 심즉리를 주장하였다. 심이 미발일 때 기가 작용하지 못하고 리만이 있기 때문에 악이 없으며 이것을 심체心體라고 하여 심즉리설의 근거로 삼았다. 즉 이황의 「심통성절도」의 「중도」에 근거했던 것이다.[77] 이황의 심통성정도는 심합이기의 구조를 그림으로 표현한 것이다. 이 때문에 이진상의 심즉리설은 이황의 심합이기에서 리를 계승한 것이라고 할 수 있다. 또한 그가 44세 때 「심즉리설」을 지은 후 61세 때 지은 『이학종요理學綜要』에서 다시 이황의 심합이기를 언급하면서 나름대로 정리한 것을 보면 그는 자신의 심즉리설이 이황의 심합이기에서 나왔다는 것을 재차 보여주기 위한 것이라고 할 수 있다.

心 從氣言"

[77] 李震相, 『寒洲全書1』 『寒洲先生文集』 권32 「心卽理說」, 678면, "先生嘗曰, 心之未發, 氣未用事, 惟理而已, 安有惡乎? 此乃的指心體之論"

이진상은 심성정에 대하여 심에서의 리의 동정으로 인하여 성과 정이 된다는 것이다. 심에서의 리의 고요함은 성이고 본체이며 움직임은 정이고 작용이라는 것이다.[78] 따라서 심 뿐만 아니라 성과 정도 리라고 하는 심성정일리를 주장한다.[79] 하지만 심통성정에서 리의 주재성을 근거로 통을 주재라고 해석한다면 리가 리를 주재하는 것이 되고 만다. 이 때문에 그는 리를 이일지리理一之理로서 본체와 분수지리分殊之理로서 작용으로 구분하여 심이 성과 정을 주재하는 운용이라고 하였다. 또 운용하도록 하는 것은 이일지리이고 운용하게 되는 것은 분수지리라고 하였다.[80] 이것은 심성정일리지만 심은 주재의 운용이 있는 이일지리이고 성과 정은 운용하게 되는 분수지리라고 그는 생각했다고 할 수 있다. 또한 심의 체는 성이고 용은 정이기 때문에 심이 성정을 주재하는 것은 리가 리를 주재할 뿐만 아니라 심이 심을 주재하는 것이 되기 때문에 이것을 이진상은 이리묘리以理妙理, 이심사심以心使心이라고 말하였다.[81]

이처럼 심이 심을 부리는 이심사심은 심은 주재성이 있지만 성

---

[78] 李震相,『寒洲全書1』『寒洲先生文集』권19「答郭鳴遠疑問」, "以心性情言 則心爲太極 而性乃太極之靜 情乃太極之動"
李震相,『寒洲全書2』『寒洲先生文集』권28「答川谷書院儒生問目(心經疑義)」, "心之體 性也 心之用 情也"

[79] 李震相,『寒洲全書1』『寒洲先生文集』권32「心卽理說」, "情乃已發之性也 性情只是一理 則心之爲理者 固自若也"

[80] 李震相,『寒洲全書1』『寒洲先生文集』권39「主宰圖說」〈附主宰說考〉, "而若乃此心之妙性情 則未免有兩樣理之疑 妙之者果何理 而所妙者果何理 夫妙之者 理之一也 所妙者 分之殊者也"

[81] 이진상,『寒洲全書1』『寒洲先生文集』권39「主宰圖說」〈附主宰說考〉, "故主宰之妙, 以一理而妙衆理, 以理而妙理者, 卽其以心而使心也"

에는 주재성이 없다고 생각했기 때문에 나온 것이다. 즉 그는 심과 성이 일리一理이지만 심은 주재할 수 있고 성은 주재라고 말할 수 없다고 하여 양자를 구분한다.[82] 따라서 주재할 수 있는 것은 심이고 성은 주재할 수 없기 때문에 심이 성정을 주재한다는 것이다. 하지만 심에 주재성이 있고 같은 리인 성과 정에는 주재성이 없다고 하여 성과 정이 심에 종속되어 있다고 생각하는 것은 아니다. 다만 심은 성과 정을 겸, 포包하는 것이라고 하였다. 이로 미루어 보았을 때 이진상은 심통성정의 통을 겸, 포의 뜻으로 해석한 것이다.[83] 그는 심즉리를 주장하기 위하여 심의 능동적인 주재를 강조하여 이심사심을 주장하였다. 즉 이리묘리以理妙理를 근거로 이심사심以心使心을 주장한 것이다.

이진상이 심즉리를 주장하는 근거로서 『서경』의 인심도심설에서 '도심', 『논어』의 '종심從心', 주희의 『역학계몽』에서의 '심위태극心爲太極', 이황의 『성학십도』 중에서 제6도인 「심통성정도」 등을 들고 있다.[84] 『서경』의 도심은 심의 본체이며 『논어』의 종심은 성인의 심을 가리키는 것이기 때문에 이진상이 말하는 심즉리의 심은 본체이며 성인의 심인 것이다. 이 역시 심의 본체는 능동적으로 주재하는 심이라고 이진상은 생각했던 것이다.

---

[82] 이진상, 『寒洲全書1』『寒洲先生文集』 권39 「主宰圖說」〈附主宰說考〉, "心之主宰, 固是理, 心之理, 固是性, 而性不可以主宰言"

[83] 『寒洲全書1』『寒洲先生文集』 권27 「答崔純夫」, "心包得未發已發"
심의 미발은 성, 이발은 정이기 때문에 심통성정에서 통을 포라고 해석했던 것이다.
『寒洲全書2』『理學綜要』 권7 「心(理之主宰)第四中」, "盖以體用言, 則心之本體, 卽性也 ; 心之妙用, 卽情也. 性情之外, 更別無心, 此所以訓統爲兼也" 심의 체를 성, 용을 정이라고 하였기 때문에 심통성정에서 통을 겸이라고 해석하였다.

[84] 『寒洲全書1』『寒洲先生文集』 권32 「心卽理說」

주희의 심에 대하여 후세학자들이 양면적으로 해석하기 쉽다. 즉 심은 리라고 하기도 하고 기라고 하기도 한다는 것이다. 이에 대하여 이진상은 심을 리라고 한 것을 수용하였다고 할 수 있다. 하지만 이진상은 주희의 심설을 양면성으로 해석했기 때문에 초년, 만년을 구분하여 만년설을 정설이라고 하였다. 그는 주희의 나이 65세 때인 갑인년 이후의 심설을 정설이라고 보고 있다.[85] 이진상은 심즉리설이 주희의 만년정설로 보고 있는 것이다. 심즉리설의 근거인 '심위태극'이 나오는『역학계몽』은 주희의 나이 57세 병오년에 완성하였다.[86] 그러나 이진상이 주희가 65세 때인 갑인년 이후를 정설로 보아 심즉리설을 주장하지만 그 다음해인 을묘년「답임덕구서」에 지각=기가 나타나는데 심=지각이기 때문에 심즉기설의 근거가 된다.[87] 이진상이 주희가 65세 이후에도 심즉기를 설한 것을 보지 못할 수도 있지만 나름대로 천착했기 때문에 이것을 발견하지 못하였다고 할 수 없다. 다만 발견했음에도 불구하고 주희의 심=리설 만을 수용한 것이다. 주희의 심위태극은 태극=리이기 때문에 심=리인 것이고 이진상은 리의 주재이기 때문에 심은 주재한다고 생각하여 심즉리로서 심의 주재를 강조

---

[85] 『寒洲全書1』『寒洲先生文集』권17「答鄭厚允別紙」, "甲寅以後, 心說大定"
[86] 『中國思想叢書24』『朱子實紀』卷2「年譜」, "十三年丙午, 朱子五十七歲 三月, 易學啓蒙成"
[87] 『朱熹集』권61「答林德久」, "知覺, 正是氣之虛靈處"
간재 전우의 제자 무실재 남진영은 이 편지를 을묘년 66세 때라고 보고 있다. 또한 무오년 이후에 들은 것을 기록한『주자어류』의「한록」에서도 심즉기의 근거를 들고 있다. 본 논문에서는 무실재의 설을 취하였다.(『務實齋私稿』권3「觀寒洲答鄭厚允書論朱子知覺說」〈第三條論沈僩錄林德久書〉, "林書沈錄兩條一爲乙卯, 往復一爲戊午以後問答, 而猶主知覺屬氣之論")

하였다.[88] 이진상이 주희의 만년설을 정설로 이해한 것은 곧 양면적이고 이중적인 모순논리로 보았다고 할 수 있다. 이 때문에 초년설을 거부하고 만년설을 수용한 것이다. 만년설을 제외한 나머지는 모순이라고 본 것이다.

이진상은 이황의 「심통성정도」에서도 심즉리의 근거로 들고 있다. 그는 심이 미발일 때 기가 작용하지 않고 리만이 있기 때문에 악이 없다는 이황의 말을 인용하면서 이것이 바로 심체로서 심즉리라는 것이다.[89] 이황은 심의 체를 리, 용을 기로 보았는데 이진상은 심의 체만을 수용하여 심즉리의 근거로 삼았던 것이다. 이처럼 심의 본체만을 들어 심즉리라고 주장하는 이유는 심은 본래 하나라고 생각하고 있기 때문이다. 시간적으로 보면 기가 섞이기 이전의 심이고 공간적으로 보면 본체의 심을 말한다. 본래 하나인 심은 기가 아닌 리가 있는 심이라는 것이다.[90] 이 때문에 심즉리를 주장한다. 또한 심의 동정에서도 주재하는 것은 리이고 그것을 도와주는 자료가 되는 것이 기이기 때문에 심즉리라는 것이다.

이진상의 심즉리설은 심은 본래 하나인데 그것은 곧 리만이 있는 심으로서 순선한 심만이 처음부터 존재했던 것이라고 할 수 있다. 그렇다면 그도 심의 기를 말하고 있는데 기는 어떻게 해서 심

---

[88] 『寒洲全書1』『寒洲先生文集』 권32 「心卽理說」, "故心爲太極之語 揭之於啓蒙之首 而以一動一靜 未發已發之理 當之 又曰 心固是主宰底 而所謂主宰者 卽此理也"

[89] 『寒洲全書1』『寒洲先生文集』 권32 「心卽理說」, "先生嘗曰 心之未發 氣不用事 有理而已 安有惡乎 此乃的指心體之論 吾所謂 莫善於心卽理者 此也"

[90] 『寒洲全書1』『寒洲先生文集』 권32 「心卽理說」, "夫心一而已矣 而謂之人心者 心之從氣者也 謂之道心者 心之從理者也 人心易見 道心難明 精以察之 一以守之 則本心之正 在理而不在氣也 明矣"

의 일부가 되었는가가 문제이다. 이생기理生氣이기 때문에 인의예지는 기의 정상精爽을 생하고 기가 형체화形體化된 것이 질질인데 질질인 심장心臟은 리인 심이 머무는 장소일 뿐 질과 기가 처음부터 심의 일부가 된 것은 아니라고 생각했던 것이다. 따라서 최초의 심은 오직 리일 뿐이며 기와 질은 후에 생긴 것이라고 그는 생각하였다.[91] 물론 이것도 리가 동정을 주재하면서 기와 질이 생긴 것이다. 그가 말하는 최초의 심은 곧 천지지심天地之心을 말하는 것이다.

결국 이진상의 심즉리설은 본래의 심을 순선한 것으로 보았으며 그 후 기로 인하여 겸선악이 되었는데 이것은 다시 수양을 통하여 본래의 심을 회복해야 한다고 생각했던 것이다. 그러나 육왕陸王의 심설도 심즉리이기 때문에 이진상의 심즉리설과 구별이 모호하다. 이 때문에 훗날 율곡학파의 전우는 이진상의 심즉리설을 육왕학이라고 비판하였다. 하지만 이진상은 이러한 비판이 있을 것이라고 마치 예상이라도 한 듯 육왕과 구별하였다. 육구연에 대해서는 기를 심의 오묘한 리로 잘못 알고 있다고 비판하였다.[92] 또 왕수인에 대해서도 기를 리로 잘못 알고 주장한 것이기 때문에 심즉기설에 불과하다고 비판하였다.[93]

---

[91] 이진상의 심설에 대하여 "심은 하나이나 '질', '기', '리', '리와 기의 합'에 따라 심을 네 가지로 구분하였다"는 견해가 있다. (이형성, 「한주 이진상이 심성론 연구」, 『한국사상과 문화』2집, 한국사상문화학회, 1998, 209면) 그러나 그는 본심만을 심이라고 했기 때문에 심즉리라고 주장하였고 심의 구조를 합이기로 설명했을 뿐이다.

[92] 『寒洲全書1』『寒洲先生文集』 권32 「心卽理說」, "象山以陰陽爲道, 以精神爲心, 朱子譏之曰: 象山之學, 只在不知有氣稟之雜, 把許多麤惡底氣 都做心之妙處, 率意妄行, 便謂無非至理"

[93] 『寒洲全書1』『寒洲先生文集』 권32 「心卽理說」, "此豈非心卽氣之謂乎"

이러한 이진상의 심즉리설은 곧 악으로 나타나는 행위는 심이 아니고 그것은 곧 사람이 아니라는 생각으로 나타날 수 있는 것이다. 오로지 순선한 생각과 행위만이 인간이라는 생각이 바탕에 깔려 있다. 따라서 이진상의 심즉리설은 '인간은 純善한 존재이다'라는 명제를 바탕에 깔고 있다고 할 수 있다. 이러한 것은 그가 어렸을 때 도리를 중시했다는 것에서부터 이미 시작되었다.[94]

4) 이황의 심합이기의 본체로서 이진상의 심즉리

성리학은 주희에 의하여 집대성되었고 조선에 수입되어 이황, 이이에 의하여 뿌리를 내리게 되었다. 하지만 양학파의 정학, 이단의 시비는 끊이질 않았다. 학파 상호간에 서로 정학이라 하고 상대를 이단이라고 칭했던 것이다. 심설에 있어서 주희는 체용론으로 정립하였는데 이황은 심합이기, 이이는 심시기, 성즉리를 주장하였다. 이 때문에 이진상은 율곡학파의 심즉기를 비판하기 위하여 심즉리설을 주장하는 데에 이르렀다. 그러나 심즉리설은 육왕이 주장했던 설이었기 때문에 파문이 클 수밖에 없었다. 하지만 이진상의 심즉리설은 주희, 이황의 이기설에 근거를 두고 있으며, 스스로 육왕의 심즉리설에 대하여 이단이라고 칭하는 주기론이라고 폄하하였다.

이진상은 주희의 체용론적 심설, 이황의 심합이기, 이상정의

---

94 『寒洲全書1』『寒洲先生文集』「行狀」, "甫能言見事物之當爲如不當爲 必曰道理如此 道理不如此 參判公每稱之"

이주기자를 바탕으로 심즉리설을 정립하였다. 그가 말하는 심즉리의 심은 주희 이기설의 본체로서의 심을 가리키며, 주희의 만년설에서의 심이다. 그가 주희의 만년설을 65세 이후로 정하였는데 이것은 이전의 설과 모순된 것으로 보았다고 할 수 있다. 즉 주희의 심설에 대하여 양면적, 이중적인 모순으로 보았던 것이다. 이 때문에 만년설 이전의 설을 수용하지 않고 만년설만을 수용했던 것이다.

이러한 이진상의 심즉리설은 '인간은 본래 순선한 존재이다.'라는 명제를 도출해 낼 수 있는 것이다. 즉 '인간은 본래 인의예지를 선천적으로 내재하고 있는 존재이다.'라고 할 수 있다. 그러므로 그의 심즉리설은 주희의 심의 본체, 이황의 성정을 주재하는 심, 이상정의 이주기자를 근거로 하여 정립했다고 할 수 있다.

2. 이진상의 심합이기와 심즉리

1) 이진상은 심즉리만을 주장하였는가?

이진상의 심즉리설은 많은 파문을 일으킨다. 당시 유학계에서 이단으로 지탄받아 왔던 육왕의 심즉리와 글자가 같기 때문이다. 그의 심즉리설로 인하여 이전의 호락논쟁과 대별되는 새로운 심성논쟁이 벌어졌다. 이 논쟁은 영남뿐만 아니라 기호학파와 벌어져 전국적인 논쟁으로 퍼졌다. 더욱이 영남학파의 본산이라고 하는 도산서원에서 그의 문집을 소각시키는 일도 있었다.[95] 그만큼 그

---

[95] "이진상은 후진지도와 학문연구에 노력하였으며 그의 설에 있어서는 자신이 깨달은 바가 많았다. 심즉리를 핵심으로 하여 그의 설을 넓혀 심학종요(心學宗要)〈이학종요(理學綜要)〉 수십 권을 저술하였으나 양명학이 아닌가 하고 의심하는 사람도 있었다. 사후 그의 아들 이승희는 이진상의 문집을 간행하려고 교정을 허훈(許薰)에게 부탁하였다. 그러나 허훈은 그의 심에 관한 논의가 퇴계와 달랐으며 따라서 협력함으로 인하여 영남의 학자에게 비난받지나 않을까 두려워 고사하였다. 그래서 문인인 곽종석이 그 일을 주도하였다. 인쇄 작업이 끝나서 맨 먼저 문집을 퇴계를 모신 도산서원에 바쳤더니, 퇴계 후손들은 이를 이단이라 하여 큰소리로 떠들어댔다. 그리고 문집에 다음과 같이 배서하여 되돌려 보냈던 것이다. 이 문집은 강산 속 깊이 처넣고 유교가 이 세상에 끊긴 다음에나 비로소 끄집어내면 좋을 것이라고 하였다. 또 그 뒤 영남의 학자를 소집하여 그의 글을 거두어 소각시키고 말았다. 이승희의 집안은 그 후 수십 년간 난처한 꼴이 되어 영남에서는 아무도 상대해 주지 않게 되었다."(황현, 『梅泉野錄』(과천: 국사편찬위원회, 점교본, 1971) 권1, "李震相號寒洲, 隱居敎授, 刻苦精進, 所學多自得, 以心卽理三字爲宗旨, 演其說, 作心學要數十卷, 或者疑爲陽明之學, 卒後, 子承熙將刊遺集, 屬許薰校之, 薰以其心學議論, 與退溪背馳, 恐得罪於嶺中, 力辭之, 弟子郭鍾錫, 遂主其役, 刊其訖, 首送于退溪書院, 諸henceforth譁然, 斥以異端, 背署于卷而逐之曰, 此冊可深藏伽倻山谷中, 待吾道滅絶之後, 始乃出而行世, 又會一道之士, 聚其書而焚之, 承熙之家, 飽飽數十年, 幾不容於嶺南.)

의 심즉리설은 당시 학계에서 파문을 일으켰다. 하지만 당시 학계에서 그의 심즉리설에 주목했지 심합이기에 대하여 주목하지 않았다. 오늘날의 연구도 마찬가지이다. 그의 심즉리설에 관한 연구에 집중되었다.[96] 또 심즉리를 논하기 위하여 심합이기를 설명했지만 그 관계에 대하여 적극적으로 논하지 않았다.

따라서 본 책에서는 심즉리와 심합이기의 관계를 규명하고자 한다. 이진상은 심합이기 속에서 심즉리를 정립했다고 본다. 그는 심을 심합이기라고 하여 이기 또는 체용의 구조로 보았다. 다만 본심 즉 심의 본체는 리이고 몸을 주재하는 심인데 심의 기가 주재하는 것이 아니라 심의 리가 주재하는 것이라고 보았던 것이다. 즉 본심은 리로서 몸을 주재하고 성과 정을 주재하는 것이라고 보

허훈(1836-1907)은 28세 때 허전(許傳)〈이익(李瀷) - 안정복(安鼎福) - 황덕길(黃德吉)의 학맥〉의 문하에서 수학하고 퇴계의 제자 유성룡의 현손 유주목(柳疇睦)에게 배웠다. 「李寒洲論語箚義辨」을 지어 이진상의 심즉리설을 비판하였다. 이진상의 셋째 딸이 그의 며느리이다. 이승희는 사적으로 사돈관계인 허훈에게 문집교정을 부탁하였으나 거절당했다.
이 일이 있은 후 도산서원에서 20년 후인 1916에 공의(公議)가 아니었다는 편지를 보내면서 관계가 회복되었다.(『韓溪先生遺稿』(과천: 국사편찬위원회, 점교본, 1979) 「年譜」〈丁酉條〉, "後二十年丙辰, 始自陶山書于三峰書堂, 言此出於一二人之手, 非院中公議也, 還收其時文字以去")

[96] 高橋亨, 「李朝儒學史に於ける主理派主氣派の發達」, 『朝鮮支那文化の硏究』(京城帝國大學法文學會第二部論集, 東京: 刀江書院, 昭和四年) : 현상윤, 『조선유학사』(서울: 현음사, 1986) : 배종호, 『한국유학사』(서울: 연세대학교출판부, 1997) : 금장태, 고광직, 『유학근백년』(서울: 박영사, 1984) : 『속유학근백년』(서울: 여강출판사, 1989) : 금장태, 「한주 이진상의 성리학과 심즉리설」, 『퇴계학파의 학문〈21〉』『퇴계학보』(서울: 퇴계학연구원, 1999) 제102집 : 「퇴계의 심합이기설과 한주의 심즉리설」, 『한국유학의 심설』(서울: 서울대학교출판부, 2003) : 김동혁, 「한주 성리학의 주리적 특성」, 『동양철학연구』(동양철학연구회, 1993) 제14집 : 이상호, 「조선 성리학파의 성리설 분화에 관한 연구」(서울 : 성균관대학교대학원 박사학위논문, 1993) : 안영상, 「극단으로 간 최후의 퇴계주의자들 한주학파」, 『조선유학의 학파들』(한국사상사연구회 편저, 서울: 예문서원, 1996)

았다. 그는 44세 때 지은 「심즉리설」(1861)에서 이미 심합이기의 구조 속에서 심즉리를 정립하였고 이에 입각하여 율곡학파의 심즉기를 비판하였다. 따라서 그가 잡저 제목을 심합이기라 하지 않고 「심즉리설」이라고 정한 것은 율곡학파의 심즉기설을 비판하기 위한 것이라고 할 수 있다. 본 책에서는 이러한 관점에서 그의 심합이기와 심즉리를 논할 것이다.

2) 심합이기 속의 심즉리

이진상은 자신의 심즉리설은 『서경』의 도심, 『논어』의 종심, 『맹자』의 심설, 정이의 심성일리, 주희 『역학계몽』의 심위태극, 퇴계의 『성학십도』의 「심통성정도」의 〈중도〉에 근거한 설이라고 주장하였다. 이것은 공맹 - 정주 - 퇴계의 도통을 계승했다고 자처한 것이라고 할 수 있다.[97] 그는 공자이후 주자, 주자이후 퇴계가 가장 위대한 학자이며 삼자의 학설이 빈틈없이 일치한다고 평함으로서 도통을 공자 - 주자 - 퇴계로 보았다.[98] 이것은 곧 그는 학문하는 방법은 퇴계를 본받고 도를 체험하는 것은 주자를 종장으로 삼아야 한다고 강조한[99] 것을 보면 알 수 있는 것이다. 그는 심

---

[97] 이진상을 주리파로 분류를 하는 견해가 많다. 그러나 당시 주리=정학, 주기=이단이라고 사용했기 때문에 이진상을 주리파라고 분류하는 것은 객관적이지 못하고 편파적인 것이다. 따라서 재고해야 한다.(졸고, 「한국유학사 분류방식으로서 주리·주기에 관한 비판과 대안」 『철학연구』(서울: 철학연구회, 2004년 봄) 제64집)

[98] 李震相, 『寒洲先生文集』 권5 「上崔海庵,別紙」,(서울: 아세아문화사, 1980, p132), "竊按, 朱子是孔子後一人, 退陶是朱子後一人, 而其言之不異, 若合符節"

[99] 李震相, 『寒洲先生文集』 권32 「玉獅子印章說」, (『寒洲全書1』, p698), "蓋爲學當以退陶爲法, 體道當以紫陽爲宗"

합이기 속에서 심즉리를 정립한 것이지 심즉리만을 주장한 것은 아니다.

(1) 심의 본체

이진상이 주장하는 심즉리는 심의 본체를 말한다. 그가 심의 기적인 측면을 완전히 무시한 것이 아니라 본체를 리라고 했던 것이다. 그 근거로서 『서경』의 도심, 『논어』의 종심從心, 『맹자』의 심설, 정이의 심성일리心性一理, 주희의 심위태극心爲太極, 퇴계의 「심통성정도」의 「중도」를 제시하였다.

우선적으로 『서경』의 「대우모」에서 순이 우에게 훈계한 "인심은 위태롭고 도심은 은미하니 오직 정일精一하여 진실로 그 중中을 잡으소서"[100]에 있다. 이에 대해 이진상은 도심道心이 본심本心이고 그것을 심즉리心卽理의 근거로 삼았다.

> 인심은 기를 따르고 도심은 리를 따른다. 인심은 쉽게 나타나지만 도심은 드러나기 어려우니 정精하게 살피고 한결같이 도심을 지키면 본심의 바름이 리에 있지 기에 있지 않다는 것이 밝혀진다.[101]

그는 심을 도심과 인심으로 구분하여 보았지만 실제 心은 하나

---

[100] 『書傳大全』 권2, 19a, 「大禹謨」(『書經』, 서울: 성균관대학교출판부, 1984, p66), "人心惟危, 道心惟微, 惟精惟一, 允執厥中."

[101] 李震相, 『寒洲先生文集』 卷32, 1b-2a, 「心卽理說」, p677, "而謂之人心者, 心之從氣者也, 謂之道心者, 心之從理者也, 人心易見, 道心難明, 精以察之, 一以守之, 則本心之正, 在理而不在氣也, 明矣."

라고 하였다.[102] 하나인 심이 리를 따르면 도심, 기를 따르면 인심인데 도심이 바로 본심이라는 것이다. 본심은 심의 본체로서 심의 리를 말한다. 또 상대적으로 심의 용을 기라고 생각했다고 할 수 있다. 이로 미루어 보았을 때 「심즉리설」에서 이미 심합이기의 구조 속에서 심즉리설을 주장했다는 것을 알 수 있다. 그럼에도 불구하고 그가 잡저의 제목을 「심합이기설」이라 쓰지 않고 「심즉리설」이라고 정한 것을 보면 율곡학파의 심즉기설을 비판하기 위한 것이라고 할 수 있다. 훗날 『이학종요』에서 심을 체용 또는 이기의 구조로 설명하였다.[103] 본심은 도심이라고 하였기 때문에 최초의 심을 도심이라고 본 것이다. 그러나 심이 기를 따르게 되면 인심이라고 한다. 따라서 이선기후理先氣後에 입각하여 인심과 도심을 바라본 것이라고 할 수 있다. 심의 미발 상태는 지각이 어둡지 않고 이발 상태는 지각이 발동한 때이다. 지각이 형기를 따라 발동하면 인심, 의리를 따라 발동하면 도심이라고 한다.[104]

이것은 주자의 인심도심에 근거한 것이다. 주자는 인심도심의

---

[102] 李震相, 『寒洲先生文集』 권32, 1b, 「心卽理說」, p677, "夫心一而已矣"
[103] 李震相, 『理學宗要』 권39 「隨錄」, "血肉之心 以質言 仁義之心 以理言 精爽之心 從氣言" 혈육의 심은 심장으로서 심을 질로써 말한 것이다. 인의의 심은 리, 정상의 심을 기를 가리킨다. 정상이란 능동적으로 지각하는 심을 말한다.
권7 「心(理之主宰)第四中」, p127, "仁義禮智, 純粹而至善者, 心之本體也, 圓外竅中, 虛明而正通者, 心之形體也, 四端七情, 感物而迭應者, 心之妙用也, 閑思雜慮, 循人欲而熾蕩者, 心之客用也" 이진상은 심을 본체, 형체, 묘용, 객용이라고 보았다. 인의예지는 본체, 심장은 형체, 사단칠정은 묘용, 인욕은 객용이라고 한다. 인의예지는 리이기 때문에 본체를 리, 인욕은 기이기 때문에 객용은 기라고 본 것이다.
[104] 『寒洲先生文集』 권33, 33a, 「人心道心考證後說」(戊寅), p717, "心之未發, 知覺不昧, 此乃智之德, 專一心處, 而事物之至, 知覺先動其所感者, 形氣邊事, 則這知覺從形氣邊去, 此之謂人心也；所感者, 義理上事, 則知覺從義理上去, 此之謂道心也."

주석에서 심을 지각이라고 하여 인식기관으로 보고 있으며 중을 주로 하여 바깥에 응하는 것으로 보았다. 따라서 형기形氣에서 발하는 것은 인심이고 의리에서 발하는 것은 도심이라고 하였다.[105] 주자는 심의 발을 형기의 발과 의리의 발로서 두 가지로 보았다. 심이 사물을 인식하는 기관으로서 밖의 사물을 보고 형기에서 발하면 인심, 의리에서 발하면 도심으로 여겼던 것이다. 그러나 심은 하나라고 하였다. 심은 하나이지만 지각이 도리를 얻으면 도심이 되고 소리, 색, 냄새, 맛 등의 감각을 얻으면 인심이 된다는 것이다. 주자는 인심과 도심에 관하여 지각이 어떠한 것을 느끼느냐에 달려 있다고 본 것이다.[106] 그러나 주자는 도심을 본심으로 보고 있지는 않다. 단지 도심이 항상 주인으로서 역할을 하고 인심은 도심으로부터 명령을 듣는 것이라고 생각했다.[107] 이것은 한결같이 의리의 바름을 지켜야 한다는 전제조건이 있다.[108] 하지만 심에 관하여 이진상은 본래의 심으로서 도심을 지칭하였다. 이것이 다른 점이라고 할 수 있다.

이진상은 현실에서 본심으로서 도심이 잘 드러나지 않고 오히려 인심이 쉽게 나타나는 것을 우려하였다. 인심이 드러나면 인욕이 나타나 악이 드러날 수 있다. 이 때문에 정밀하게 관찰하여 한

---

[105] 『書傳大全』 권2, 19a-b, 「大禹謨」〈朱子註〉, p66, "心者, 人之知覺, 主於中而應於外者也, 指其發於形氣者而言則謂之人心, 指其發於義理者而言則謂之道心"
[106] 朱熹, 『朱子語類』 卷78 「尙書1」〈大禹謨〉 '佐錄'(북경: 중화서국, 1999), "人只有一個心 但知覺得道理底是道心 知覺得聲色臭味的是人心…. 道心人心本只是一個事物 但所知覺不同"
[107] 『書傳大全』 권2, 19b, 「大禹謨」〈朱子註〉, p66, "道心常爲之主, 而人心聽命焉, 則危者安, 微者著"
[108] 『書傳大全』 권2, 19b, 「大禹謨」〈朱子註〉, p66, "一以守之, 而純乎義理之正"

결같이 도심을 지켜야 한다고 주장하였다. 이를 두고 보았을 때 이진상의 본심으로서 도심 즉 심즉리는 지켜야 한다는 논리로서 당위적인 성격을 지닌다. 즉 현실에서 인심이 쉽게 나타나기 때문에 심즉리를 지켜야 한다는 뜻이라고 할 수 있다. 그가 말하는 인심은 형기를 따라 생긴 것이기 때문에 심즉기를 가리킨다고 할 수 있다. 그러므로 현실에서 심즉기가 쉽게 나타나고 심즉리는 잘 드러나지 않기 때문에 그것을 잘 관찰하여 지켜야 한다고 주장했던 것이다. 정밀하게 관찰하여 한결같이 지킨다는 것은 경敬을 말하는 것이라고 할 수 있다. 경을 통하여 도심, 본심, 심의 리를 지켜야 한다고 생각했던 것이다. 이 때문에 심의 리 내지 심즉리는 당위적인 뜻을 갖고 있다고 할 수 있다.

이진상은 『논어』「위정편」에서 공자가 70세에 마음을 따라 행하여도 규범에 벗어나지 않았다고 하는 것을 근거로 종심從心에서의 심이 바로 리理라고 하여 심즉리설을 주장하면서 심즉기설을 비판했다.

> 공자의 심을 따라 하고자 하는 것이 규범에 넘치지 않는다는 말은 심즉리이다.(본체는 도, 작용은 의) 진실로 그것이 기라면 어찌 능히 (심을) 따라 하는 것이 규범에 넘치지 않을 수 있겠는가?[109]

주자는 '종심소욕불유구從心所慾不踰矩'에 대하여 편안히 행하며

---

[109] 李震相, 『寒洲先生文集』 卷32, 2a, 「心卽理說」, p677, "孔子之從心所欲不踰矩, 心卽理也(體卽道 用卽義), 苟其氣也, 安能從之而不有矩?"

힘쓰지 않아도 중中이 되는 것을 말한 것이라고 해석했다.[110] 호씨 胡氏는 이러한 심을 본심이라고 했으며 의意를 따라 해도 지극한 리가 아닌 것이 없다고 했다. 이처럼 호씨는 종심을 리로 보았는데 이러한 측면에서 이진상과 일치하고 있다. 하지만 호씨는 이진상처럼 심즉리라고 직접적으로 주석을 달지는 않았다.[111] 심즉리란 본심으로서 임의대로 행동해도 규범을 벗어나지 않는다고 이진상은 해석한 것이다.

이진상은 『맹자』의 심설을 들어 심즉기설을 비판하고 심즉리설을 주장했다.

> 맹자 7편에는 심자가 많다. 아울러 기를 짓는다고 가리키는 것은 한마디도 있지 아니하고, 기가 능히 존심存心하지 못하는 것을 우려했고 기가 오히려 심을 동動하게 할까봐 근심했다.[112]

이처럼 이진상은 기로 인해서 능히 의리로서의 본심을 보존하지 못하는 것으로 보았다. 따라서 본래 심은 리인데도 불구하고 기로 인하여 마음이 동한다는 것이다.

맹자의 양심설의 해석에서도 심을 기라고 하면 양기가 된다는

---

110 『論語集註大全』 권2 「爲政」 '從心所欲不踰矩' 〈朱熹注〉(성균관대학교 대동문화연구원, 영인본, 1970), "安而行之, 不免而中也"

111 『論語集註大全』 권2 「爲政」 〈胡氏注〉, "胡氏曰, 聖人之敎, 亦多術, 然其要, 使人不失其心而已, 欲得此心者, 惟志乎聖人所示之學, 循其序而進焉, 至於一疵不存, 萬里明盡之後, 則其日用之間, 本心瑩然, 隨所意欲, 莫非至理, 蓋心卽體, 欲卽用, 體卽道, 用卽義, 聲爲律而身爲度矣"

112 李震相, 『寒洲先生文集』 卷32, 2b, 「心卽理說」, p677, "孟子七篇許多心字, 竝未有一言指作氣, 而憂氣之不能存心, 患氣之反動其心"

것이다. 기의 존망存亡이 있는 것이라고 하여 기를 기른다고 하면 맞지 않는다는 것이다.[113] 따라서 심즉리라고 해야 한다고 주장했다. 기를 기르는 것이 아니라 리를 길러야 한다고 생각했던 것이다. 기라는 것은 겸선악이기 때문에 악이 드러날 수 있다. 이 때문에 양기養氣라고 하면 악을 기르는 것이 될 수 있다. 이 때문에 심즉기설을 비판하였다. 맹자는 심을 기르는데 있어서 과욕보다 선한 것이 없다고 하면서[114] 과욕하기를 강조하였다. 욕이라는 것은 이목구비의 일로서 형기에 해당되는 것이다.[115] 이진상은 과욕에 대하여 기를 줄이고 리를 확충하는 것이라고 생각했기 때문에 양심養心의 심을 기가 아닌 리라고 생각했던 것이라고 할 수 있다. 양심이란 기를 기르는 것이 아니라 리를 기르는 것이라고 해석했던 것이다. 양심이라는 것은 곧 양리養理라고 본 것이다. 양리란 리를 생명체로 본 것이다. 혹은 능동적, 인격적인 존재로 보았다고 할 수 있다. 양리는 퇴계에서도 잘 나타나고 있다.[116]

　이처럼 그는 『서경』, 『논어』, 『맹자』의 심설을 근거로 심즉리설을 주장하였다. 물론 그 해석에서도 주희와 반드시 일치하지는 않았다. 나름대로 해석하여 심즉리설의 근거로 삼은 것이다.

---

[113] 李震相, 『寒洲先生文集』 卷32, 2b, 「心卽理說」, p677, "又論, 養心以認之爲氣有存亡, 而欲其致養於氣爲非"
[114] 『孟子集註大全』 권14 「盡心章句下」(『經書』, 성균관대학교 대동문화연구원, 영인본, 1970), "孟子曰, 養心, 莫善於寡欲"
[115] 『孟子集註大全』 권14 「盡心章句下」〈朱子註〉, "欲如口鼻耳目四支之欲"
[116] 정도원, 「퇴계 수양론의 리중심적 특성과 관한 소고」, 『동양철학연구』 31, 동양철학연구회, 2002.12, p22. "퇴계의 양리(養理)는 주자의 기질변화에 중점을 둔 양성養性과 대비될 수 있다."

이진상이 심즉리라고 했을 때 성의 지위를 고려하지 않을 수 없다. 더욱이 심이 몸을 주재하는데 성과 정은 몸을 떠나서 존재할 수 있는 것이 아니기 때문에 심성정의 개념정의가 보다 분별력이 있어야 한다. 특히 율곡학파에서는 심즉기, 성즉리로서 심과 성에 대한 구별이 확실하기 때문에 이진상도 이에 맞서기 위해서라도 성에 대한 정의가 심과의 관계 속에서 정립될 필요가 있다. 이에 대하여 이진상은 심즉리를 주장하면서 성도 리라고 하여 심성정일리를 주장하였다.[117] 그는 정이가 심성동일리心性同一理를 말했고 이를 풀어서 심즉성心卽性, 성즉리性卽理라고 한 것을 예로 들어 심즉리의 근거로 삼아서 주장했다.

> 정숙자程叔子(정이)가 '심성은 같은 하나의 리'라고 해석하였다. 또 말하기를 "심은 곧 성이고 성은 곧 리이다."라고 말했다.[118]

그렇다고 해서 그가 심과 성이 완전히 같다고 하지는 않고 약간의 구별이 있으나 결국은 같다고 하였다.[119]

심은 성정의 총명總名이고 심체心體를 말했을 때 심의 체는 성이기 때문에 성 밖에 심이 없고 심밖에 성이 없어서 심성은 같은

---

[117] 심성정일리는 1870년 곽종석이 의문시하고 있는 것에 대하여 그에게 보내는 편지에서 이일분수(理一分殊)설을 이용하여 설명하였다.(이진상,『寒洲先生文集』권19,「答郭鳴遠疑問,庚午」, p424, "以心性情言則, 心爲太極而性乃太極之靜, 情乃太極之動, 心爲理一而性情爲分殊")

[118] 李震相,『寒洲先生文集』권32, 2a,「心卽理說」, p677, "程叔子, 以心性同一理釋之, 而又曰, 心卽性也, 性卽理也"

[119] 李震相,『寒洲先生文集』권32, 2a,「心卽理說」, p677, "性之未別於心而猶"

것으로 보고 있다. 심성정일리心性情一理이기 때문에 심밖에 성이 없고 성 밖에 심이 없을 수밖에 없다는 것이다. 즉 그가 말하는 심성정일리 역시 심의 본체를 가리키는 것이다.

또 말하기를 대개 심체를 주로 하여 말한 것일 뿐이다. 심이라는 것은 성정의 총명이고 그 본체는 곧 성이다. 성 밖에 심이 없고 심 밖에 성이 없다.[120]

그는 심성동일리라고 했을 때 심과 성의 구별이 애매모호하게 되는데 성을 심의 체라고 보아 구별하고 있다. 또한 리와 심은 본래 하나인 것이지 결코 인위적으로 하나로 만든 것이 아니라고 하였다. 이진상은 정이의 심과 리가 일이라는 것을 인용하여 심즉리를 주장하는 근거로 삼았다.[121]

이진상은 심즉리를 주장하게 되면 성의 위치가 애매모호하게 되는데 정이의 심성동일리를 근거로 하여 심성일리로서 둘 다 같은 리로 보게 되면서 심성의 위치를 정립하였다. 이 때문에 이진상이 심즉리를 주장하면서도 성즉리도 말하고 있는데 기가 아직

---

[120] 李震相, 『寒洲先生文集』 권32, 2a, 「心卽理說」, p677, "且云, 蓋亦主心體而爲言耳, 夫心者, 性情之總名, 其體則性, 性外無心, 心外無性"

[121] 『性理大全書』 卷32, 1b, 「性理4」 (서울: 보경문화사, 영인본, 1994, p534), "程子曰, 理與心而人不能會之爲一"
모종삼은 이에 대하여 일은 합일의 일이기 때문에 리와 심은 원래 합일된 것이라고 보았다. 이처럼 심과 리를 하나라고 한 것은 맹자의 뜻이고 상산, 양명이 계승하였다고 한다. 다만 주희는 심과 리에 대하여 이물의 합을 기대려 합일되는 관련의 합이라고 보았다는 것이다. 이 때문에 이 부분에서 주희는 경험적, 실연적 심이고 리는 초월적으로 존재하지만 불활동하는 리라고 보았다고 한다.(『心體與性體』 第2冊 第3部 分論 二(臺北: 正中書局, 中華民國 84年)

없는 단지리單指理 상태의 성을 리라고 하였다.[122] 하지만 그에게 심과 성의 구분을 해야 하는 것이 숙제로 남아 있는데 심성동일리라고 해도 심과 성이 같다면 구태여 심과 성을 나누어서 말할 필요는 없다. 이를 위해서 이진상은 이러한 성을 심의 본체라고 하여 분별하였다. 또한 심과 성을 구별하기 위하여 심이 성과 다른 이유는 정을 겸하기 때문이라고 하였다. 또 정은 이발의 성이라고 하여 결국 심성정일리를 주장하였다.

> 심이 성과 다른 것은 정을 겸하기 때문이고 정은 이발已發의 성이며 성정은 다만 일리一理이니 심이 리가 되는 것은 진실로 그와 같은 것이다.[123]

이진상은 심성정이 모두 일리라고 한 것은 심의 본체, 의리로서의 심이고 성이 이미 발한 정을 리인 심이 겸하여 통統하였기 때문에 기에 구속받지 않고 순수한 천리인 리가 그대로 있기 때문에 심성정일리心性情一理라고 주장했던 것이다. 이러한 이진상의 심설은 순수한 천리인 의리를 본체로 보았고 그 의리를 심이라고 했기 때문에 심즉리라고 주장하였다.

그는 주희『역학계몽』의 '심위태극'을 근거로 하여 심즉리설을 주장했다. 주희는『역학계몽』에서 소강절의 말을 인용하여 '도위

---

[122] 『寒洲先生文集』 권32, 3a, 「心卽理說」, p678, "先生嘗曰, 心之未發, 氣未用事, 惟理而已"
[123] 『寒洲先生文集』 권32, 2a-b, 「心卽理說」, p677, "心之所異於性者, 以其兼情, 而情乃已發之性也, 性情只是一理, 則心之爲理者, 固自若也"

태극道爲太極 심위태극心爲太極'이라고 말했다.[124]

심이 태극이 된다는 말은 역학계몽의 머리에 게시되어 있다. 일동일정一動一靜은 미발이발未發已發의 리가 마땅하다.[125]

이처럼 이진상은 주희의 '심위태극'과 '성유태극性猶太極' 중에서 심위태극을 근거로 심즉리를 제시하고 있다.[126] 이진상은 주희의 심위태극을 근거로 심즉리를 주장하고 전우는 주희의 성유태극을 근거로 성즉리를 주장하면서 이진상의 심즉리를 비판하였다.[127] 하지만 이진상은 심위태극을 심의 본체로 해석해서 심즉리를 주장했던 것이다. 주희의 심위태극은 태극=리이기 때문에 심즉리인 것이고 이진상은 리가 주재하는 것이기 때문에 심을 주재한다고 생각하여 심즉리로서 심의 주재를 강조하였다.[128] 따라서

---

[124] 소옹, 『性理大全書』 권11, 32b, 『皇極經世書5』 「觀物外篇上」, 서울: 보경문화사, 1994, p220, "心爲太極, 又曰: 道爲太極"

[125] 『寒洲先生文集』 卷32, 2b, 「心卽理說」, p677, "故心爲太極之於揭之於啓蒙之首, 而以一動一靜, 未發已發之理, 當之"

[126] '심위태극'이라는 말에 대해 모종삼은 상산학(象山學)이라고 규정하여 심학으로 보았고 심구태극(心具太極)이 주자학이라고 했다. 그러나 주자가 『역학계몽』에서 소강절의 말을 인용하여 직접 말했기 때문에 주자설이 아니고 상산학이라고 단정한다는 것은 어폐가 있다.(牟宗三, 『心體與性體』, 臺北: 正中書局, 中華民國 84年, p366), "案… 心爲太極, 是象山學, 心具太極, 是朱子學") 주자는 심의 구조를 체용으로 구분하였고 체를 리라고 보았던 것이다.

[127] 훗날(1878년, 60세) 이진상은 『이학종요』에서 주희가 심즉기 성즉리라고 말했고 『통서해(通書解)』에서 심즉리를 말하여 초년, 만년의 설이 있다고 하지만 주희의 설에는 초년, 만년의 견해가 다르지 않고 다만 후세들이 기록을 잘못하였기 때문에 심즉리가 옳다고 주장하였다.(이진상, 『理學綜要』 卷7, "先生初時 以心爲氣爲已發 以性爲理爲未發 而謂性乘心 故以神爲形而下者 以心爲氣之精爽… 通書解以神爲實理善應之妙 而仍以心爲太極之至靈… 苟非早晚之異見 必是記錄者之誤聞")

심을 태극의 온전한 본체로 보았다.[129]

퇴계는 주자의 '심위태극'에 대하여 인극人極이라고 해설하였다. 즉 그러한 리는 물과 나, 내외의 구분이 없이 존재하는 것으로서 뿌리가 되는 것이라고 하였다. 따라서 사물의 리는 곧 내 마음 속에 갖추어진 리라는 것이다.[130] 인극이란 곧 태극을 의미한다. 또 태극은 심뿐만 아니라 사물의 뿌리이기도 하다. 따라서 주자가 말한 심위태극을 퇴계는 심의 뿌리로서 태극뿐만 아니라 사물의 뿌리로서 태극을 모두 지칭한 것이다. 더욱이 심의 태극과 사물의 태극을 같은 것으로 본 것이다. 태극은 리이고 리는 주재하는 존재이다. 이 때문에 심의 주재를 언급하지 않을 수 없다. 심의 주재에 대하여 퇴계는 심이 칙則을 따라 주재한다는 것이다.[131] 이처럼 이진상과 퇴계는 주자의 심위태극에 대한 해석에서 차이가 있다.

이진상은 퇴계의 『성학십도』의 「제6심통성정도」에서 중도를 단지리單指理라고 하여 심의 본체인 심체로서 심즉리의 근거로 삼았다. 그는 하도下圖를 겸지기兼指氣라고 보았고, 합이기合理氣를 옥석玉石의 설이라 하여 그 중 단지리를 쓸모 있는 옥이 있다는 것을 밝혔고, 겸지기는 옥을 포함하고 있는 실석임을 보여주는 것이라고 했다.[132] 이처럼 그가 변화卞和의 옥이라는 고사를 갖고 이황의

---

[128] 『寒洲先生文集』 권32, 2b, 「心卽理說」, p677, "故心爲太極之語, 揭之於啓蒙之首, 而以一動一靜, 未發已發之理, 當之, 又曰, 心固是主宰底而所謂主宰者, 卽此理也"

[129] 『寒洲先生文集』 권32, 4a, 「心卽理說」, p678, "夫吾心之天理, 卽太極之全體"

[130] 李滉, 『退溪先生文集』 권33, 4a, 「答鄭子中」(성남: 한국정신문화연구원, 영인본, 1984, p295), "心爲太極, 卽所謂人極者也, 此理無物我, 無外內, 無分段, 無方體, 方其靜也, 渾然全具, 是爲一本, 故無在心在物之分, 及其動而應萬事接物, 事事物物之理, 卽吾心本具之理"

[131] 『退溪先生文集』 권33, 4a, 「答鄭子中」, p295, "但心爲主宰, 各隨其則而應之"

「심통성정도」를 해석하여 리에 중점을 두어 이것을 심즉리의 근거로 삼았다. 또 그는 이황의 심의 미발은 기가 작용하지 않은 상태이기 때문에 오직 리만이 있는 것이라고 하였다.

> 심의 미발은 기가 아직 작용하지 않은 상태로서 오직 리만 있을 뿐이니 어찌 악이 있겠는가? 이것은 심체를 가리킨 것이니 내가 심즉리보다 선한 것이 없다고 말한 것이 이것이다.[133]

그는 심의 미발상태의 리는 심체를 가리킨 것이라고 하여 심즉리 보다 선한 것이 없다고 주장하였다. 그러므로 그는 심의 미발상태인 심체를 심즉리라고 말했다는 것을 알 수 있다. 시간적으로 심의 미발은 선先, 이발已發은 후後이다. 따라서 그가 말하는 심의 미발은 최초의 심으로서 기가 아직 작용하지 않았기 때문에 발현되지 않은 상태를 말한다. 즉 고요한 상태이다. 따라서 그가 말하는 심즉리의 심은 본체를 가리킨다. 또 리는 주재하는 존재이기 때문에 심즉리로서 심의 주재를 주장한다.

(2) 심의 주재

주자는 심이 몸을 주재한다고 보았고[134] 또 주재라는 것은 리만이

---

[132] 李震相, 『寒洲先生文集』 卷32, 3a, 「心卽理說」, p.678, "退陶先生論心曰 統性情合理氣 而中圖單指理 下圖兼指氣 夫所謂合理氣 卽此乃玉石之說 而單指理者 明其所用之在玉 兼指氣者 示其所包之實石也"

[133] 『寒洲先生文集』 卷32, 3a, 「心卽理說」, p.678, "先生嘗曰, 心之未發, 氣未用事, 惟理而已, 安有惡乎? 此乃的指心體之論, 吾所謂莫善於心卽理者, 此也."

[134] 『朱子語類1』 권5 「道夫錄」, p.90, "心, 是主宰於身者"

갖는 특성으로 보았다.[135] 주재란 정이의 "주재로써 말하면 제帝이고, 성정으로써 말하면 건乾이다."[136]라는 말에서 나왔다. 제, 즉 천지의 심은 인간과 다른 생물을 낳기 때문에 주재의 뜻이 있다는 것이다.[137] 그러므로 주재란 낳기 때문에 가능한 것이다. 또 리는 천하에서 가장 높기 때문에 리를 제라고 칭한다.[138] 이 때문에 리에 주재가 있는 것이다. 따라서 이진상은 심즉리를 주장하였다. 또 심을 심군心君이라고 칭하는 것은 주재의 뜻이 있기 때문이다. 심군은 심의 본체를 가리키는 것이지 작용하는 심을 칭하는 것은 아니다.[139] 이진상은 심이 몸을 주재하는데 심즉기설은 주재를 기라고 한 것으로서 천리가 형기에게 명령을 듣게 되어 추악함이 많다고 비판하였다.[140] 따라서 그는 주자의 말을 인용하여 심의 주재를 근거로 심즉리를 주장하였다.

또 (주자가) 말하기를 심은 진실로 주재하는 것이고 이른바 주재라는 것은 곧 리이다. …… 심즉리 삼자는 실제 천성千聖이 서로 전한 종지이다.[141]

---

[135] 『朱子語類1』 권1「夔孫錄」, "然所謂主宰者, 卽是理也"
[136] 『朱子語類』 권1「道夫錄」, "程子曰 : 以主宰謂之帝, 以性情謂之乾"
[137] 『朱子語類』 권1「道夫錄」, "心便是他箇主宰處, 所以謂天地以生物爲心"
[138] 『朱子語類』 권4「淳錄」, "天下莫尊於理, 故以帝名之"
[139] 이삼기, 「한주 이진상의 심성론 연구」, 고려대대학원 석사학위논문, 1993, p65, "심의 본체와 묘용 가운데서 주재성은 묘용에 가깝다"고 보았다. 하지만 이진상이 심의 주재를 말하는 것은 제帝 즉 천지지심에 근거한 것으로서 인간에게 본심 또는 심의 본체를 가리키는 말이다.
[140] 『寒洲先生文集』 卷32, 4b, 「心卽理說」, p678, "心爲一身之主宰, 而以主宰屬之氣, 則天理聽命於形氣, 而許多醜惡"

몸을 주재하는 심이 미발일 때 성, 이발했을 때 정이라고 한다. 이 때문에 심은 성과 정을 통統한다고 한다. 이진상은 심즉리에 입각하여 심은 주재자이기 때문에 통 역시 주재한다는 의미로 썼다. 그가 퇴계의「심통성정도」를 인용하여 그 중에서 중도의 단지 리單指理를 근거로 심즉리를 주장한 것은 이 부분을 수용하여 결국 자신의 심즉리도 어디까지나 퇴계에 근거하고 있다는 것을 보여주기 위함이었을 것이다. 그러나 그는 훗날「이학종요」에서 심을 리와 기가 함께 있는 합이기라고 말하지만[142] 본래의 심은 리이기 때문에 심즉리를 주장한 것이다. 따라서 그의 심즉리는 심의 본체, 주재하는 심을 가리킨다.[143]

이진상은 심통성정에 관하여 심은 성정을 통솔하는 것인데 심즉기를 주장하는 학자들이 심을 기라고 하면 대본달도大本達道는 기에 모두 귀속되고 리는 사물死物이 되어 공적空寂에 빠진다는 것이다.[144] 그는 심을 몸의 주재로 보았는데 성정을 통섭한다는 통統은 총명總名으로 보았다고 할 수 있다. 왜냐하면 그는 심을 성정의 총명[145]이라고 보았기 때문이다. 또한 심의 성정에 대한 통統, 내

---

[141] 『寒洲先生文集』卷32, 2b,「心卽理說」, p677, "又曰: 心固是主宰底, 而所謂主宰者, 卽此理也… 心卽理三字, 實千聖相傳之訣也." 이 말은 『주자어류』의 기손록(夔孫錄)에 나오는 말이다.(『朱子語類』권1「夔孫錄」, "曰: 心固是主宰底意, 然所謂主宰者, 卽是理也")

[142] 李霞相, 『寒洲全書2』『理學宗要』권39「隨錄」, "血肉之心 以質言 仁義之心 以理言 精爽之心 從氣言"

[143] 훗날『이학종요』(1878)에서 심즉리의 리는 지(知)[지(智)]가 있기 때문에 주재할 수 있다는 것이다. 반면에 기는 지(知)[지(智)]가 없기 때문에 주재할 수 없다고 하였다.(『理學宗要』, p87, "盖理有知(智)而氣無知, 故理能主宰而氣不能主宰")

[144] 『寒洲先生文集』권32, 4b,「心卽理說」, p678, "心是性情之統名, 而以心爲氣則大本達道, 皆歸於氣而理爲死物, 淪於空寂矣"

[145] 『寒洲先生文集』권32, 4b,「心卽理說」, p678, "夫心者, 性情之總名"

지 총명은 심이 몸을 주재한다고 했기 때문에 주재의 뜻이 있는 것이라고 생각하였다. 더욱이 이진상이 심을 기라고 한다면 대본 달도가 기에 귀속된다고 하면서 심즉기설을 비판할 때 기에 의하여 주재된다는 의미를 내포하고 있기 때문에 통자統字의 뜻에 주재가 내포되어 있다고 할 수 있다. 실제 그는 통을 겸포兼包, 관섭管攝의 뜻이 있어 상통한다고 해석하였다. 또 심을 주재자로서 말하는 것은 통에 관섭의 뜻이 있기 때문이라며 관섭을 주재의 뜻으로 사용하였다. 겸포와 관섭은 상통한다고 말했기 때문에 결국 그가 말하는 겸포와 관섭은 주재의 뜻인 것이다. 그러므로 그가 통을 겸포, 관섭이라고 해석한 것은 주재를 가리키는 말이었다.[146]

이처럼 이진상의 심즉리는 본체, 주재하는 심을 가리킨다. 그는 심의 합이기에서 리를 확충하고 기를 제어한 후에 진심이 천리의 순수함을 얻어 볼 수 있다는 것이다.[147] 진심에 관하여 그는 돌 가운데 속내는 진옥眞玉이고 기 속의 리는 진심이라고 하였다.[148] 그는 "리가 기에 구속된다고 하는 설에 대하여 단단한 숫돌로 떨

---

[146] 『理學宗要』 권7, "統有兼包義, 有管攝義, 而其實則相通", 이진상은 「심즉리설」을 쓴 이후 61세에 저술한 『이학종요』에서 통(統)을 겸포, 관섭이라고 해석하여 상통한다고 보았다.
권17 「答金致受問目(戊寅)」, p394, "以心之主宰者言, 則統有管攝底意" 이진상은 통을 관섭, 겸포라고 해석하여 상통하는 것으로 보았고 관섭을 주재라고 말했기 때문에 관섭, 겸포 모두 주재라는 뜻으로 보았던 것이다.
금장태는 "겸포와 관섭의 뜻을 모두 받아들였다"고 해석하였다.(「退溪의 心合理氣說과 寒洲의 心卽理說」, 『한국유학의 心說』, 서울: 서울대학교출판부, 2003, p60). 하지만 결국 모두 주재의 뜻으로 썼다는 것을 간과하였다.

[147] 전우, 『艮齋集』 卷13 「李氏心卽理說條辨」(대전: 충남대학교도서관, 영인본, 1999), "固當於吾心合理氣處 擴氣理而制其氣 然後 眞心之純乎天理者 可得以見矣"

[148] 『寒洲先生文集』 卷32 「心卽理說」, "石中之蘊固眞玉也, 氣中之理, 固眞心也"

어낸 것을 옥이라고 말하면 누가 믿겠는가?"라면서 심즉리 보다 선한 것이 없으면서도 심즉리 보다 밝히기 어려운 것도 없다고 하였다.[149] 이를 놓고 보았을 때 그의 심즉리에서의 리는 기에 의하여 구속받지 않는 본체로서의 본래적이고 절대적인 리이고 그가 그러한 리를 추구하였던 것이다.

퇴계는 심의 체를 리, 용을 기로 보았는데 이진상은 심의 본체를 강조하여 심즉리의 근거로 삼았던 것이다. 이처럼 심의 본체를 들어 심즉리라고 주장하는 이유는 심은 본래 하나라고 생각하고 있기 때문이다. 시간적으로 보면 최초의 심이고 공간적으로 보면 본체의 심을 말한다. 본래 하나인 심은 기가 아닌 리의 심이라는 것이다.[150] 또 체용이라는 것은 성이 심에 뿌리를 두고 있는 것이 체이고, 심이 사事에서 발한 것을 용이라고 하였다.[151] 사라는 것은 심의 밖에 있는 것으로서 본래의 심이 사를 접함에 따라 용이 된다는 것이다. 따라서 심의 체는 선, 용은 후라고 할 수 있다. 그러므로 본래의 심은 체로서 리라고 생각했다고 할 수 있다. 이 때문에 심즉리를 주장하였다. 또한 심의 동정에서도 주재하는 것은 리이고 그것을 도와주는 자료가 되는 것이 기로서 이주기자理主氣資이기 때문에 심즉리心卽理라는 것이다. 이가 동정을 주재하고 기가 자료가 된다는 것은 즉 이의 동정이 기의 도움으로 인하여 가

---

[149] 『寒洲先生文集』 卷32 「心卽理說」, "其氣稟之拘者而謂之理, 頑礦之蔽者而謂之玉, 因孰信之哉? 吾故曰, 論心莫善於心卽理而亦莫難明於心卽理."
[150] 『寒洲先生文集』 卷32 「心卽理說」, "夫心一而已矣 而謂之人心者 心之從氣者也 謂之道心者 心之從理者也 人心易見 道心難明 精以察之 一以守之 則本心之正 在理而不在氣也 明矣"
[151] 『寒洲先生文集』 「答李琢原」, p352, "體用之名, 本以性之根於心者爲體, 心之發於事者爲用"

능하다고 본 것이다. 이가 기 없이 동정하는 것이 아니라 리가 기를 타고 동정하는 것으로써 리가 동정을 주재한다는 것이다. 마치 사람이 말을 타고 말달리는 것을 주재하는 것과 같다고 한다.[152]

이처럼 그는 심즉리를 주장하면서 심의 구조에 대하여 체용으로 설명하였다. 그가 훗날 『이학종요』(1878)에서 인의예지를 심의 본체라고 한 것으로 미루어 보았을 때 그가 심즉리를 주장한 것은 심의 본체를 염두에 둔 것이다. 따라서 그는 심의 본체를 발현해야 한다는 윤리적, 당위적인 관점에서 심즉리설을 주장한 것이다. 이 글에서 인의예지를 심의 본체라고 한 것은 곧 리로서의 성이고, 사단과 칠정을 심의 묘용이라고 한 것은 곧 정을 가리킨다. 따라서 성과 정, 심의 본체와 묘용은 체용일원體用一源의 관계이다.[153] 사단칠정의 작용인 묘용은 기의 작용이 아니라 리의 작용이다.[154] 또 형체는 기이며 겸선악인데 악의 성향이 드러난 것이 객용客用이라고 보았다. 이처럼 심을 체용, 리기로 정리하였다. 또 『이학종요』(1878)에서 심의 형체인 심장을 혈육이라고 하여 이것을 질이라 하고 윤리적인 인의는 리, 주희가 심을 기의 정상精爽이라고 하였는데 이진상은 정상을 기, 지각을 리와 기의 겸이라고 정리하였다.[155] 이것은 심의 형체와 그 속에 내재하고 있는 선을

---

152 『理學宗要』 권1 「天道(理之大原)」 第一上, p15, "太極猶人, 陰陽猶馬, 理之乘氣而動靜, 猶人之乘馬而出入… 理爲動靜之主, 而氣爲動靜之資, 只可言理之動靜矣"

153 李震相, 「理學宗要」 권7 「心(理之主宰)第四中」, "盖以妙用之心 推認本體之心 體用一原故也"

154 李震相, 「理學宗要」 권2 「天道(理之大原)卷之二」, "按: 此是心之妙用, 非氣之作用", 같은 책, 권6 「心(理之主宰)卷四上」, "明心之妙用 亦主乎理"

155 李震相, 「理學宗要」 권39 「隨錄」, "血肉之心 以質言 仁義之心 以理言 精爽之心 從氣言"

서로 연관시켜 보다 현실적인 심설의 체계로 세운 것이다. 이처럼 심의 구조를 합이기로 정리한 것을 보면 퇴계학파를 계승하고 있다는 것을 알 수 있다.

심즉리설에서 심은 본래 하나인데 그것은 곧 리만이 있는 심으로서 순선한 심만이 처음부터 존재했던 것이라고 할 수 있다. 그렇다면 그도 심의 기를 말하고 있는데 기는 어떻게 해서 심의 일부가 되었는가가 문제이다. 이생기理生氣이기 때문에 인의예지는 기의 정상精爽을 생하고 기가 형체화形體化 된 것이 질質인데 질인 심장은 리인 심이 머무는 장소일 뿐 질과 기가 처음부터 심의 일부가 된 것은 아니라고 생각했던 것이다. 따라서 최초의 심은 오직 리일 뿐이며 기와 질은 후에 생긴 것이라고 그는 생각하였다. 최초의 심은 인간의 심 이전의 천지지심天地之心을 그는 생각했던 것이다. 리인 천지지심은 무형한 것으로서 제帝를 일컫는다. 이러한 천지의 심이 인간의 심이 되었을 때 유형한 형체를 이룬다. 심의 형체는 심장으로서 리인 천지의 심이 기를 생하고 기로 인하여 질을 이루면서 심장을 형성한다. 물론 이것도 리가 동정을 주재하면서 기와 질이 생긴 것이다.

결국 이진상은 본래의 심을 순선한 것으로 보았으며 그 후 기로 인하여 겸선악이 되었는데 이것은 정밀하게 살피고 한결같이 본래의 심을 지켜야 한다고 생각했던 것이다.[156] 이러한 그의 심설

---

[156] 『寒洲先生文集』 卷32, 1b-2a, 「心卽理說」, p677, "而謂之人心者, 心之從氣者也, 謂之道心者, 心之從理者也, 人心易見, 道心難明, 精以察之, 一以守之, 則本心之正, 在理而不在氣也, 明矣." 심이 기를 따르면 인심, 리를 따르면 도심이 된다. 하지만 본심은 도심이다. 인심은 기를 따르기 때문에 겸선악으로서 악으로 드러날 수 있는 가능성을 갖고 있

은 결국 주자의 심설을 퇴계가 합이기라고 하여 리의 능동적인 주재를 강조한 것에서부터 유래한 것이다. 훗날 퇴계학파의 이상정도 합이기를 계승하지만 리의 능동성은 더욱 강조되었고 이진상에 이르러 리가 동정을 주재하기 때문에 기의 동정도 곧 리의 동정이라고 하는 리중심의 심설로 나아간다. 이로 인하여 심즉리설이 나타나게 되었다. 따라서 이황의 심합이기는 필연적으로 이진상의 심즉리가 나올 수밖에 없었다.

이진상의 심즉리에서 심은 본체이므로 주재성이 있는 것이다. 태극, 도심으로서 순수한 천리인 의리이다. 따라서 그는 본래의 심인 리를 확충하고 기를 제어하여 진심을 발현할 것을 주장하였다. 심이 태극이기 때문에 주재성이 있을 수밖에 없고 또한 기를 제어하기 위해서는 리인 심에 주재성을 강하게 부여할 수밖에 없다. 이러한 심의 주재성은 태극, 의리로서의 심으로 인하여 나온 것이다. 이 때문에 심즉기라고 하였을 때는 리가 기의 명령을 받게 된다고 그는 생각했고 이 때문에 심즉기를 비판하였다.[157] 그는 리가 악기를 타면 기는 오히려 리를 가리고 그 주재의 권능을 탈취한다고 보았다. 그는 실제 기는 선 보다 악이 더 많다고 보았다.[158] 하지만 기가 주재한다 해도 일시적인 것이지 주재의 진체는 아니라고 하였다.[159] 따라서 그는 심의 기가 리의 주재를 탈취하여 주

다. 반면에 도심은 리를 따르기 때문에 순선하다. 그러나 인심은 쉽게 드러나고 도심은 드러나기 어렵기 때문에 정밀하게 살피고 한결 같이 도심을 지켜야 한다고 이진상은 말했던 것이다.

[157] 李震相, 『寒洲先生文集』 권32 「心卽理說」, p678, "夫謂心卽氣者之所以爲不善, 何也? 心爲一身之主宰, 而以主宰屬之氣, 則天理聽命於形氣"
[158] 『理學綜要』 권6, p86, "氣則小善而多惡"

재하게 되는 것을 경계했던 것이다. 이로 미루어 보았을 때 주재는 리에만 있는 것이 아니라 기가 주재할 수 있는 가능성이 있다고 보았다. 다만 기의 주재는 본래적인 것이 아니라 일시적인 현상이라고 생각했을 뿐이다. 따라서 본래 리가 주재하는 것이고 이를 지켜야 하기 때문에 심즉리를 주장했고, 이 때문에 율곡학파의 심즉기설을 비판하였다.

그의 심즉리설에서 리의 주재는 곧 심의 주재라고 하여 심즉리설을 주장했다.[160] 리는 스스로 동정하고 기의 동정을 주재하기 때문에 심즉리라고 말할 수 있는 것이다. 심즉리이기 때문에 심에 주재가 있는데 심성정일리라면 성, 정도 주재가 있다고 할 수 밖에 없을 것이다. 그러나 훗날『이학종요』(1878)에서 주재는 심에만 있고 성과 정은 주재가 없다고 하였다. 심의 주재는 리로서 태극본체의 묘이기 때문에 심에 주재가 있다는 것이다. 반면에 성명性命의 리는 태극유행太極流行의 묘妙이고, 성정性情의 리는 인심적감人心寂感의 묘妙이기 때문에 성과 정에 주재가 없다는 것이다.[161] 태극이라 할지라도 본체에 주재성이 있고 유행에는 없다고 본 것이다. 이 때문에 훗날 심묘성정心妙性情이 나오게 된다.[162] 또 심이

---

[159] 『理學綜要』권6, p87, "理乘在惡氣上, 則氣反掩理, 而奪其主宰之權, 氣之爲主… 然氣雖爲主於一時, 而終非主宰之眞體"

[160] 李霞相,『寒洲先生文集』권32「心卽理說」, p677, "心固是主宰底而 所謂主宰者 卽此理也" 훗날『理學綜要』(1878)에서 상제심(上帝心), 천심의 심을 주재하는 리라고 하였다. (『理學綜要』권6, p77, "觀於上帝心, 天心之語, 尤可見心爲主宰之理") 이진상은『서경』의 상제지심(上帝之心), 천심에 대한 주석에서 심을 주재의 리라고 하였다.

[161] 『寒洲全書2』『理學綜要』권6「心(理之主宰)第四上」, p86, "心之主宰, 固是理, 心之理, 固是性而性不可以主宰言, 蓋性者, 五行各一之理, 而主宰者, 太極本體之妙也, 太極流行而妙性命之理, 人心寂感而妙性情之理"

주재하는 까닭을 지각이 있기 때문이라고 보았다. 지知가 능히 성정의 덕을 잘 다루고 인仁으로써 사랑하고, 예禮로써 공경하고, 의義로써 마땅히 행하고, 지智로써 분별함에 따라 그것이 바로 주재라는 것이다.

하지만 리인 심이 주재하는 것이지 기인 심이 주재하는 것은 아니다. 이 때문에 리인 심이 기인 심을 주재한다는 이심사심以心使心을 설했다. 그는 정이의 이심사심을 인용하여 의리의 심이 인욕의 심을 주재하는 존재로서 리라고 하였다.[163] 또 성은 무위하기 때문에 주재로 말할 수 없다고 한다.[164] 하지만 주자는 성을 주재로 여겼는데 이에 대하여 이진상은 심의 주재가 만년정론이지만 성의 주재는 잘못된 기록이라고 부정하였다.[165]

이처럼 그가 공맹, 정주, 퇴계의 심설을 근거로 심즉리설을 정립했지만 그대로 답습했다고 할 수 없다. 특히 주자의 설 중에서 심즉리설과 배치되는 것을 오기誤記라고 한 것을 보면 잘 알 수 있다. 그렇다고 해서 그들의 범주를 완전히 벗어났다고 평가하기 어렵다. 다만 그들의 영향 속에서 독창적으로 심합이기 속에서 심즉리설을 정립했다고 할 수 있다. 그의 독창성은 뚜렷하게 정해진

---

[162] 李震相, 『寒洲全書2』『理學綜要』권7「心(理之主宰)第四中」, p101, "以主宰言, 則心之所以爲主宰者, 以其有知也, 知能妙性情之德"

[163] 이형성, 「한주 이진상의 성리학」, 성균관대학교 박사학위논문, 2001, p164-168
이진상의 이심사심은 정자의 설을 인용한 것이다. 정자의 이심사심은 훗날 주자가 『근사록』에서 인용하였다. 이 때문에 훗날 전우는 이진상의 이심사심을 『근사록』의 이심사심이라고 보았다.

[164] 『理學綜要』卷6「心(理之主宰第四上)」, p86, "性不可以主宰言… 而性本無爲"

[165] 『理學綜要』권7「心(理之主宰)第四中」, p102, "心是主宰底, 主宰者卽此理, 又是晩年定論, 而以主宰爲性, 決是誤錄也"

스승이 없었고 미진하면 혼자 끝까지 연구하여[166] 자득했기 때문에 가능했을 것이다.

3) 심합이기의 본체로서 심즉리

이진상은 심의 구조를 리와 기로 보았다. 즉 심합이기로 보았던 것이다. 그럼에도 불구하고 잡저의 제목을『심즉리설』이라고 정한 이유는 율곡학파의 심즉기설을 반박하기 위한 것이었다. 그는 심을 체용의 구조로 보았고 심즉리는 심의 본체, 주재를 가리킨다. 하지만 반드시 심의 리가 주재를 하는 것은 아니다. 리의 발현은 기를 타야만이 가능하다. 리가 선한 기를 탔을 때 리의 주재는 가능하지만 혹 악한 기를 탔을 때 리의 주재는 기에게 탈취 당하게 된다. 왜냐하면 기는 선이 적고 악이 많거나 선이 약하고 악이 강하기 때문에 순선한 리의 지위를 탈취할 수 있다. 이 때문에 기가 오히려 리를 주재할 수 있다는 것이다. 하지만 그것은 일시적인 현상이라고 한다. 왜냐하면 본래 심은 리이기 때문이다. 본심은 천지지심에 뿌리를 두고 있다고 한다. 천지지심은 만물을 낳고 주재하는 제를 가리킨다. 이러한 천지지심은 사람이 아직 생겨나기 이전부터 있었던 것이다. 사람이 생겨나면서 천지지심은 사람의 본심이 된다. 이 때문에 본심은 순선하고 주재하는 것이다. 이러한 본심은 심의 본체로서 리이다. 리는 기를 생하고 기로 인하여 질質이 생긴다. 따라서 인간의 심은 본체로서 리, 형체로서 기,

---

[166] 『寒洲先生文集』 권7「答沈穉文(庚申),別紙」, p177, "僕學無師承, 租有研究之癖"

심장은 질質로써 구성된다. 이러한 심합이기의 구조 속에서 이진상은 심즉리를 주장했던 것이다. 심은 하나이지만 리를 따랐을 때 도심이 되고 기를 따랐을 때 인심이 된다. 도심은 드러나기 어렵지만 인심은 쉽게 드러난다. 그것은 현실적으로 인심, 심즉기를 인정한 것이나 마찬가지이다. 그러므로 그는 이미 인심, 도심설에서 심합이기 속에서 심즉리설을 정립했던 것이다. 이 때문에 정밀하게 살펴 한결같이 도심인 본심을 지켜야 한다고 역설하였다. 따라서 그가 말하는 심즉리란 심의 리를 한결같이 지켜야 한다는 뜻을 담고 있다. 이 때문에 그의 심즉리는 마땅히 심은 리이어야 한다는 규범적이고, 당위적인 윤리라고 할 수 있다.

3. 이진상의 왕수인 비판에서 나타난 양자의 차이점

1) 이진상과 왕수인의 심즉리

한주 이진상은 「심즉리설」(1861)을 지어 율곡학파의 심즉기설을 비판하면서 심즉리를 주장하였다. 그런데 문제는 왕수인의 심즉리와 글자가 같다는 것이다. 이 때문에 그는 왕수인의 심즉리를 비판하면서 결국 그것도 율곡학파가 주장하는 심즉기와 같다고 한다. 그것을 통하여 자신의 심즉리와 왕수인의 심즉리가 분명히 다르다는 점을 강조한다. 또한 자신의 심즉리 보다 더 좋은 것이 없다고 하면서도 그것을 분명하게 밝히는 것 보다 더 어려운 것이 없다고 말한다.[167] 그 역시 왕수인의 심즉리설을 비판하면서 자신의 심즉리설과 다르다는 것을 증명하는 것이 쉽지 않다고 생각하고 있었던 것이다. 그는 심즉리설을 주장하면서 당시 퇴계학파의 최고 권위자였던 정재 유치명과 논쟁을 하기도 하였다. 그 후 이진상과 유치명의 제자들끼리 거의 백 년 동안 논쟁을 벌였는데 그것이 바로 평포논쟁坪浦論爭이다.[168]

---

[167] 李震相, 『寒洲集』 卷之三十二 「心卽理說」 a_318_141a, 민족문화추진회, 2004, 吾故曰論心莫善於心卽理. 而亦莫難明於心卽理.

[168] 이종우, 「坪浦논쟁의 쟁점으로서 有理無氣」, 『유교사상연구』 44, 한국유교학회, 2011

훗날 그의 사후 그 제자들이 문집을 도산서원에 보냈으나 다시 돌려보내졌는데 주희와 이황과 학설이 다르다는 것이 그 이유였다.[169] 결국 이단으로 지목되어 상산商山에서 그의 문집을 소각시키는 사건이 터졌다.[170] 그것이 바로 왕수인의 심즉리와 글자가 같기 때문이었던 것이다. 아무리 이진상이 왕수인과 다르다고 주장하고 그를 비판했다고 할지라도 글자가 같기 때문에 용서가 되지 않았던 것이다. 더욱이 이황이 왕수인의 『전습록』을 비판하는 「전습록변」을 지은 후로 이단으로 지목되었기 때문에 이진상도 그렇게 되었던 것이다.

따라서 이진상이 주장한 것과 같이 왕수인의 심즉리설과 다른지 검토할 필요가 있다. 그리고 이진상과 왕수인의 심즉리설이 어떠한 차이점이 있는지 분석할 것이다.[171]

(1) **심즉리설의 기초로서 이기관계:**
  리＝주체, 기＝보조 대 리＝조리條理, 기＝운용
이진상의 심즉리설은 그것은 이기관계의 표현인 발자리發者理와

년 6월 참조
[169] 李承熙, 『韓溪遺稿』6, 「宣錄條辨」, 국사편찬위원회, 1978, 丁酉正月, 成, 其三月, 敬奉一袞, 封上陶山之光明室藏書所, 其八月, 自陶山還送文集, 投牌子于本州鄕校掌務處曰, 二十五冊, 送來本院, 其中推拶陶山處, 不欲枚擧, 而至以朱退二先生之論, 歸之二本, 則此冊, 非但不合於本院之藏, 凡爲淵源後承者, 其忍正視乎, 此冊還之本家
[170] 『韓溪遺稿』6, 「告由文」, 458쪽, 商山禍變 後哭告先考文 壬寅五月, 朴海齡赴原州 韓參判耆東葬, 興李中華, 中鳳等, 僞造通文, 列錄時到儒帖, 斥寒洲集爲異端, 二十五日, 赴茶山 李都事種杞葬, 發此文, 八月中華 中鳳, 復僞作陶山通文, 飛傳一省, 抵于太學, 又與柳萬植, 僞作道南通文, 以攻士論之發明寒洲集者, 十月會山山, 盜取寒洲集一帙火之
[171] 지금까지 이에 대한 연구는 아직 나타나지 않고 있다. 따라서 본 책은 이진상이 왕수인을 비판한 글을 통해서 양자의 차이점을 연구할 것이다.

발지자기發之者氣에서 의미가 분명해진다. 기는 리를 따라 발휘하는 것을 돕기도 하고, 리를 끼고 달리기도 한다는 것이다.

> '발자리, 발지자기'의 경우, 대개 본래 정이 인仁의 발發, 예禮의 발, 의義의 발, 지智의 발이 아님이 없기 때문에 '발자리'라고 하지만, 기는 리가 바탕으로 삼아 발하는 것이어서 때로는 리에 순응하여 그 발휘됨을 돕기도 하고 때로는 리를 끼고 그 내달리는 것을 멋대로 하기도 하는 등, 조작하고 운용하는 허다한 계기가 모두 기에 있기 때문에 '발지자기'라고 하는 것임을 말한다.[172]

기가 리를 끼고 달린다는 것은 본래의 이기관계가 아니라 기가 리 보다 강했을 때 의미이다. 이에 입각하였을 때 심의 동정을 주재하는 것은 리이고 그것을 돕는 것이 기이므로 심즉리가 되는 것이다. 그것은 이이의 소이발자리所以發者理, 발지자기發之者氣[173]와 그 글자가 유사하다. 단지 소이所以가 더 첨가 되었을 뿐이다. 하지만 이이는 리무위理無爲, 기유위氣有爲이지만 이진상은 리도 능동적인 존재로서 주체라고 여긴 점이 다르다. 리를 능동적인 주체로 여긴 점은 이주기자理主氣資에서도 나타난다.[174] 리는 동정의 오묘

---

[172] 『寒洲集』卷之五「上崔海庵」a_317_130a, '發者理, 發之者氣.' 蓋本言情者, 莫非仁之發禮之發義之發智之發, 故曰'發者理'; 若氣則理之所資以發者也, 或順理而助其發揮, 或挾理而肆其馳驚, 造作運用許多機括, 都在於氣, 故曰'發之者氣'.
[173] 李珥, 『栗谷全書』卷之九「答成浩原」壬申 a_044_194b, 민족문화추진회, 1989, 發者氣也, 所以發者理也
[174] 『寒洲集』卷之七「與柳仲思」乙卯 a_317_160a, 湖上先生曰: 理也者, 所主以動靜之妙也 ; 氣也者, 所資以動靜之具也

183

한 주主이고 기는 동정의 갖추어진 것의 자資라고 하였다. 이주기 자에서 주는 주체, 자는 돕는다는 의미라고 할 수 있다. 즉 리는 동정의 주체, 기는 그것을 돕는다는 의미이다.[175] 왜냐하면 이주기 자는 본래의 이기관계를 의미하기 때문이다.

반면에 왕수인은 리란 기의 조리條理라고[176] 하였기 때문에 이에 대하여 이진상의 제자 윤주하尹冑夏가 비판한다. 그렇게 되면 리는 기의 지엽일 뿐이라는 것이다.

> 양명이 말하는 리란 기의 조리입니다. 기의 조리로써 리를 보면 이기는 일물이고 소위 리란 기의 지엽에 지나지 않을 뿐입니다. 이것이 무슨 말입니까? 그들이 말하는 심즉리란 근세에 말하는 심즉기와 같습니다.[177]

윤주하는 그의 스승 이진상과 같이 리는 주체이고 기는 보조라고 여기고 있었는데 왕수인은 오히려 그와 반대로 리는 기의 조리

---

[175] 이주기자에 대하여 다양하게 해석하기도 한다. 리를 주본(主本), 기를 자구(資具)라고 해석하는 견해가 있다. (금장태, 「퇴계와 한주의 심개념」-「성학십도」제6〈심통성정도〉에 관한 한주의 해석과 관련하여-『퇴계학보』54, 퇴계학연구원, 1987, 31쪽)
리를 주재, 기를 자료라고 해석하는 견해가 있다. (이형성, 「한주 이진상의 성리학 연구」, 성균관대학교대학원 박사학위논문, 2001년, 88쪽)
리를 주체, 기를 도구라고 해석하는 견해가 있다. (이향준, 「「인승마(人乘馬)」은유의 형성과 변형」, 『철학』 79, 한국철학회, 2004 여름, 44쪽)

[176] 『王陽明全集』(上) 卷二 語錄二 「傳習錄中·答陸原靜書」[153], 上海: 上海古籍出版社, 2006, 理者, 氣之條理

[177] 尹冑夏, 『膠宇先生文集』권5: 3a-b 「答李器汝」, 432-433쪽, 경인문화사, 1999, 陽明所謂理者乃氣之條理也, 以氣之條理便作理看, 則理氣爲一物, 而所謂理者, 不過 是氣之枝葉也. 此豈說話也? 彼所謂心卽理者, 卽與近世所謂心卽氣, 同一串套也

라고 하였고 그것을 지엽이라고 해석하여 비판했던 것이다. 근세의 심즉기란 율곡학파를 가리키는데 그는 왕수인의 심즉리를 율곡학파의 심즉기설과 같다고 여겼던 것이다. 왜냐하면 리가 기의 조리라면 양자가 일물이 된다고 해석하였기 때문이다. 율곡학파의 심즉기설은 이기일물理氣一物에 입각하여 나왔기 때문이라는 것이다. 이이에 대하여 리는 기의 조리라고 해석하였기 때문에 이기일물이라고 생각하였던 것이다. 그의 스승 이진상도 왕수인의 심즉리설에서 리란 기일 뿐이라고 해석하여 비판했었다. 양명학의 심즉리의 근원은 육구연陸九淵이고 그것은 참된 리가 아니라 기일 뿐이라는 것이다.

> 상산이 말하는 리는 기일 뿐이고, 그가 말한 것은 진리가 아니다. 양명학은 상산에 뿌리를 두고 있다.[178]

그에 입각한다면 결국 양명학의 심즉리도 심즉기가 된다. 따라서 양명학의 심즉리는 율곡학파의 심즉기와 같아지게 되는 것이다. 하지만 윤주하가 해석한 것과 달리 율곡 이이는 이기일물과 이물二物을 함께 말한다.[179] 이에 입각하여 나흠순羅欽順에 대해서

---

[178] 『寒洲集』卷之三十二 「心卽理說」 a_318_141a, 然則象山之所謂心者氣而已, 而所謂理者非眞理也, 陽明之學, 原於象山

[179] 『栗谷全書』卷之十 「答成浩原」壬申 a_044_199a, 夫理者, 氣之主宰也. 氣者, 理之所乘也. 非理則氣無所根柢, 非氣則理無所依著. 旣非二物, 又非一物, 非一物, 故一而二, 非二物, 故二而一也. 非一物者, 何謂也? 理氣雖相離不得, 而妙合之中, 理自理氣自氣, 不相挾雜, 故非一物也 ; 非二物者, 何謂也? 雖曰: 理自理氣自氣, 而渾淪無閒, 無先後無離合, 不見其爲二物, 故非二物也.

도 이기일물의 미미한 병폐가 있다고 비판했었다.[180]

왕수인은 『전습록』에서 리를 기의 조리, 기를 리의 운용이라고 말하였다. 윤주하가 해석한 것과 같이 리를 기의 지엽이라고 생각하지 않았다. 리와 기란 상호작용하는 관계이지 그가 해석한 것과 같이 줄기와 지엽의 관계는 아니다.

> 리는 기의 조리이고, 기란 리의 운용이다. 조리가 없으면 운용하지 못하고, 운용이 없으면 이른바 조리라는 것을 보지 못한다. 그래서 조리라고 말한다.[181]

윤주하가 해석하는 왕수인의 이기설은 리가 지엽이고 기가 줄기이다. 즉 기가 주체이고 리는 그 부속물이라고 해석하였던 것이다. 즉 주체와 보조의 관계로 해석하였다. 물론 그는 리가 주체이고 기는 보조라고 생각하였기 때문에 왕수인의 이기설을 비판하였던 것이다. 따라서 윤주하는 리와 기를 주체와 보조, 왕수인은 조리와 운용이라고 생각한 것이 다른 점이다. 물론 윤주하는 그의 스승 이진상의 이기설을 근거로 왕수인을 비판한 것이다. 이진상도 그와 같이 비판하였기 때문이다.

> 태극을 버리고 음양을 본체로 여겼다.[182]

---

[180] 『栗谷全書』 卷之十 「答成浩原」 壬申 a_044_199a, 至如羅整菴以高明超卓之見, 亦微有理氣一物之病

[181] 『王陽明全集』(上) 卷二 語錄二 「傳習錄中·答陸原靜書」 [153], 理者, 氣之條理 ; 氣者, 理之運用. 無條理則不能運用 ; 無運用則亦無以見, 其所謂條理者矣

태극이 본체인데 오히려 음양을 본체로 여겼다고 비판하고 있다. 현상의 사물이 음양으로 인하여 생성된 것은 당연하지만 그렇다고 해서 그것이 본체가 되는 것은 아니라고 비판한다.[183] 태극=리, 음양=기이므로 이진상도 왕수인의 이기설을 본체와 지엽이라고 해석하여 비판했던 것이다.

이로 미루어 보았을 때 이기관계에 대하여 왕수인은 조리와 운용이라고 생각한 반면에 이진상은 주체와 보조의 관계로 생각했던 것이 차이점이라고 할 수 있다.

2) 이진상의 왕수인 심즉리설 비판에서 나타난 양자의 차이점

(1) 이진상의 왕수인 심즉리설 비판

이진상은 심즉리설을 주장하면서 글자가 같은 왕수인의 심즉리를 비판한다. 그것은 글자가 같지만 그 내용은 다르다는 것을 의미한다.

> 소위 심즉리란 양명학자들이 아주 강하게 주장하는 설이지만 우리들은 도를 어지럽힌다고 배척하지 않음이 없는데 지금 모두 도리어 그렇지 않으니 왜 그러한가?[184]

---

182 『寒洲集』 卷之三十二 「心卽理說」 a_318_141a, 遺了太極而反以陰陽爲本體矣
183 『寒洲集』 卷之三十二 「心卽理說」 a_318_141a, 今以眞陰眞陽流行凝聚者當之
184 『寒洲集』 卷之三十二 「心卽理說」 a_318_141a, 若所謂心卽理, 乃陽明輩猖狂自恣者之說, 而爲吾學者莫不斥之爲亂道, 今乃一切反是何也.

그는 자신의 심즉리설과 왕수인의 심즉리설이 글자만 같을 뿐 그 의미가 다르다고 한다. 왕수인은 상산 육구연의 설에 근거하고 있으며, 육구연이 심즉리를 주장하지만 기를 리, 음양을 도, 정신을 심이라고 여겼기 때문에 참된 리가 아니라고 비판한다. 따라서 기질의 추악한 것도 리라고 여겼고 그에 입각한 행위도 리라고 여겼다는 것이다. 이 때문에 도심을 버리고 인심을 취한 불교와 육구연의 학문은 같다는 것이다.

상산은 음양을 도, 정신을 심이라고 생각하였기 때문에 주자가 상산의 학문을 비판하여 말하기를 "상산의 학문은 기질의 잡을 알지 못하고 많은 추악한 것을 모두 심의 오묘한 리라고 여겨 뜻에 따라 헛된 행위를 해도 지극한 리가 아님이 없다고 말하는 데 있다." 라고 하였다. 또 말하기를 "석씨는 도심을 버리고 위험한 인심을 취하여 (본성이) 작용하는 것으로 여긴다."라고 하였다." 따라서 상산이 이른바 심은 기이고, 그가 이른바 리는 참된 리가 아니다.[185]

그러한 육구연의 학설에 근거한 것이 바로 양명학이다. 마찬가

---

[185] 曹兢燮, 『巖棲集』 卷之十六 「讀寒洲李氏心卽理說」 a_350_237c, 민족문화추진회, 2005, 象山以陰陽爲道, 以精神爲心, 故朱子譏之曰: "象山之學, 只在不知有氣質之雜, 把許多麤惡底事, 都做心之妙理, 率意妄行, 便謂無非至理." 又曰: "釋氏棄了道心, 却就人心之危者而作用之." 然則象山之所謂心者, 氣而已, 而所謂理者, 非眞理也.
윗글은 조긍섭이 『寒洲集』을 인용한 글인데 그 글자가 일부 다르다. 밑줄 친 글자가 다르다.(『寒洲集』 卷之三十二 「心卽理說」 a_318_141a, 象山以陰陽爲道, 以精神爲心, 朱子譏之曰: 象山之學, 只在不知有氣裏之雜, 把許多麤惡底氣, 都做心之妙理, 率意妄行, 便謂無非至理, 又曰: 釋氏棄了道心, 卻取人心之危者而作用之, 然則象山之所謂心者氣而已, 而所謂理者, 非眞理也)

지로 양명학의 '심은 천리, 양지良知도 천리'라고 주장한 것에 대하여 비판한다. 태극이 본체임에도 불구하고 음양을 본체라고 여겼다는 것이다. 즉 리가 본체임에도 불구하고 기를 본체로 여겼다고 비판한다.

> 내 마음의 천리는 이미 태극의 온전한 본체이니 지금 진음진양眞陰眞陽이 유행하여 응취하는 것은 당연하다. (양명은) 태극을 버리고 도리어 음양을 본체로 여겼다.[186]

그러나 그것은 왕수인의 심즉리설과 글자가 같은 것이 문제였다. 이 때문에 이진상은 그들의 심즉리와 자신의 심즉리의 다른 점을 적극적으로 밝힌다. 왕수인은 심즉리의 심을 양지라고 하여 그것을 리라고 주장하였지만, 자신은 그것을 기라고 해석한 점이 다르다는 것이다.[187] 그는 주희가 육구연을 비판한 것을 인용하면서 자신의 심즉리는 오히려 주희에 입각한 것이라고 주장한다. 이러한 점 때문에 영남학파의 허훈許薰은 그의 심즉리설이 왕수인의 그것과 다르고 주리설로서 주기설을 배척한 공이 크다는 평가를 하였다.[188]

---

[186] 『寒洲集』 卷之三十二 「心卽理說」 a_318_141a, 夫吾心之天理, 卽太極之全體, 而今以眞陰眞陽流行凝聚者當之, 則遺了太極而反以陰陽爲本體矣.

[187] 『寒洲集』 卷之三十二 「心卽理說」 a_318_141a, 乃陽明輩猖狂自恣者之說, 爲吾學者莫不斥之爲亂道… 然則象山之所謂心者氣而已. 而所謂理者非眞理也, 陽明之學, 原於象山, 而其言曰心之良知, 卽所謂天理, 致吾心良知於事事物物則皆得其理矣, 又曰: 良知一也, 以其妙用而謂之神; 以其流行而謂之氣; 以其凝聚而謂之精, 安可以形象方所求哉?

[188] 許薰, 『舫山集』 卷之十一 「心說」 a_327_651c, 민족문화추진회, 2004, 近世又有心卽理之說, 其指意與陽明不同, 主理斥氣, 若可有功於斯學然

이진상은 육구연과 왕수인을 모두 비판하면서 후자가 전자에 근거하고 있다고 해석하였다. 육구연을 비판하는 이유는 심즉리이기 때문에 마음대로 행동해도 리가 아님이 없게 된다는 것이다.[189] 그것은 조선후기 양명학자로 알려진 정제두가 양명학을 우려한데서도 나타난다. 그는 임정종욕任情縱欲의 폐단이 있을 것이라고 지적하였다.[190] 마찬가지로 왕수인 당시 고동교顧東橋도 그러한 것을 지적하였다.[191]

(2) **심외무물心外無物·무리無理·무사無事:심이 인식한 상태 vs 독립된 존재**
이진상은 스스로 심즉리를 주장하면서 왕수인의 심외무사心外無事, 심외무리心外無理를 비판하는 것이 특징이다.

> 또 말하기를, "천심이란 리이고, 천하에 심 밖에 사사가 있으며, 심 밖에 리가 있겠는가?"[192]

심즉리라고 하면 이진상 역시 심외무사, 심외무리를 주장할 수 있지만 그렇지 않고 오히려 그것을 비판하고 있다. 그는 왕수인의

---

189 『寒洲集』卷之三十二「心卽理說」a_318_141a, 象山… 率意妄行, 便謂無非至理

190 鄭齊斗, 『霞谷集』권9「存言」下〈朱王學東儒〉, 민족문화추진회, 1995, 余觀陽明集, 其道有簡要而甚精者, 心深欣會而好之, 辛亥六月, 適往東湖宿焉, 夢中忽思得王氏致良知之學甚精, 抑其弊或有任情縱欲之患 此四字眞得王學之病

191 『王陽明全集』(上) 卷2 語錄二『傳習錄』中〈答顧東橋〉[136], 來書云: 人之心體, 本無不明, 而氣拘物蔽, 鮮有不昏, 非學問思辨, 以明天下之理, 則善惡之機, 眞妄之辨, 不能自覺, 任情恣意, 其害有不可勝言者矣

192 『寒洲集』卷之三十二「心卽理說」a_318_141a, 又曰天心者理也, 天下有心外之事有心外之理乎?

심즉리와 심외무사, 심외무리에 대하여 글자 그대로 해석함에 따라 심 밖에 존재를 부정하는 유심론으로 여겨 비판했던 것이다. 이러한 비판은 왕수인 당시에도 있었고[193] 현대에서도 그렇게 해석하기도 한다.[194] 뿐만 아니라 왕수인의 제자도 의문을 제기하였다.[195] 하지만 왕수인은 반드시 그들이 해석하는 유심론자는 아니다. 그가 말하는 물物은 심과 무관하고 독립된 물이 아니라 사친事親·사군事君·인민애물人民愛物·시청언동視聽言動, 치민治民·독서讀書·청송聽訟이라고[196] 하여 심이 대상을 인식 또는 그 이후의 행위를 의미한다. 물이란 사친·사군 등으로서 윤리적 행위, 언동·독서로서 일반적 행위, 시청으로서 감각적 인식을 의미한다. 물物은 인식

---

[193] 당시 진구천(陳九川)이 "물이 밖에 있는데 어찌 신(身)·심(心)·의(意)·지(知)가 한 가지 일수 있겠는가?"(『王陽明全集』(上) 卷2 語錄三, 『傳習錄下·門人溁丸川錄』, 201조, 九川疑曰: 物在外, 如何與身, 心, 意, 知是一件)라고 하여 마음 밖의 물의 존재를 부정한 것으로 해석하였다.
심 밖에 물의 존재를 부정했다는 견해가 있다.(안재호, 「객관(현상)세계에 대한 가치세계의 포섭-양명 심외무리·무물설 천석(淺析)-」, 『철학탐구』 25, 중앙대 중앙철학연구소, 2009) 이와 같은 견해는 여러 학자들에게서도 나타난다. "마음을 벗어난 외부세계의 독립적 존재를 부정하였다."(심선홍·왕봉현, 『왕양명철학연구』, 46쪽), "그는 근본에서부터 객관사물이 의식을 떠나 독립적으로 존재한다는 것을 부정하였다."(몽배원(蒙培元), 『理學的 演變』, 文津出版社, 民國79, 347쪽) 임게유(任繼愈)는 유아론(唯我論)이라고 해석하였다.(『中國哲學史』第三冊, 北京: 人民出版社, 1979, 302쪽) 반면에 위와 같은 해석 즉 沈善洪·王鳳賢, 蒙培元, 任繼愈를 비판하면서 심 밖에 물의 존재를 부정하지 않았다는 견해가 있다.(한정길, 「왕양명의 심본체론」, 『양명학』 4, 한국양명학회, 2000, 263-264쪽)

[194] 시마다 겐지는 주관유심론이라고 해석하였다.(시마다 겐지 저, 김석근·이근우 옮김, 『주자학과 양명학』, 까치, 1994)

[195] 『王陽明全集』(上) 卷3 語錄三 『傳習錄下』〈錢德洪序〉, 336조, 又問: 天地鬼神萬物, 千古見在, 何沒了我的靈明, 便俱無了? 曰: 今看死的人, 他這些精靈游散了, 他的天地鬼神萬物, 尙在何處?

[196] 『王陽明全集』(上) 卷2 語錄二, 『傳習錄中』「答顧東橋書」, 意用於治民, 卽治民爲一物, 意用於讀書, 卽讀書爲一物, 意用於聽訟, 卽聽訟爲一物

과 독립된 존재가 아니라 의意가 다다른 상태를 의미한다. 친親·군君·민民·서書·송訟 등을 물이라고 지칭할 수 있음에도 불구하고 사친·사군·인민애물·독서·청송 등을 물이라고 한 것은 바로 그 때문이다. 사친·사군·인민애물·시청언동·치민·독서·청송 등의 물은 사이기도 하다. 그러한 사는 심으로부터 나온 것이다.[197] 이처럼 그가 말하는 사는 인간의 인식과 행동을 의미한 것이었다. 의가 사친·사군·인민애물·시청언동을 할 때 그것이 물이다. 이 때문에 그는 의가 없으면 물이 없다고 하여 의의 작용이 바로 물이라고 하였다.[198]

> 무릇 의가 작용하는 곳에 물이라는 것이 없지 않다. 그 의가 있으면 그 물이 있고, 그 의가 없으면 그 물이 없다. 물은 의의 작용이 아니겠는가?[199]

따라서 이진상의 비판은 '심외무물, 심외무리'라는 글자에 국한해서 비판했던 것이다. 이진상은 심 밖에 물이 없는 것이 아니라 있다고 생각한다. 사물에도 리가 있고, 심에도 리가 있는 것이다. 따라서 심 밖에 리가 없다는 것은 납득이 되지 않는 것이었다. 그는 심 밖의 사물에 리가 있기 때문에 그러한 리를 관찰하여 인

---

[197] 『王陽明全集』(上) 卷2 語錄一, 『傳習錄上』「徐愛錄」, 愛問… 卽是事字, 皆從心上說, 先生曰: 然
[198] 졸고, 「왕수인의 심과 제(帝)의 주재」, 『양명학』 27, 한국양명학회, 2010년 12월. 참조
[199] 『王陽明全集』(上) 卷2 語錄二, 『傳習錄中』「答顧東橋書」, 凡意之所用, 無有無物者, 有是意卽有是物, 無是意卽無是物矣, 物非意之用乎?

식해야 한다고 생각한다. 그가 말하는 물이란 내 마음이 사물을 인식한 상태를 말하는 것이 아니다. 내 마음이 인식하든 그렇지 않든 사물 그 자체로 존재하는 것이다. 이것이 바로 왕수인과 다른 점이다. 단지 그러한 물에도 당연지칙當然之則이 있다는 것이다.

> 천지의 사이에 물로 가득 차 있다. 이미 물이 있고 그것이 물이 되는 까닭은 각각 당연지칙이 있기 때문이다.[200]

그가 말하는 당연지칙이 바로 리이다. 그러한 리는 사람뿐만 아니라 사물에도 있으며 그것은 서로 다른 것이 아니라 같다고 한다.

> 이것은 모두 당연지칙이 있으니 이른바 리이다. 밖에서부터 사람에 이름에 사람의 리와 다르지 않다. 멀리 물에 이름에 물의 리가 사람과 다르지 않다.[201]

이처럼 이진상에게서 물物이란 인간이 인식과 무관하게 독립된 존재이지만, 왕수인은 인간이 인식 또는 그 이후의 상태를 물이라고 한 것이 다른 점이다. 또한 이진상은 인간과 다른 사물에게 모두 당연지칙이 있다고 한다. 반면에 왕수인의 심즉리는 자신의 심에만 당연지칙이 있다고 생각했으며 그 점이 이진상과 다르다.

---

[200] 『寒洲全書』 2 『理學綜要』 권13: 12a 「學」 제72, 208쪽, 아세아문화사, 1980년, 盈於天地之間者, 物也. 旣有是物, 則其所以爲是物者, 莫不各有當然之則

[201] 『寒洲全書』 2 『理學綜要』 권13: 12a 「學」 제72, 208쪽, 是皆必有當然之則, 所謂理也. 外而至於人則人之理不異於已也 ; 遠而至於物則物之理不異於人也

(3) 심의 양지: 주자학에서 벗어난 양지 중심 vs 주자학적 리 중심

왕수인은 양지란 하나이지만 그 묘용은 신神, 유행은 기氣, 응취하면 정精이라고 한다. 이 부분에서 이진상이 문제 삼았던 것이 정이다. 왕수인은 진음眞陰의 정이 진양眞陽의 기氣의 모母이고, 진양의 기가 진음의 정의 부父라고 말한 것을 문제 삼는다. 그렇게 되면 양지는 음양 또는 기가 되기 때문이다. 양지를 천리라고 했는데 그것을 기라고 한다면 어폐가 있다고 이진상은 생각하고 있기 때문에 비판했던 것이다.

> 그가 말하기를, "나의 심의 양지가 바로 이른바 천리이니, 나의 심의 양지가 사사물물에 이르러 모두 그 리를 얻는다."[202]라고 하였다. 또한 말하기를, "양지는 하나이나 그 묘용으로 말하면 신神이고, 유행으로 말하면 기이고, 응취로 말하면 정이니, 어찌 방소方所를 형상화할 수 있겠는가? 진음眞陰의 정精이 바로 진양眞陽의 기의 모母이고, 진양眞陽의 기가 바로 진음의 정精의 부父이다. 음은 양에 뿌리를 두고, 양은 음에 뿌리를 두니 두 가지가 있는 것이 아니다."[203]라고 하였다.[204]

---

[202] 『王陽明全集』(上) 卷2 語錄二, 『傳習錄中』〈答顧東橋書〉, 45쪽, "吾心之良知, 卽所謂天理也. 致吾心良知之天理於事事物物, 則事事物物皆得其理矣."

[203] 『王陽明全集』(上) 卷2 語錄二, 『傳習錄中』〈答陸原靜書〉, 62쪽, "夫良知一也, 以其妙用而言謂之神, 以其流行而言謂之氣, 以其凝聚而言謂之精, 安可以形象方所求哉? 眞陰之精, 卽眞陽之氣之母; 眞陽之氣, 卽眞陰之精之父; 陰根陽, 陽根陰, 亦非有二也."참조.

[204] 『寒洲集』卷之三十二「心卽理說」a_318_141a, 而其言曰: 吾心之良知, 卽所謂天理, 致吾心良知於事事物物則皆得其理矣. 又曰: 良知一也, 以其妙用而謂之神；以其流行而謂之氣；以其凝聚而謂之精, 安可以形象方所求哉? 眞陰之精, 卽眞陽之氣之母；眞陽之氣, 卽眞陰之精之父. 陰根陽；陽根陰, 非有二也.

이진상은 왕수인의 논리로서 그의 주장을 해석하였을 때 양지를 천리라고 하면서 기의 유행이라고 한다면 타당하지 않다고 비판하였던 것이다. 따라서 양지를 음양 또는 기라고 한다면 결국 심즉리가 아니라 심즉기가 된다고 해석하였다. 심은 본래 태극의 온전한 본체로서 깨끗한 것임에도 불구하고 그것을 음양의 유행과 응취라고 한다면 난잡한 것이 된다는 것이다. 그는 음양의 작용을 기의 작용이라고 여겼고, 기를 선이 적고 악이 많다고 여겼기 때문에 그렇게 비판했던 것이다.[205] 이 때문에 왕수인의 심즉리는 율곡학파가 주장하는 심즉기가 된다고 비판했던 것이다.

> 그들이 말하는 리란 과연 어떠한 리인가? 바로 예전에 음양·정·기가 유행하고 응취凝聚한 물物일 따름이니, 이것이 어찌 심즉기를 말하는 것이 아니겠는가?[206]

이진상은 왕수인의 음양과 양지의 관계에 대하여 음양이 서로 호응하는 것이고 그 뿌리가 양지라고 해석하였다.[207] 음양을 호응하는 관계라고 한 것은 왕수인이 진음의 정이 진양의 기의 모이고 진양의 기가 진음의 정의 부라고 말한 것, 음은 양에 뿌리를 두고, 양은 음에 뿌리를 두었다고 말한 것을 그렇게 해석한 것이다. 양지를 기의 유행이라고 한 말에 대하여 음양의 뿌리가 바로 양지라

---

205 『寒洲全書』2『理學綜要』권6「心(理之主宰)第四上」, 氣則小善而多惡
206 『寒洲集』卷之三十二「心卽理說」a_318_141a, 所謂理者果何理也? 卽向所謂陰陽精氣流行凝聚之物而已, 此豈非心卽氣之謂乎?
207 『寒洲集』卷之三十三「中庸箚義後說」a_318_166a, 陽明以陰陽互根爲良知

고 해석하였다.

> 진음의 정精이 바로 진양의 기의 모이고, 진양의 기가 바로 진음의 정精의 부父이다. 음은 양에 뿌리를 두고, 양은 음에 뿌리를 두니 두 가지가 있는 것이 아니다.[208]

이진상은 양지에 대하여 리 또는 기라고 직접 언급하지는 않는다. 단지 양지는 성이라고 여기는 정도이다. 물론 그러한 성은 기질지성이 아니라 본연지성이다. 왜냐하면 애경愛敬을 양지가 아니라고 여겼기 때문이다. 애경은 인심 또는 기질지성의 발현이라고 생각하고 있었다. 그럼에도 불구하고 그것을 양지라고 한다면 결국 인심人心이 되는 것이라고 비판한다.[209] 이로 미루어 보았을 때 양지를 구태여 이기理氣에 연결시킨다면 본연지성이라고 생각했기 때문에 리라고 여기고 있는 것이다. 그는 양지란 인간에게 선천적으로 있는 것이라고 한다.[210] 그것은 본래 인간에게 있는 지知이고 바로 본심의 양지라고 하였다.[211] 또한 그러한 지는 일시적인 것이 아니라 끝이 없는 영원성을 갖는 것이라고 한다.[212] 따라서

---

208 『王陽明全集』(上) 卷2 語錄二, 『傳習錄中』〈答陸原靜書〉, 62쪽, 夫良知一也, 以其妙用而言謂之神, 以其流行而言謂之氣, 以其凝聚而言謂之精, 安可以形象方所求哉? 眞陰之精, 卽眞陽之氣之母; 眞陽之氣, 卽眞陰之精之父; 陰根陽, 陽根陰, 亦非有二也."
209 『寒洲集』卷之十七「答鄭厚允」a_317_387d,〈別紙〉, 按程子言良知, 以爲出乎天而不繫乎人, 今以愛敬獨爲天理, 而良知只屬人心者, 果何如也? 朱子之言本然之善, 以其出於性之所同, 則良知之爲性發明矣. 今於良知絶之於性, 猶恐其或混者, 果何如哉?
210 『寒洲集』卷之十三「答宋楚叟」丙寅 a_317_313d, 人之良知固有
211 『寒洲集』卷之二十七「答莘巷齋儒生宋子三 鎬文, 宋敬夫 乾明, 宋土範 箕用, 宋子敬 鎬彦」a_318_059d,〈大學補亡章知字〉, 莫不有知, 是其本心之良知

그 知란 심이 주재자가 되는 원인이라고 한다. 또한 그러한 지는 성정을 운용하기도 한다는 것이다.

> 심이 주재자가 되는 까닭은 지가 있기 때문이고, 지는 능히 성정의 덕을 운용한다.[213]

반면에 왕수인이 말하는 양지는 천리이면서 기의 유행이라고 한 것이 이진상과 다른 점이다. 그는 양지가 바로 천리이고 그로 인하여 사물을 인식하는데 그 때에 비로소 사물이 리를 얻는다는 것이다. 따라서 인간이 사물을 인식하지 않으면 사물은 리를 얻지 못하는 것이 된다. 리란 인간의 양지를 말하는 것이지 그것과 독립된 채로 존재하는 사물에 없다는 것이다.

> 내 마음의 양지는 이른바 천리이다. 내 마음의 양지의 천리가 사물에 이르면 사물이 모두 그 리를 얻게 된다.[214]

그는 양지가 신, 기, 정의 근원적인 것이라고 한다. 즉 정 기 신의 근원에 양지가 있다는 것이다.

---

212 『寒洲集』 卷之二十七 「答莘巷齋儒生宋子三 鎬文, 宋敬夫 乾明, 宋士範 箕用, 宋子敬 鎬彦」 a_318_059d, 〈大學補亡章知字〉, 莫不有知, 是其本心之良知, 而知有不盡
213 『寒洲全書』 2 『理學綜要』 권7 「心(理之主宰) 第四中」, 101쪽, "心之所以爲主宰者, 以其有知也, 知能妙性情之德
214 『王陽明全集』(上) 卷2 語錄二 『傳習錄中·答顧東橋書』, 吾心之良知, 卽所謂天理也. 致吾心良知之天理於事事物物, 則事事物物皆得其理矣.

대저 양지는 하나이다. 그 묘용으로써 말하면 신, 그 유행으로써 말하면 기, 그 응취로써 말하면 정이다.[215]

반면에 이진상은 리는 동정의 주체이고 기는 그것을 돕는 것이다. 이진상에게서 유행이란 동정을 의미하고 그것은 태극의 유행이며[216] 리의 유행이다. 왕수인은 기가 유행한다고 하지만 이진상은 태극이 유행한다는 것이 양자의 차이점이다. 물론 왕수인은 양지가 천리이면서 기의 유행이라고 했기 때문에 기의 유행도 그 근거가 양지이다. 따라서 그 중심은 양지이다. 하지만 이진상은 양지가 아니라 주자학의 체계인 이기설에서 리이다. 왕수인과 달리 그는 인간의 인식에 관계없이 사물에도 리가 존재한다고 생각하고 있다.

3) 이진상의 심즉리: 리, 왕수인의 심즉리: 양지

이진상은 왕수인의 심즉리를 비판하면서도 오히려 심즉리를 주장한다. 그가 말하는 심즉리의 중심은 리이다. 하지만 왕수인은 양지이고 그것이 양자의 차이점이다. 왕수인의 양지는 천리이면서 유행하는 기이다. 그는 양지가 사물을 인식하였을 때 그 사물이 비로소 리를 얻게 된다고 말한다. 리란 인간의 양지에게만 있는

---

215 『王陽明全集』(上) 卷2 語錄二 「傳習錄中·答陸原靜書」, 夫良知一也, 以其妙用而言謂之神, 以其流行而言謂之氣, 以其凝聚而言謂之精
216 『寒洲集』卷之五 「上崔海庵」 a_317_130a, 動靜者, 太極之流行

것이지 사물에 있는 것이 아니라고 생각하고 있다. 반면에 이진상은 인간이 사물을 인식하든 그렇지 않든 그 속에 리는 있다고 여긴다. 물론 이진상도 양지를 본심이고, 선천적이고 일시적인 것이 아닌 영원성을 갖는 지이고 본연의 성으로서 리라고 생각한다. 이진상은 리는 주체이고 기는 보조라고 생각하고 있는데 왕수인은 양지를 천리 즉 리이면서 기의 유행이라고 말한 것이 다른 점이다. 이진상은 리와 기를 주체와 보조의 관계로 생각하지만, 왕수인은 그렇지 않고 조리와 운용의 관계라고 생각하고 있는 것이다. 그것은 이진상이 이주기자理主氣資라 하고, 왕수인은 리는 기의 조리이고 기는 리의 운용이라고 말한 점에서 그 차이를 나타내고 있다.

이진상은 이기설에 입각하여 심 또는 양지를 말하지만 왕수인은 양지에 입각하여 이기를 말하고 있는 것이 다른 점이다. 즉 이진상의 심즉리는 이주기자에 입각한 것이다. 하지만 왕수인은 이기설에 입각하여 심즉리를 말하는 것이 아니라 오히려 양지가 그 중심이었다. 반면에 이진상은 양지도 이기설에 입각하여 해석하고 있다는 점이 다르다.

또한 심외무물의 물에 대해서도 왕수인은 심이 밖의 사물을 인식한 상태를 의미하는 것이었다. 반면에 이진상은 인간이 사물을 인식하든 그렇지 않든 존재하는 것을 의미하는 것이었다. 왕수인은 심을 떠나서 물을 말하는 것이 아니라 그것조차도 심이 인식한 상태 또는 그 이후를 의미한다. 반면에 이진상은 심을 떠나서 물은 독립적으로 존재하는 것이다. 이처럼 양자의 물이라는 의미는 다른 것이었다.

이로 미루어 보았을 때 왕수인의 심즉리설은 그 중심이 양지이지만, 이진상의 그것은 그 중심이 리라는 것을 알 수 있다. 왕수인은 주자학의 체계를 벗어나 양지를 바탕으로 정립한 심학心學이지만 이진상은 주자학의 체계인 이기설에 입각한 이학理學이라는 점이 다르다.

4. 평포논쟁의 쟁점으로서 유리무기有理無氣

1) 영남학파의 평포논쟁

만유의 생성소멸은 기의 작용이고, 그것을 가능하게 하는 것은 리라고 하는데 과연 리만 있고 기가 없는 유리무기有理無氣의 상태가 가능한가? 그것은 평포坪浦논쟁[217] 즉 평학坪學의 만구晩求 이종기李種杞(1837-1902)와 포학의 한주寒洲 이진상李震相(1818-1886)의 논쟁에서 쟁점문제였다. 이진상은 태극동이생양太極動而生陽, 이생기理生氣, 이선기후理先氣後에서 태극이 양을 생하기 전, 리가 기를 생

---

[217] 평포논쟁(坪浦論爭)은 19세기부터 영남의 퇴계학파에서 벌어진 논쟁으로서 18세기부터 벌어진 기호학파의 호락논쟁에 비견될 만한 논쟁이었다.
평포논쟁은 퇴계학파의 적통인 유치명(柳致明) 학단의 김흥락(金興洛), 이종기(李鍾杞)와 이진상 학단 간에 벌어진 논쟁이다. 그들은 유치명의 문하에서 배웠지만 이진상의 심즉리설과 김흥락, 이종기의 심합이기설에 대하여 유치명은 심합이기설을 지지하였다. 유치명, 김흥락, 이종기 등은 대평리(大坪里)에서 살았기 때문에 평학(坪學), 이진상과 그의 제자 허유(許愈), 윤주하(尹冑夏), 곽종석(郭鍾錫), 장석영(張錫英) 등은 대포리(大浦里)에서 살았기 때문에 포학(浦學)이라고 칭하였다. 평포논쟁은 기호학파 권상하(權尙夏)의 문하에서 호론(湖論)의 한원진(韓元震)과 낙론(洛論)의 이간(李柬)이 벌인 호락논쟁(湖洛論爭)과 그 배경이 비슷하다. 평포논쟁의 발단은 유치명이 이황(李滉) - 김성일(金誠一)의 학통을 계승한 학자로서 이진상의 심즉리설보다 김흥락과 이종기의 심합이기설을 더 지지함으로 인하여 논쟁이 시작되었다. 곽종석의 문인 하겸진(河謙鎭)은 이진상이 스승인 유치명의 설과 다르게 정립했다고 보지 않았다. (하겸진(1970),『동유학안東儒學案』중편「평포학안」, 일봉정사: 성균관대학교 존경각 소장본, "西山寒洲晩求, 皆定齋之門人, 而寒洲始剙心卽理說, 四端七情, 發者理發之者氣之說, 於是, 嶺中學者譁然攻之, 不遺餘力, 定齋居大坪, 西山晩求主之, 是名坪學, 寒洲居大浦, 后山膠宇俛宇晦堂主之, 是名浦學, 其事與韓南塘李巍巖同出於權遂庵, 而爲湖洛二黨之分者同焉, 湖說爲遂庵所與, 而西山晩求又定齋所與也, 然而寒洲亦豈故爲立異於師說哉?")

하기 전, 이선理先을 유리무기라고 해석하고 있다. 이에 대하여 이종기는 유리무기의 상태는 있을 수 없다고 비판한다. 그것은 주돈이의 태극도설에 대하여 주희, 그 후 이황에 의하여 해석되었다. 그것을 토대로 이진상과 이종기가 논쟁을 벌인다. 그 밖에도 이황의 심합이기에 대하여 포학의 이진상이 심즉리로 해석함에 따라 평학에서 비판하면서 논쟁이 전개된다.

본 책에서는 평포논쟁의 쟁점으로서 유리무기에 대하여 이진상과 이종기의 논쟁을 연구할 것이다. 왜 이진상은 유리무기를 주장하였으며 이종기는 그것을 비판하였는가에 대하여 연구하고, 그것을 통하여 양자의 차이점을 밝힐 것이다.[218]

2) 이생기理生氣에서의 유리무기有理無氣

한주 이진상이 유리무기 즉 리는 있으나 기는 없는 상태를 주장하자 만구 이종기는 그에 대하여 반박한다. 이진상은 유리무기의 근거에 대하여 리가 기를 생하는데 생하기 이전에 리만 있고 기는 없다고 한다.

---

[218] 지금까지 평포논쟁에 대한 연구는 없다. 다만 이진상에 대한 연구는 어느 정도 이루어졌다. 하지만 그에 대한 연구도 주로 그가 주장하였던 심즉리설과 관련된 것이 많다. 또한 이기설에 대한 연구는 다음과 같다.
최정묵(2008), 「리 극존주의, 한주 이진상의 성리학과 율곡학 비판」, 『율곡사상연구』 16, 율곡학회 ; 이형성(2008), 「한주 이진상의 성리사상에서 동정론 일고」, 『온지논총』 19, 온지학회 ; 이형성(2002), 「한주 이진상의 성리설 고찰- 이주기자론에 의한 리의 주재성을 중심으로-」, 『동양철학연구』 28, 동양철학연구회 ; 이형성(2002), 「한주 이진상의 리철학 전개와 위상」, 『한국사상과 문화』 17, 한국사상문화학회

태극이 아직 동하지 않으면 음양은 아직 생기지 않으니 무기無氣라고 말해도 옳습니다.[219]

그것은 주돈이「태극도설」의 '태극동이생양太極動而生陽'에 입각하여 나온 설이다. 음양이 기이기 때문에 그것이 아직 생기지 않았으므로 무기無氣라고 하는데 태극이 음양을 처음부터 내포하지 않았다는 의미이다. 하지만 태극은 음양을 내포하였고 그것이 분화되어서 음양이 나타났다고 해석할 수 있다. 이진상은 그렇지 않고 내포하지 않았다고 생각하고 있기 때문에 무기라고 말하고 있는 것이다. 즉 태극이 음양을 내포하지 않은 상태로써 유리무기를 주장하고 있다. 태극이 음양을 내포하지 않은 상태에서 음양을 생할 수 있다고 생각하고 있는 것이다. 그것은 무형인 태극이 유형인 기를 내포하지 않고 기를 생하였다는 의미이다. 그것은 태극을 능동적인 존재로 생각하였다는 것이다.

이러한 이진상의 유리무기에 대하여 이종기는 기의 소식消息이 있는 것이지 그것을 존망存亡이 있는 것으로 해석할 수 없다고 비판한다. 즉 기의 소식과 유무는 다르다는 것이다. 또 기의 생멸을 유무라고 해석할 수 없다는 것이다.

대저 천지의 기는 해亥에서 박剝, 자子에서 복復하니 소식消息이 있다고 말하는 것은 옳습니다. 그러나 박복剝復의 기는 상上에서 변하

---

219 李震相(2004),『寒洲集』권16「答李器汝」a_317_371c, 한국문집총간317, 한국고전번역원, 太極未動, 陰陽未生, 則雖謂之無氣可也.

여 하下에서 생기니 그것을 존망이 있다고 생각하는 것은 옳지 않습니다.[220]

기는 12지지의 해亥에서 거의 끝나고, 자에서 다시 시작한다. 해亥를 박괘剝卦, 자子를 복괘復卦라고 하여 전자는 상효上爻가 양이고 나머지는 음이며, 후자는 초효初爻가 양이고 나머지는 음이다. 해를 박, 자를 복이라고 하여 그것을 소식이 있다고 한 것은 양이 아주 미약함을 그렇게 표현한 것이다. 박괘는 상효만 양, 복괘는 초효만 양이고 나머지 효는 모두 음으로서 음에 비하여 양이 아주 미약하다. 그것을 기의 소식消息이 있다고 말하였다. 그것은 주희가 "박괘는 상효에서 양이 다하고, 복괘의 초효에서 양이 생겨난다."는 말을 근거로 한 것이다.[221] 이종기는 해시亥時에서 유리무기有理無氣라 하고, 자시子時에서는 기가 생긴다고 하는 것은 맞지 않다고 비판하였다.[222] 그는 양이 거의 끝나고 다시 시작하는 상태로서 소식이 있는 것이지 그것을 무기無氣라고 말할 수 없다는 것이다. 이진상이 해시를 유리무기, 자시를 생기生氣라고 해석했기 때문에 이종기가 그와 같이 비판했던 것으로 생각된다.

또한 이진상의 이생기理生氣에서 리가 기를 능동적으로 생한다면 리와 기가 모두 능동적이므로 양자의 역할이 모호해지기 때문

---

[220] 李種杞(2004), 『晩求集』 卷三 「與李寒洲」 〈別紙〉 a_331_069c, 한국문집총간331, 한국고전번역원, 夫天地之氣, 剝於亥而復於子, 謂之有消息則可矣, 而其剝復之氣, 變於上則生於下, 以爲有存亡則不可

[221] 『朱子語類』 권62 「中庸1」, 北京: 中華書局, 剝盡於上, 則復生於下, 其間不容息也

[222] 『晩求集』 卷三 「與李寒洲」 〈別紙〉 a_331_069c, 非謂亥時有理而無氣. 直到子時, 方生是氣. 未知何如.

에 이종기는 리가 기의 작용을 면하지 못하였다고²²³ 비판한다. 이 생기에서 생을 능동적인 의미로 해석하여 작용이라고 생각했던 것이다. 작용은 기가 하는데도 불구하고 리를 작용한다고 하면 리를 기라고 해석하고 있다고 반박하였던 것이다.²²⁴ 그러한 반박은 이종기가 그만큼 리와 기를 분별하고 있기 때문이다. 그러나 이진상은 동정動靜과 작용은 다르다고 하여 이종기의 비판에 반박한다. 이종기는 기를 작용으로 해석하고 있기 때문이다. 따라서 리의 동정은 작용이므로 기의 작용과 구별이 어렵다고 생각하여 이진상을 비판하였다. 이진상은 리와 기의 관계를 군신君臣관계로 해석하고 있다.

> 리의 무위는 무작위를 말하고, 동정은 자연의 묘妙이고 그것은 무위의 위爲입니다. 군도君道는 무위이나 예악정벌은 천자로부터 나와 신하는 봉행奉行할 뿐이니 어찌 임금의 일이 아님이 없겠습니까?²²⁵

리의 동정은 무위의 위이고 그것은 임금의 도와 같다는 것이다. 임금이 명령을 하면 신하는 그것을 봉행奉行하는 것이며 그것은 임금의 일이라는 것이다. 리는 임금의 도이고 기는 신하의 봉

---

223 『晩求集』 卷三 「與李寒洲」 a_331_069c, 理則說得有力. 而不免爲作用之歸
224 『晩求集』 卷三 「與李寒洲」 a_331_069c, 曰太極自動自靜而不干於氣. 於其動而生陽之氣. 旣本無而忽有矣. 則曰理不自動. 陽何從生. 於理則說得有力. 而不免爲作用之歸.
225 『寒洲集』 권16 「答李器汝」 a_317_370c, 理之無爲. 言其無作爲也. 動靜自然之妙. 乃其無爲之爲也. 君道無爲而禮樂征伐自天子出. 臣下奉行而已. 何莫非君事乎.

행과 같다는 의미이다. 임금은 신하의 봉행이 없으면 일을 할 수 없다. 이로 미루어 보았을 때 리는 기의 작용이 없다면 동정할 수 없는 것이다. 이 때문에 이진상은 이주기자理主氣資를 주장하는데[226] 그것은 결국 동정도 리가 주재한다는 것이다. 이주기자란 리는 동정을 주재하고 기는 그것을 돕는다는 의미이다. 따라서 리는 직접 동정하는 것은 아니다. 동정을 할 수 있도록 기에게 명령하는 것과 같은 의미이다. 리의 동정은 기의 도움 없이는 이루어질 수 없다. 그럼에도 불구하고 유리무기를 말한 것은 이주기자와 모순인데 그가 최초의 동정을 말할 때 이생기의 상태에서 유리무기를 주장한 것을 보면 정합적이기도 하다.

반면에 이종기는 임금과 신하의 일을 구별하여 전자는 리, 후자는 기라고 생각하였다. 이진상과 같이 신하의 일도 결국 임금의 일이라고 생각한 것은 아니었던 것이다.

이진상은 리의 동정은 스스로 하는 것이지 기가 관여할 수 없다는 것이다. 왜냐하면 리의 동정으로 인하여 기가 있게 되기 때문이다. 따라서 리가 욕동欲動, 미동未動할 때에 리만 있고 기가 없다는 것이다.[227] 아직 리가 동하지 않았기 때문이고, 동한다면 양이 생기게 된다. 반면에 이종기는 주희의 말을 근거로 하여 유리무기의 상태는 있을 수 없다고 비판한다. 리는 기에 걸려 있는 것인데 기가 없다면 리를 걸려야 할 곳이 없게 된다는 것이다. 이 때

---

[226] 『寒洲集』 권7 「與柳仲思」 乙卯 a_317_160a, 湖上先生曰: 理也者, 所主以動靜之妙也; 氣也者, 所資以動靜之具也

[227] 『寒洲集』 권16 「答李器汝」 a_317_371c, 太極未動. 陰陽未生. 則雖謂之無氣可也.

문에 미동의 상태에서도 리뿐만 아니라 기가 있다는 것이다. 그 상태에서 기가 없다면 리도 있을 수 없다고 생각하였다.

> 주자가 말하기를 "만약 기가 없다면 리도 걸어야 할 곳이 없다."고 하였습니다. 이것은 처음부터 끝까지 동정을 관통하는 말이므로 비록 아직 동하지 않았을 때라도(미동未動) 리는 갖추어져 있고 기도 그곳에 있습니다.[228]

이진상은 미동의 상태에서 리만 있고 기가 없다고 하였지만, 이종기는 기가 없다면 리도 없기 때문에 그 상태에서 리가 있다면 기도 있다고 주장하고 있는 것이 바로 양자의 차이점이다.

이진상은 리에 생멸이 없고 기에 생멸이 있다고 한다.[229] 또한 작용과 동정은 다르다는 것이다.[230] 리에 생멸이 없고 기에 그것이 있다는 것은 이황이 서경덕을 비판한 것을 인용하여 그 근거를 댄다. 기에 생멸이 없다는 것은 불교와 같다는 것이다.[231] 그러나 리

---

[228] 『晚求集』卷三「與李寒洲」a_331_069c, 朱子曰: "若無是氣, 是理亦無掛搭處", 此貫始終通動靜而言者也. 故雖其未動之時, 而理之所具, 氣便在焉

[229] 『寒洲集』권16「答李器汝」a_317_371c, 理無生滅而氣有生滅.

[230] 『寒洲集』권16「答李器汝」a_317_371c, 作用字與動靜字煞異.

[231] 『寒洲集』권16「答李器汝」a_317_371c, 退陶夫子嘗斥花潭之學曰, 今欲以氣爲常存不滅之物, 不知不覺已陷於釋氏之見.
이 글은 이진상이 『退溪集』에서 인용한 것이다.(『退溪集』권14「答南時甫」a_029_366b, 한국문집총간 29, 한국고전번역원, 因思花潭公所見, 於氣數一邊路熟. 其爲說未免認理爲氣. 亦或有指氣爲理者. 故今諸公亦或狃於其說. 必欲以氣爲亘古今常存不滅之物, 不知不覺之頃, 已陷於釋氏之見) 이황은 『花潭集』에 나타나는 기를 보고 그렇게 평가한 것이다.(서경덕,『花潭集』권2「太虛說」, a_024_306d, 한국문집총간 24, 한국고전번역원, 太虛, 虛而不虛, 虛則氣, 虛無窮無外, 氣亦無窮無外, 旣曰虛, 安得謂之氣, 曰, 虛靜卽氣之體, 聚散, 其用也. 知虛之不爲虛則不得謂之無. 老氏曰, 有生於無, 不知虛卽氣也. 又曰, 虛能生氣,

가 동하여 기를 생하는데도 불구하고 생멸이 없다는 이진상의 주장은 스스로 모순을 안고 있다. 리에 생멸이 없다면 이생기는 성립할 수 없다. 즉 리에 생멸이 없다면 리는 기를 생할 수 없다. 물론 리가 동하여 양을 생한다고 하였기 때문에 리의 동으로 인한 생과 생멸의 생이 그 의미가 다르다면 리에 생멸이 없다는 것과 이생기는 그 논리가 성립할 수 있다. 그가 말하는 이생기에서 리는 생물이다. 만약 그러하지 못하다면 생물이 아니라 사물死物이라고 생각했던 것이다. 이 때문에 이황이 서경덕에 대하여 리를 사물로 여겼다고 비판한 것을 인용하였다. 따라서 그는 리를 생물로 여겼고 그것이 기를 생하는 물이라고 해석하였다고 할 수 있다. 리가 기를 생하는 것은 동했을 때 하는 것이다. 따라서 리가 미동한 상태에서는 아직 기가 생기지 않았기 때문에 유리무기의 상태라고 주장하였다. 이 때의 동은 최초의 동이고, 그러한 리의 동은 스스로 하는 것이다. 타자에 의하여 리가 동하는 것이 아니라 스스로 동한다는 것이다. 그러한 리는 무형이다. 무형인데 과연 스스로 동할 수 있는지가 문제이다. 이에 대하여 이진상은 무형일지라도 발동한다고[232] 한 것을 보면 그 역시 무형의 동에 대하여 문제의식을 갖고 있었다. 이 때문에 율곡학파 남당 한원진의 애공별의愛恭宜別의 사단칠정을 기발일로氣發一路설이라고 해석하여 그것이 주희와 이황의 설과 다르다고 비판한다.[233] 율곡학파에서

非也. 若曰. 虛生氣則方其未生. 是無有氣而虛爲死也. 旣無有氣. 又何自而生氣. 無始也. 無生也. 旣無始. 何所終. 旣無生. 何所滅. 老氏言虛無. 佛氏言寂滅. 是不識理氣之源. 又烏得知道)
232 『寒洲集』卷五「上崔海庵」a_317_130a, 理雖無形而不害其有所發動.
233 『寒洲集』卷五「上崔海庵」a_317_130a, 南塘之以愛恭宜別爲氣者. 乃所以專管歸氣發一

이황의 무형의 리가 동한다는 설을 비판했기 때문에 이진상이 그러한 점을 의식했던 것이다.

3) 이선기후理先氣後에서 유리무기有理無氣

이진상은 이선기후에서 기의 존망 즉 유무를 말한다. 그가 말하는 이선기후는 기의 굴신屈伸이다. 리가 기보다 우선이기 때문에 이선기후는 리만 있고 기가 없는 상태라고 생각하고 있는 것이다.

> 대개 기는 리에서 생겨 굴신이 있다. 굴屈은 기가 있지 않고, 이미 굴한 상태에서 리는 기를 생한다. 이미 기를 생하면 기는 신伸한다. 굴신할 때에 리가 상재常在하는 오묘함을 볼 수 있다. 그 기틀의 사이는 머리카락도 용납하지 않는다. 선천과 후천의 구분은 여기에 있다. 이른바 이선기후도 이것을 말할 뿐이다. 기의 존망이 없다면 어찌 천지의 합벽闔闢이 있겠는가? 어찌 인간과 다른 생물의 생사가 있겠는가?[234]

리는 기를 생하고 기는 굴신이 있다고 한다. 기가 굴한 상태에서는 존재하지 않는다고 말한다. 이로 미루어 보았을 때 기가 신伸

路. 打破了朱李兩夫子理發之論. 恐不必爲之分疏.

[234] 『寒洲集』 권16 「答李器汝」〈別紙〉 a_317_371c, 〈氣無端始〉, 氣有不存. 理卻常在. 亦朱書中語. 蓋氣生於理而有屈有伸. 纔屈則氣有不存. 旣屈則理便會生. 旣生則氣便得伸. 屈伸之際. 可見理卻常在之妙. 其機則間不容髮. 而先天後天之分在此. 所謂理先氣後. 亦卽此而言之耳. 氣無存亡則天地何以有闔闢? 人物何以有死生?

한 상태는 유라고 할 수 있다. 전자는 선천, 후자는 후천을 의미한다는 것이다. 선천은 기의 망亡, 후천은 기의 존存 즉 전자는 무, 후자는 유를 의미한다. 그것이 바로 이선기후라는 것이다. 그가 말하는 이선기후란 리는 선천에서부터 있었고, 기는 후천에서 있게 되었다는 의미이다. 선천은 리만 있고, 후천은 리와 기가 있는 상태라는 것이다. 리가 기를 생하기 때문에 이선기후라는 의미이다. 또한 리가 기를 생하였을 때부터 후천이라고 한다. 그 이전은 선천이라는 것이다. 그는 리를 본래 무형이라고[235] 여겼기 때문에 선천은 무형의 세계이다. 그는 무형의 세계를 생각했던 것이다. 만약 무형의 세계가 존재할 수 없다면 이선기후는 존재하지 않는다. 따라서 이선기후에서의 유리무기는 바로 무형의 세계를 의미하고 있는 것이다. 더욱이 그는 리가 무형이고 무위, 기를 유형이고 유위라고 하였다.[236] 리는 무형일 뿐만 아니라 무위라면 리가 기를 생한다는 것이 어려워진다. 물론 그가 말하는 무위란 율곡 이이가 말하는 무위와 그 의미가 다르다. 이이가 말하는 무위는 무동정을 의미한다.[237] 하지만 이진상이 말하는 무위란 무작위를 의미한다. 소발所發 즉 수동적인 발동을 의미하는 것이 아니라고 한다. 기의 유위는 스스로 능동적인 발동을 하는 것이 아니라 작위라고 한다.

---

[235] 『寒洲集』卷七「與柳東林」(己未) a_317_168c, 理本無形
[236] 『寒洲集』卷二十九「理學綜要序」a_318_083a, 理無形而氣有形. 理無爲而氣有爲
[237] 李珥(1989), 『栗谷全書』 권10 「答成浩原」, 한국문집총간44, 한국고전번역원, "氣發而理乘之, 何謂也? 陰靜陽動, 機自爾也, 非有使之者也, 陽之動則理乘於動, 非理動也 ; 陰之靜則理乘於靜, 非理靜也. 故朱子曰: 太極者, 本然之妙也 ; 動靜者, 所乘之機也. 陰靜陽動, 其機自爾, 而其所以陰靜陽動者, 理也"

이무위, 기유위에서 유위란 수동적인 발동이 없는 것을 말하는 것이 아니라 무작위를 말하고, 유위란 스스로 능히 발동하는 것을 말하는 것이 아니라 작위가 있음을 말하는 것이다.[238]

이로 미루어 보았을 때 리는 능동적인 발동을 하고 그에 따라 기가 발동한다는 것의 의미한다. 물론 리가 직접 발동하지 않는다. 직접 발동하는 것은 기가 하는 것이다. 임금과 신하의 관계와 같은 것이다.

생각건대 리가 무위하고 기가 유위한 것은 마치 임금이 팔을 드리우면 신하는 찬양하는 것과 같다. 임금의 도는 무위이나 복과 위엄을 만들 수 있으니 그것은 무위의 위가 유위가 되는 것이다. 신하의 도는 유위이나 복과 위엄을 만들 수 없으니 그것은 유위의 위가 무위가 되는 것이다. …… 리가 과연 무위라면 능히 만화萬化의 추뉴樞紐가 될 수 없고 기만이 유위라면 반드시 리의 주재를 기다리지 않을 것이다. 이것은 리의 무위라는 것이 그 충막무짐冲漠無朕의 묘를 가리킬 뿐이다.[239]

리를 임금, 기를 신하로 비유하고 있는데 전자를 무위의 위로

---

[238] 『寒洲集』 권7 「答沈穉文」 庚申 a_317_174d, 〈別紙〉, 以爲理無爲而氣有爲, 無爲者非謂無所發也, 言其無作爲也 ; 有爲者非謂自能發也, 言其有作爲也

[239] 李震相(1980), 『寒洲全書』5 「辨志錄」 권2 「四七辨」, 〈理無爲而氣有爲〉, 425쪽, 아세아문화사, 理無爲而氣有爲, 如君垂拱而臣贊讓, 君道無爲而作福作威, 是無爲之爲, 爲有爲也 ; 臣道有爲, 而不敢作福作威, 是有爲之爲, 爲無爲也… 理果無爲, 則不能爲萬化之樞紐, 氣獨有爲, 則不必待一理之主宰, 是知理無爲者, 只指其沖漠無朕之妙而已

서 유위, 후자를 유위의 위로서 무위라고 하였다. 리가 직접 발동하지 않지만 기가 직접 발동할 수 있도록 주재한다는 의미이다. 즉 임금이 신하를 주재한다는 의미이다. 하지만 유리무기는 리가 주재할 기가 없는 상태이다. 따라서 유리무기는 직접 발동 또는 발현될 수 없다. 그것을 이진상은 선천이라고 칭하고 있는 것이다. 유리무기는 감각기관으로 인식할 수 없는 것이고, 이성적인 추론으로 가능한 것이다.

이러한 이진상에 대하여 이종기는 이선기후란 이기의 선후를 말한 것으로서 평설平說일 뿐이라고 한다.[240] 평설이라는 것이 모호한 표현이다. 다른 글에서 이선기후理先氣後를 '태극동이생양太極動而生陽'이라고 해석하고 있다. 또한 그것과 상대적인 기선이후氣先理後를 기가 형체를 이룬 후 리가 부여된 것이라고 해석하였다. 전자는 원두原頭설, 후자는 성물成物설을 따른 것이라고 한다.

> 천지간에 이선기후란 태극이 동하여 양을 생하는 것과 같다. 이것은 원두原頭를 따른 설이다. 기선이후氣先理後란 기가 형을 이루고 리가 부여된 것이다. 이것은 성물成物을 따른 설이다.[241]

그가 말하는 이선기후는 '이기理氣는 본래 선후가 없으나 소종래를 추론하면 이선기후'라고 하는 주희의 설을 그대로 답습한 것

---

[240] 『晚求集』 卷三 「與李寒洲」 〈別紙〉 a_331_069c, 夫所謂理先氣後者, 亦平說理氣而先後之耳.
[241] 『晚求集』 卷八 「理氣先後主從偏全說」 a_331_193b, 天地間有理先氣後者, 如太極動而生陽是也. 從原頭說 ; 有氣先理後者, 如氣以成形而理亦賦焉是也. 從成物說

이다.[242] 추론했을 때 이선기후이지 이선기후가 실제로 존재하는 것은 아니라는 것이다. 이선기후는 본원의 관점이고, 기선이후는 현상의 관점에서 설명한 것이다. 따라서 이진상이 말하는 선천과 후천에 입각하여 이선기후를 설명하는 것과 다른 것이다. 또한 이진상이 이선기후理先氣後를 유리무기라고 해석한 것과 분명한 차이가 있다. 이종기는 이선기후를 선천이라고 해석하는 이진상에 대하여 반대한다고 생각하고 있는 것이다. 또한 그것을 유리무기라고 해석하는 것도 비판적으로 생각하고 있다. 그는 리와 기는 떨어질 수 없는 관계라고 생각하고 있었다. 왜냐하면 양자의 관계가 불상잡하면서도 불상리한데 리와 기를 겸지兼指한 기질의 성 뿐만 아니라 리만을 가리키는 본연의 성일지라도 기와 불상리不相離하다고 하였기 때문이다.[243] 그는 리만을 가리키고 있는 본연의 성일지라도 기와 불상리하다고[244] 한 것을 보면 유리무기有理無氣는 있을 수 없다고 생각했던 것이다.

---

[242] 『朱子語類』 권1 「理氣上」, 或問 : 「必有是理, 然後有是氣, 如何?」曰 : 「此本無先後之可言, 然必欲推其所從來, 則須說先有是理

[243] 『晚求集』 卷四 「答李邦憲問目」 a_331_109d, 理與氣不相離. 亦不相雜. 乃是隨處皆然. 今以分言於氣質本然性. 恐未穩. 氣質性可以雜氣質言. 而亦不離於理也. 本然性. 固不雜乎氣. 而亦不離氣也
이종기도 기존의 성리학에서 일반적으로 사용하고 있는 본연의 성과 기질의 성 즉 리만을 단지(單指)한 것을 본연의 성, 리와 기를 겸지(兼指)한 것을 기질의 성이라고 하였다.(『晚求集』 卷六 「答宋舜佐」(中庸疑義) a_331_137b, 單指理言則是本然性也, 雜氣言則是氣質性也)

[244] 『晚求集』 卷四 「答李邦憲問目」 a_331_109d, 本然性. 固不雜乎氣. 而亦不離氣也

4) 이진상: 유리무기, 이종기: 유리무기 부정

퇴계학파의 특징은 리를 능동적인 존재로 여기고 있다는 점이다. 리가 능동적으로 기를 생하고 주재한다는 것이다. 이 때문에 리가 기를 생하기 이전에는 리만 있게 된다는 주장이 나오게 되었는데 그가 바로 이진상이다. 그는 태극동이생양太極動而生陽, 이생기理生氣에서 태극이 양을 생하기 이전, 리가 기를 생하기 이전, 이선理先을 유리무기라고 해석하였다. 그는 리는 생멸이 없으나 기는 생멸이 있다고 하였다. 따라서 기가 멸한 상태에서는 리만 있기 때문에 유리무기의 상태라는 것이다.

그것은 이선기후에서도 유리무기라고 해석하였다. 그는 리만 있는 상태를 선천, 기가 있는 상태를 후천이라고 해석하여 선천은 유리무기라고 주장하였다. 이러한 이진상의 유리무기에 대하여 이종기는 비판한다. 기의 생멸을 유무라고 해석할 수 없다는 것이다. 이선기후도 원두原頭설에 입각한다면 그러한 것이지 그것을 유리무기라고 해석할 수 없다고 비판한다. 그것은 리와 기는 본래 선후가 없는데 그 소종래所從來를 추론하면 리가 먼저라는 주희의 설을 답습한 것이다. 또한 리와 기는 서로 떨어져 있지 않기 때문에 유리무기의 상태는 있을 없다고 한다.

이진상의 유리무기는 본래 리만 있고 기가 없는 상태라고 생각한데서 나온 것이다. 그러한 리는 완전한 존재로서 현상세계의 근원인 선천이 그렇다고 생각하였다. 반면에 이종기는 유리무기의 상태는 있을 수 없다고 비판하는데 그것은 처음부터 리만 있는 세계는 있을 수 없다고 본 것이다.

III 서학과 유학의 융합으로서 신유학

1. 정약용의 상제와 심의 관계에서 나타난 모순적 논리 검토와 그 진의: 선진유학과 서학의 융합

1) 천이 인간에게 준 자주지권과 상벌의 관계

다산 정약용(1762-1836)의 상제上帝는 만유의 존재근거이기 때문에 가장 중요한 개념이다. 또한 그의 궁극적 목적은 도덕실천에 있고 그것은 심心을 통하여 이루어진다. 그러한 상제는 인간의 심의 선악을 선택할 수 있는 자주지권自主之權을 부여하였다고 했다.[1] 하지만 다른 한편으로 인간이 이단으로서 천에 아첨하면 분노하여 그의 중신衆神들이 그에게 복을 내리지 않는다고 한다.[2] 더욱이 천은 인간의 악에 대하여 벌로써 징계한다고 말한다. 자주지권과 상선벌악은 논리적으로 상충 또는 모순적이라고 할 수 있다. 왜냐하면 상제가 인간에게 선악에 대한 자주권을 주었기 때문에 상벌을 줄 이유가 없다. 그럼에도 불구하고 그러한 말을 하였기 때문에 그것을 검토하고 그것에 대한 정약용의 진의를 연구할 것이다.

---

1 『與猶堂全書』第二集經集 第六卷 「孟子要義」, a_282_112c, 天之於人, 予之以自主之權, 使其欲善則爲善, 欲惡則爲惡, 游移不定, 其權在己, 不似禽獸之有定心, 故爲善則實爲己功, 爲惡則實爲己罪, 此心之權也.

2 『與猶堂全書』第二集經集第七卷 「論語古今注」卷一 〈八佾中〉a_282_180a, 枉道求媚, 則獲罪於天, 天之所怒, 非衆神之所能福

217

현재 대다수 정약용에 대한 연구는 전자 즉 자주지권에 대하여 집중되었고,[3] 후자에 대한 연구는 아직 나타나지 않고 있다. 더욱이 천도는 선에 대하여 상을 주고 음탕 즉 악에 대하여 벌을 준다고 하였으며,[4] 천은 벌로써 인간을 징계한다고 말하기도 한다.[5] 상제와 인간의 심의 관계에서 이처럼 다양하게 나타나고 있다. 따라서 본 책에서는 이것들을 집중적으로 연구하고자 한다.[6]

따라서 본 책에서는 자주지권, 천의 분노뿐만 아니라 상선벌악 등에 관하여 다양한 상제와 인간마음의 관계에 대하여 연구할 것이다. 또한 그의 상제와 인간의 관계에서 선진유가경전과 서학의 『천주실의』에 영향이 들어 있다. 그의 사상 속에서 그것들의 영향이 어떻게 나타나고 있는지에 대하여 함께 연구할 것이다.

---

[3] 이것은 국내뿐만 아니라 외국의 연구자들도 그러하다.(Donald Baker, *Thomas Aquinas and Chong Yakyong: Rebels Within Tradition*, Tasanhak, vol.3, 2002, Seoul: Tasan Culture Foundation ; Michael C. Kalton, *Chong Tasan and Mencius: Toward a Contemporary East-West Interface*, Tasanhak, vol.5, 2004, Seoul: Tasan Culture Foundation)

[4] 『與猶堂全書』「梅氏書平」, p.230, 天道賞善而罰淫

[5] 『與猶堂全書』第二集經集第二十五卷 「尙書古訓」184쪽, 天罰戒之

[6] 정약용의 사상에 대하여 논리적으로 접근한 연구가 있다. 그것은 박홍식의 연구에서 나타난다. 그는 정약용이 존재근원을 유형적 물질에서 찾으면서 무형적 초월신 상제를 인정하였고, 상제론과 인간의 자유의지의 도덕률의 관계를 제대로 해명하지 못하였기 때문에 이론적 모순이라고 지적하였다.(박홍식,「다산의 천사상과 세계관」,『동양철학연구』27, 동양철학연구회, 2001) 또한 정약용의 소사학과 수사구학은 성리학의 이기론과 성즉리론의 연계성 만큼 논리적으로 완결된 형태를 보여주지 못하였다고 해석하였다.(박홍식,「정다산 천인관의 철학사적 의미」,『동양철학연구』16, 동양철학연구회, 1996) 이 연구는 모순이라고 비판한 점이 다른 논문과 구별되는 특징이다.

2) 상제와 심의 관계

(1) 상제의 주재와 심의 몸에 대한 주재

정약용이 말하는 상제는 만유를 주재하는 존재이다. 그는 천을 주재하는 것이 상제이고 천은 나라와 같다고 하였다.[7] 따라서 인간에 비유하면 상제는 임금과 같은 것이다. 그러한 상제는 영명하게 주재하는 존재이다.[8] 그러한 영명은 인간의 마음에도 있다. 그는 인간의 심을 오장의 심과 명명의 심으로 구분하였다.[9] 그러한 영명의 심이 몸을 주재한다는 것이다.

> 인간이 몸을 운용하는 이유는 영명하여 어둡지 않는 것으로서 주재하여 화합시키기 때문이다.[10]

그것은 마치 상제가 만유를 주재하고, 임금이 백성을 주재하는 것과 같은 것이다. 이로 미루어 보았을 때 상제의 영명은 인간의 심의 영명과 같은 것이다. 이 때문에 천의 영명은 인간에게 직접 통한다고 했던 것이다.[11]

그는 상제가 인간을 주재하면서도 그의 영은 인간에게도 있다

---

7 『與猶堂全書』第二集經集第六卷 「孟子要義」, 민족문화추진회, 2002, a_282_145c, 鏞案天之主宰爲上帝, 其謂之天者, 猶國君之稱國
8 『與猶堂全書』第一集詩文集第八卷 「中庸策」a_281_173a, 是靈明主宰之天
9 『與猶堂全書』第一集詩文集第十九卷 「答李汝弘」載毅 a_281_420a, 心之爲字, 其別有三, 一曰: 五臟之心, 若云比干剖心, 心有七竅者是也, 二曰: 靈明之心
10 『與猶堂全書』第一集詩文集第八卷 「人才策」a_281_178c, 人之所以運用此百體者, 以有靈明不昧, 主宰而翕張之
11 『與猶堂全書』第二集經集第三卷 「中庸自箴」卷一 a_282_048d, 天之靈明, 直通人心

고 생각했던 것이다. 그러한 영명함이 상호작용하여 주재가 된다고 생각하였다. 인간에게 영명함이 없다면 상제도 인간을 제대로 주재하기 힘들었을 것이다. 그는 인간을 신형묘합神形妙合이라고 하였는데 그것은 바로 천 즉 상제의 영과 인간의 육체의 오묘한 결합이었던 것이다.[12] 또한 상제는 형체가 없으나 영이 있어서 사물을 알 수 있다. 마찬가지로 인간도 그러한 상제의 영으로 인하여 대상을 제대로 지각하여 알 수 있는 존재이다.

(2) 천이 인간에게 선악선택의 자주권 부여

정약용이 말하는 영명한 상제는 비윤리적으로 욕망에 가득 찬 존재로서 주재하는 것이 아니라 윤리로써 주재한다. 인간은 상제가 두려워서 선을 실천해야 한다고 생각하였던 것이다. 이 때문에 주자학의 리에 대하여 비판하였고 그것은 감정이 없는 존재이므로 인간이 두려워하지 않기 때문이라고 한다. 따라서 인간이 도덕을 실천하기 어렵다는 것이다.[13] 그는 인간이 두려워할 수 있는 상제를 말한다. 인간이 상제를 두려워하기 때문에 윤리적 선으로서 인仁을 실천할 수 있다는 것이다.

---

[12] 『與猶堂全書』第二集經集第五卷 「孟子要義」 滕文公第三, 文公爲世子, 子言必稱堯舜章 a_282_112c, 鏞案神形妙合, 成爲人, 則無形, 尙無名, 其無形, 借名曰神, 鬼神之神, 心爲血府, 妙合之樞紐, 故借名曰心: 心本五臟, 與肝肺同, 死而離形, 乃名曰魂

[13] 『與猶堂全書』第二集經集第五卷「孟子要義」〈盡其心者知其性章〉a_282_145c, 夫理者何物? 理無愛憎, 理無喜怒, 空空漠漠, 無名無體而謂吾人稟於此而受性, 亦難乎其爲道矣
정약용의 리에 대한 이러한 비판은 논리적 모순에 대한 지적 또는 과학적 실험이나 증명에 의한 것이 아니다. 따라서 그것은 신념이다.(박홍식, 「정다산 천인관의 철학사적 의미」, 『동양철학연구』 16, 동양철학연구회, 1996, 13쪽)

공구계신恐懼戒愼하여 상제를 섬기면 가히 인이 될 수 있다. 헛되이 태극을 높여 리를 천으로 여기면 인仁이 될 수 없다. 따라서 천을 섬기는 것으로 귀결된다.[14]

하지만 주희도 상제를 언급하였다. 상제가 인간을 지상에 내렸고, 천도는 인간의 선에 복을 주지만 음탕한 행위 즉 악에 대하여 화를 준다는 것이다.[15] 또한 상제는 리의 주체라고[16] 하여 양자의 관계를 설정하였다. 즉 상제는 리가 드러난 상태를 의미하는 것이다. 리가 드러나는 현상을 상제라고 생각하였던 것이다. 이로 미루어 보았을 때 정약용은 주희의 상제 보다는 리를 더욱더 주목하였던 것이다. 만유의 근본으로서 리를 주목하였고 그것이 무감정한 존재이므로 섬길 수 없다고 생각하여 비판하였던 것이다.

정약용은 상제를 공구계신의 대상으로 생각하고 있다. 그것은 바로 상제의 외재성과 초월성을 의미하고[17] 인격적 주재자로서 생

---

14 『與猶堂全書』, 「自撰墓誌銘」 a_281_339d, 恐懼戒愼, 昭事上帝, 則可以爲仁, 虛尊太極, 以理爲天, 則不可以爲仁, 歸事天而已. 이러한 정약용의 사천·경천사상은 윤휴 권철신 이기양 등이 선진시대의 종교적 천사상을 회복하고자 했던 사조를 계승한 것이다.(유명종, 『한국사상사』, 이문사, 1981, 425쪽)

15 『朱子語類1』 권4 「性理1」, 又如所謂 "惟皇上帝降衷於下民", "天道福善禍淫", 這便自分明有箇人在裏主宰相似

16 『朱子語類1』 권1 「理氣上」, "帝是理爲主"

17 상제의 외재성과 초월성은 상제는 천지인신天地人神의 밖에 있으면서 그것을 조화, 재제, 안양한다고 말한 것에서 찾을 수 있다.(『與猶堂全書』 第二集經集第三十六卷 「春秋考徵」 四 凶禮 先儒論辨之異 a_283_363a, 上帝者何? 是於天地神人之外, 造化天地神人萬物之類, 而宰制安養之者也) ① 이것은 천주실의와 거의 일치한다고 주장하는 연구가 있다.(금장태, 「다산의 사천학과 서학수용」, 『철학사상』 16, 서울대 철학사상연구소, 2003, 153쪽). ② 반면에 천주교의 조물주와 같은 것은 확실한 근거가 없으며 창조보다는 변화와 생성을 주관하고 주재한다고 해석한 연구가 있다.(백민정, 『정약용의 철학사상』, 이학사, 2008, 174-181쪽)

각하고 있었던 것이다.[18] 물론 천의 영명은 인심과 직통하고 천명을 본심에서 구하여야 한다고 말한 것을 보면 내재성도 있다.[19] 그는 천이 인간에게 선악을 자율적으로 행할 수 있는 자주권을 부여했다고 한다. 또한 천은 인간의 선행과 악행에 대하여 상벌을 주는 것이 아니라 인간의 공과功過라고 한다. 그렇다면 인간이 상벌을 주지 않는 천을 두려워 할 필요는 없다.[20] 상제가 인간의 선악에 대하여 직접 상벌을 내리지 않는다는 것이다. 인간의 선악에 대하여 상제가 직접 상벌을 내리는 존재로서의 상제는 『서경』에 나타나지만[21] 정약용은 그것을 해석할 때 상제가 직접 인간에게 상벌을 내린다고 해석하지는 않았다. 임금이 상제에게 고하고 복

---

[18] ① 인격적 주재자라고 해석하는 논문(함윤식, 「정약용의 『맹자』 해석에 나타나는 도덕적 자아에 대한 탐구」, 성균관대 박사논문, 2012, 17쪽 ; 최영진, 실학사상을 중심으로 한 유교의 토착화-성리학의 계승·이탈·비판, 유교사상연구 17 한국유교학회, 2002), 그 연원은 내적으로 시경과 서경, 한국유학사적으로 윤휴의 천관, 이황의 이관으로 소급될 수 있다.(최영진, 「실학사상을 중심으로 한 유교의 토착화-성리학의 계승·이탈·비판」, 『유교사상연구』 17 한국유교학회, 2002, 78쪽). ② 정약용의 상제의 외재성, 초월성은 『천주실의』의 영향이라는 연구가 있다.(금장태, 「다산의 사천학과 서학수용」, 『철학사상』 16, 서울대 철학사상연구소, 2003, 153쪽). ③ 반면에 그러한 외재성, 초월성을 찾을 수 없다는 연구가 있다.(백민정, 『정약용의 철학사상』, 이학사, 2008, 174-181) ④ 반면에 정약용이 외재적 존재인 상제를 실재하는 본체[무형지체無形之體]로 주장하는 동시에 그와 동일한 본체가 인간에게 내재적으로 존재한다[영명지체靈明之體]는 논문이 있다.(전성건, 「'영지靈知'개념의 분석을 통해 본 성기호설性嗜好說의 의미」, 『철학연구』 37, 고려대 철학연구소, 2009, 4-5쪽).

[19] 『與猶堂全書』 第二集經集第三卷 「中庸自箴」 卷一 a_282_048d, 天之靈明, 直通人心 ; 같은 책, 047d, 求天命於本心者, 聖人昭事之學也

[20] 그가 말하는 천은 상제를 의미한다.(『與猶堂全書』 第二集經集第七卷 「論語古今注」 卷一〈八佾中〉 a_282_180a, 補曰: 天, 謂: 上帝也

[21] 선진유가의 경전인 『서경』에서 인격적인 존재로서 상제가 나타난다. 그 상제는 선행하는 사람에게 상서로움을 내리고, 불선不善을 행하는 사람에게 많은 재앙을 내린다.(『書經』 권4 「商書」〈伊訓〉 8, 성균관대학교 대동문화연구원, 1984, 惟上帝不常, 作善降之百祥, 作不善降之百殃)

과 벌을 내렸다고 해석하였다.[22] 정약용은 당시 인간이 생활하는 현실에서 상제가 인간에게 상벌을 주지는 않는다고 생각하였던 것이다. 더욱이 그는 상제가 자기 몸에 있기 때문에 천명을 본심에서 구해야 한다고 여겼다. 그것이 바로 성인의 학문이고, 상제를 도록圖籙에서 구하는 것은 이단의 술수라고 하였다. 즉 상제의 초상을 그림을 보고 그를 신앙하는 것이 바로 이단이라는 것이다.

경외하는 상제가 마음에 있다는 것은 바로 또한 이것으로서 안다. 천명을 도록에서 구하는 것은 이단의 허황한 술수이고, 천명을 본심에서 구하는 것이 성인이 밝게 섬기는 것으로서의 학문이다.[23]

상제가 인간의 행위에 대하여 상벌을 내린다면 무지한 백성들이 구복신앙으로 흐를 가능성이 있다. 이 때문에 비이성적인 도록신앙을 할 수 있다. 이 때문에 본심에서 천명을 구해야 한다고 주장하였던 것이다. 그것이 바로 성인의 학문이라는 것이다. 이미 천의 영은 인간에 직통하였다고[24] 여기고 있기 때문에 구태여 도록을 통하여 상제를 신앙하면서 구복하는 것이 아니라 본심을 수양하면 되는 것이다. 이 때문에 인간이 자율적으로 선악을 실천할 수 있는 권능을 부여하였다고 말했던 것이다. 하지만 선악의 결과

---

22 『與猶堂全書』第二集經集第二十五卷 「尙書古訓」卷四 盤庚中, a_283_101b, 案… 殷多先哲王, 禮陟配天, 故謂能告于上帝, 降福降罰

23 『與猶堂全書』第二集經集 第三卷 中庸自箴 卷一 a_282_047d, 對越上帝之只在方寸, 正亦以是, 求天命於圖籙者, 異端荒誕之術也, 求天命於本心者, 聖人昭事之學也

24 『與猶堂全書』第二集經集第三卷 中庸自箴卷一 a_282_048d, 天之靈明, 直通人心

에 대하여 상제가 상벌을 주는 것이 아니라 인간 스스로 자율에 맡겼기 때문에 상제를 두려워할 필요가 없다.

> 천은 사람에게 자주의 권능을 주었다. 선을 하고자 하면 하게하고, 악을 하고자 하면 하게하였다. 그 이행이 정해져 있지 않고 그 권능이 자기에게 있다. 그것은 금수의 정해진 마음과 같지 않다. 따라서 선을 행하면 실제로 자기의 공이 되고, 악을 행하면 실제로 자기의 과가 된다. 그것이 심의 권능이다.[25]

이것은 『맹자요의』에서 나타나고 있는 문구로서 맹자 등문공편에 있는 것을 정약용이 해설한 것이다.

> 등문공이 세자였을 당시 초나라로 가려고 송나라를 지나가면서 맹자를 보았다. 맹자는 성선을 말하면서 반드시 요순을 칭하였다.[26]

맹자는 등문공에게 성선을 설명하면서 요순을 지칭하였다는 것이다. 하지만 그것을 정약용은 천이 인간에게 선악을 선택할 수 있는 자주권을 주었다고 한다고 해설한 것은 맹자의 글을 직역하

---

25 『與猶堂全書』第二集經集 第六卷 「孟子要義」, a_282_112c, 天之於人, 予之以自主之權, 使其欲善則爲善, 欲惡則爲惡, 游移不定, 其權在己, 不似禽獸之有定心, 故爲善則實爲己功, 爲惡則實爲己罪, 此心之權也.
自主之權은 정약용의 신조어라고 한다.(Donald Baker, *Thomas Aquinas and Chong Yagyong: Rebels Within Tradition*, Tasanhak, vol.3, 2002, Seoul: Tasan Culture Foundation)

26 『맹자』「등문공」, 滕文公爲世子, 將之楚, 過宋而見孟子, 孟子, 道性善, 言必稱堯舜

거나 직적접인 해설이라고 보기가 어렵다. 오히려 정약용 스스로 창의적인 것이라고 할 수 있다. 그것은 마테오리치의『천주실의』의 영향이 스며든 것이기도 하다.[27]

천은 이러한 성을 인간에게 부여하였습니다. 능히 두 가지를(선악) 행할 수 있습니다. 우리 인류를 후대한 것입니다. 왜냐하면 능히 그 선을 버리고 취할 수 있기 때문입니다. 선공善功을 더할 뿐만 아니라 더욱더 그 공으로 하여금 자신의 공으로 삼습니다. 그러므로 천주가 나를 지은 것은 나를 쓰는 것이 아닙니다. 선하게 하고자 함이니 이것이 나를 쓴다고 말한 뜻인 것입니다.[28]

이와 같이 천주실의에서 천이 인간에게 선을 취사할 수 있는 성을 부여하였다고 한다. 그렇게 되면 인간은 자신에게 이익이 된

---

[27] 이것은 『천주실의』의 영향이다.(Donald Baker, *Thomas Aquinas and Chong Yagyong: Rebels Within Tradition*, Tasanhak, vol.3, 2002, Seoul: Tasan Culture Foundation) 마테오리치의 자유의지론은 이성적 합리적 판단의 의지가 전제된 것이었으며 정약용에게 뚜렷한 흔적을 남겼다.(백민정, 「다산 심성론에서 도덕 감정과 자유의지에 관한 문제」, 『한국실학연구』 14, 한국실학학회, 2007, 406-410쪽) 반면에 정약용의 자주지권 또는 권형은 맹자에게서 이러한 자유로운 선택 즉 이성적 사유가 이미 그것이라고 해석한 연구가 있다.(함윤식, 「정약용의 『맹자』 해석에 나타나는 도덕적 자아에 대한 탐구」, 성균관대 박사논문, 2012, 161쪽)

[28] 『天主實義』 下卷 第七篇, 上海土山灣印書館第四版, 天主降生1923年, 118쪽, 天主賦人此性, 能行二者, 所以厚人類也, 其能取捨此善, 非但增爲善之功, 于俾其功爲我功焉, 故曰: 天主所以生我, 非用我, 所以善我, 乃用我 此之謂也.
정약용은 『천주실의』를 읽고 그 영향을 받았다. 『천주실의』는 마테오 릿치가 토마스 아퀴나스의 철학에 입각하여 선진유가경전을 해석한 것이다. 정약용은 토미즘의 개념과 사상을 사용하였다. 비록 전문적인 용어와 사상이 아니지만(Donald Baker, *Thomas Aquinas and Chong Yagyong: Rebels Within Tradition*, Tasanhak, vol.3, 2002, 62-63쪽), 정약용은 토미즘의 개념을 채택하여 유학에 적용하였고, 인간 본성을 보다 사실적으로 체계화하였다.(같은 책, 68쪽)

다면 선을 버릴 수도 있다. 하지만 인간에게 선하게 하고자 그러한 성을 부여했다고 한다. 이것은 정약용이 인간의 선행과 악행에 대하여 상제가 인간에게 선악을 선택할 수 있는 자주권을 부여하였고 그 선악의 공과功過는 인간에게 있다는 것과 상통한다. 하지만 상제 즉 천은 인간에게 선을 좋아하고 악을 수치로 여기는 성을 주었다고 한다. 결국 천은 인간에게 선하게 하려는 의도가 있다는 것이다. 이 역시 천주실의와 상통한다.

> 천은 나에게 선할 수 있고 악할 수 있는 권능(권형權衡)을 주었다. 그 아래쪽에 나아가 또한 선한 일은 하기 어렵고 악에 빠지기 쉬운 육체를 주었고, 그 위쪽에 나아가 선을 좋아하고 악을 수치로 여기는 성을 부여하였다. 만약 이러한 성이 없다면 우리 인간은 옛날부터 능히 미미하게나마 작은 선조차 행할 수 있는 사람이 없었을 것이다. 그러므로 솔성率性이라 말하고, 그러므로 존덕성尊德性이라 말하였으니 성인이 성을 보배로 여긴 것이다.[29]

위와 같이 『심경밀험』에서도 『맹자요의』와 마찬가지로 천은 인간에게 선악을 선택할 수 있는 권형 즉 권능을 주었다고 한다. 이처럼 반복적으로 나타나는 것은 그의 신념이라고도 해석할 수 있는 것이다. 심은 선악에 대한 자주적인 권능, 성은 선을 좋아하고 악을 싫어한다는 의미이며 그 심과 성이 서로 일치하지 않을

---

29 『與猶堂全書』第二集經集第二卷 「心經密驗」〈心性總義〉 a_282_038a, 天旣予人以可善可惡之權衡, 於是就其下面, 又予之以難善易惡之具, 就其上面, 又予之以樂善恥惡之性, 若無此性, 吾人從古以來, 無一人能作些微之小善者也, 故曰: 率性, 故曰: 尊德性, 聖人以性爲寶

수도 있다. 심은 몸을 주재하기 때문에 행동으로 표현된다. 그러나 성은 몸을 주재하는 것이 아니기 때문에 그렇게 되지 않는다. 그렇다고 해서 심과 성이 서로 분리되어 있는 것은 아니다. 그가 사람의 본심에 대하여 천이 부여한 성과 같이 선을 좋아하고 악을 수치라고 여기며 그것이 바로 성선이라고 말한 것으로 미루어 보았을 때 성은 심에 내포되어 있는 것이라고 할 수 있다.

사람의 본심은 선을 좋아하고 악을 수치로 여긴다. 그것은 바로 이른바 성선이다.[30]

상제가 인간에게 내린 것이 선악을 선택할 수 있는 심, 선을 좋

---

[30] 『與猶堂全書』第一集詩文集第十九卷 「答李汝弘」載毅 a_281_426a, 人之本心, 樂善恥惡, 卽所謂性善也. 정약용은 성선(性善)을 영지(靈知)의 기호(嗜好)라고 칭하였다. 그는 성을 기호라고 하였고 그것을 영지(靈知)와 형구(形軀)의 기호로서 구분하였다. 형구의 기호는 육체적인 성을 가리킨다. 반면에 영지의 기호는 성선(性善)과 진성(盡性)이라고 하였다.(같은 책, 第一集詩文集第十六卷 「自撰墓誌銘」集中本 a_281_339d, 曰: 性者嗜好也. 有形軀之嗜 ; 有靈知之嗜, 均謂之性, 故召誥曰: 節性 ; 王制曰: 節民性 ; 孟子曰: 動心忍性. 又以耳目口體之嗜爲性, 此形軀之嗜好也 ; 天命之性, 性與天道, 性善盡性之性, 此靈知之嗜好也) 영지의 기호는 바로 상제의 영명과 직통하는 인심으로서의 성을 의미한다. ① 정약용의 기호의 성은 반드시 서학의 영향이 아니라 퇴계학파인 경기남인의 정서라고 한다.(정소이, 「정약용 심성론의 변천에 관한 연구」, 『철학사상』 33, 서울대학교 철학사상연구소, 2009, 22쪽) 이 논문은 기존의 서학의 영향이라는 연구에 대한 반론이다. ② 기존의 연구는 주로 『천주실의』로부터 유래되었거나 매우 유사하다는 주장, 또는 그 밖의 서학서의 영향을 강조하였다.(금장태, 「다산의 심개념과 마테오리치의 영혼론」, 『종교와 문화』 8, 서울대종교문제연구소, 2002, 81, 87쪽 ; 송영배, 「다산철학과 천주실의의 패러다임 비교연구」, 『다산사상 속의 서학적 지평』, 서강대출판부, 2004, 172, 183쪽 ; 정인재, 「서학과 정다산의 성기호설」, 『다산학』 7, 2005, 110-112쪽 ; 안영상, 「토미즘과 비교를 통해 본 다산의 인심도심론」, 『한국실학연구』 9, 2005, 242쪽, 최석우, 「다산 서학에 관한 논의」, 『다산 정약용의 서학사상』, 다섯수레, 1997, 69쪽 ; 김옥희, 「다산의 심경밀험에 나타난 심성론」, 『다산 정약용의 서학사상』, 다섯수레, 1997, 189-190쪽)

아하고 악을 수치로 여기는 성, 선을 행하기 어렵고 악에 빠지기 쉬운 육체를 주었다고 정약용은 말한다. 그 중에서 본심은 성과 같은 것이다. 본심이 아닌 다른 심은 그렇지 않은 것이다. 그는 그것을 인심이라 하고, 본심과 같이 윤리적인 심을 도심이라고 표현하였다.[31]

상제는 인간에게 선을 좋아하고 악을 수치로 여기는 성을 부여함으로서 인간 스스로 선행을 할 수 있도록 기초를 마련하였다는 것이 정약용의 생각이다. 더욱이 상제 즉 천의 영명이 인심과 직통하기 때문에 인간은 상제가 직접 상벌을 내리지 않을지라도 충분히 선행을 할 수 있다는 것이다. 이 때문에 그는 상제 즉 천이 인간에게 선악을 선택할 수 있는 자주지권을 부여했다고 말했다고 할 수 있다. 이러한 측면에서 인간의 자주적인 면이 나타나고 그것이 바로 동물과 다르다고 그는 생각하고 있다. 동물은 선악을 선택하는 자유적인 면이 없다는 것이다. 그러한 점에서 동물과 다르게 인간에게 천은 그 자주권을 주었다고 말했던 것이다.

(3) 천의 인간악행에 대한 분노와 상선벌악

그러나 다른 한편으로 정약용은 『논어』에 대한 주석에서 인간이 천에 아첨하면 천이 분노하기 때문에 중신衆神들이 복을 주지 못한다고 말하기도 한다.

---

[31] 『與猶堂全書』第二集經集 第六卷 「孟子要義」 a_282_136d, 人心者氣質之所發也 ; 道心者道義之所發也. 인심은 기질에서 발현, 도심은 도의에서 발현하였다. 따라서 인심은 선뿐만 아니라 악이 나타날 수 있는 반면에 도심은 순선한 것이다.

도를 굽혀 아첨하면 천天으로부터 벌을 받게 된다. 하늘이 분노하는 바에 대해서는 여러 신들이 복을 줄 수 있는 것이 아니다. 그러므로 빌 곳이 없다.[32]

이것은 『논어』「팔일편」에 있는 문구를 정약용이 해설한 것이다. 왕손가의 질문에 대한 공자의 답변이었다.

왕손가가 묻기를 "오에 아첨하기 보다는 차라리 조에 아첨하는 것이 낫다고 하는데 무슨 말입니까?" 하니, 공자는 말하기를 "그렇지 않다. 천天에 죄를 얻으면 빌 곳이 없다."고 하였다.[33]

공자가 말한 천을 정약용은 상제라고 해석하였는데 그것은 인격적 존재로 생각하였기 때문이다. 더욱이 그는 천이 분노한다고 표현하였는데 인간과 같은 감정을 갖고 있는 존재로 생각하였던 것이다. 그것은 공자의 천을 보다 인격적, 감정적 존재로 여겼던 것이다. 그리고 천을 따르는 중신이 인간에게 복을 주지 않는다고 해석한 것이다. 윗글에서 공자는 천이 인간에게 분노하거나 천을 따르는 여러 신들이 인간에게 복을 주지 않는다고 말하지 않았다. 단지 궁극적 존재로 천을 생각하고 있었다. 왜냐하면 천에 죄를 얻으면 빌 곳이 없다는 것은 그것 보다 상위는 없다는 것을 의미

---

[32] 『與猶堂全書』第二集經集第七卷 「論語古今注」卷一 〈八佾中〉 a_282_180a, 枉道求媚, 則獲罪於天, 天之所怒, 非衆神之所能福, 故無所禱也.
[33] 『論語』「八佾」十三, 王孫賈問曰: 與其媚於奧, 寧媚於竈, 何謂也? 子曰: 不然. 獲罪於天, 無所禱也.

하기 때문이다.

하지만 정약용은 인간의 선악에 대하여 상제가 상벌을 내리지는 않지만 도를 굽혀 아첨하면 천이 분노하여 그의 명령을 실행하는 중신들이 복을 주지 못한다는 것이다. 그렇다고 해서 벌을 준다고 말하지는 않았다. 그것은 백성들을 혹세무민하는 도라고 할 수 있다. 이것은 천 즉 상제가 인간에게 직접 복을 주거나 혹은 주지 않는 것이 아니라 중신들이 대신 주게 된다는 의미이다. 또한 신이 복을 직접 주기도 하는데 그렇게 되면 재앙이 없다고 한다.[34] 이로 미루어 본다면 상제가 간접적으로 인간의 선악에 대하여 관여한다는 의미이다.[35] 그러나 그의 다른 책에서 천이 인간에게 직접 상벌 또는 화복을 내린다고 말하는 것이 나타나고 있다. 그는 천도는 인간의 선에 대하여 상, 악행에 대하여 벌을 내린다고 말한다. 천은 벌로써 인간에게 징계한다.

천도는 인간의 선에 상을 주고, 악에 벌을 준다.[36]

천은 벌로써 인간에게 징계한다.[37]

---

[34] 『與猶堂全書』第二集經集第十九卷 「詩經講義」卷三 周頌 淸廟之什思文 a_282_ 456b, 神降之福, 時無炎害

[35] 상제는 공포에 떨게 하는 존재이고, 인간의 소유의 욕망을 감독하는 존재이다.(최진덕, 「정약용의 상제귀신론과 그 인각학적 의미-주자학의 음양귀신론과의 한 비교」, 『철학사상』 33, 서울대학교 철학사상연구소, 2009, 65-66쪽)

[36] 『與猶堂全書』 「梅氏書平」, 230쪽, 天道賞善而罰淫

[37] 『與猶堂全書』第二集經集第二十五卷 「尙書古訓」, 184쪽, 天罰戒之

선으로 향하게 하고 악을 하지 않게 하는 것이 진실로 천명이고 매일 감시하여 선에 대하여 복을 주고 악에 대하여 화를 주는 것이 또한 천명이다.[38]

천은 나태함을 싫어하여 그런 사람에게 반드시 복을 주지 않는다.[39]

이처럼 천은 상벌을 인간에게 직접 내린다고 말하기도 한다. 더욱이 그는 군자는 어두운 방에서도 악행을 하지 않는다고 말한다. 왜냐하면 상제가 임어하였기 때문이라는 것이다.[40] 반면에 천이 직접 상벌을 주지 않고 성인을 통하여 준다고 말하기도 한다. 성인이 천에 청구하여 인간에게 복을 준다는 것이다.[41]

이로 미루어 보았을 때 천은 직접 인간에게 상벌을 내리기도 하고, 신들과 성인을 통하여 그것을 간접적으로 주기도 한다는 것을 알 수 있다. 천의 분노는 이황에게서 나타난다.

오직 그 천심을 알지 못하고 그 덕을 삼가지 못하는 자는 일체 이와 반대되는 행동을 하는지라, 그런 까닭으로 사제가 진노하여 재앙과 패망함을 내리게 되니, 하늘도 부득이 한 것이니 어찌 심히

---

[38] 『與猶堂全書』第二集經集第十四卷 「論語古今註」卷八 季氏 a_282_333a, 使之向善違惡, 固天命也, 日監在玆, 以之福善禍淫, 亦天命也
[39] 『與猶堂全書』第一集詩文集第十八卷 「爲尹輪卿贈言」a_281_385c, 天厭懶怠, 必不予福
[40] 『與猶堂全書』「中庸自箴」, 5쪽 君子處暗室之中, 戰戰栗栗, 不敢爲惡, 知其有上帝臨女也
[41] 第一集詩文集第十一卷 易論二 a_281_232c, 易, 何爲而作也? 聖人所以請天之命而順其旨者也, 夫事之出於公正之善, 足以必天之助之成而予之福者, 聖人不復請也. 事之出於公正之善, 而時與勢有不利, 足以必其事之敗, 而不能受天之福者, 聖人不復請也

두려워하여야 할 바가 아니겠사옵니까.⁴²

따라서 이것은 이황과 상통하고 그의 영향을 받았다고 할 수 있다. 하지만 이황은 임금이 백성들을 제대로 다스리지 못하여 상제로부터 분노를 사고 그로 인하여 가뭄과 홍수 등의 자연재해를 받는다고 한다.⁴³ 그것은 동중서董仲舒의 영향이고 이황이 그를 직접 인용하기도 한다.⁴⁴ 반면에 정약용은 굽은 도로서 천에 아첨하는 사람에게 신들이 복을 주지 않는다고 한다. 따라서 동중서와 이황과 같이 구체적인 벌로서 자연재해를 언급하지 않는 것이 다른 점이다. 그 대상도 차이가 있다. 즉 이황은 임금의 정치이지만 정약용은 굽은 도를 행하는 사람이다.

3) 인간의 자주권과 천의 분노 및 상선벌악의 관계

정약용의 천과 인간의 관계는 다양하게 나타난다. 즉 인간의 악행에 대한 천의 분노, 직접 또는 신과 성인을 통한 상선벌악, 인간의 악에 대한 벌, 선악을 선택할 수 있는 자주권을 부여한 천 등 다양하게 나타난다. 그렇다면 그러한 다양하게 나타나는 상제와 인간

---

42 『退溪集』卷之六「戊辰六條疏」a_029_183d, 惟其不知天心, 而不愼厥德者, 一切反是, 故帝乃震怒, 而降之禍敗, 非天之所得已也, 其亦可畏之甚也.

43 위의 책, 當今主上殿下握寶御極, 一期于玆, 凡所以上敬下恤, 修德行政之間, 未嘗聞有招拂于人心, 獲戾于帝事者, 然而乾文屢變, 時孼竝作, 和氣不應, 兩麥全耗, 水災之慘, 振古所無, 風雹蝗蜮, 衆異畢見

44 『退溪集』卷之六「戊辰六條疏」a_029_183d, 臣聞, 董仲舒告武帝之言曰: 國家將有失道之敗, 天乃先出災害, 以譴告之, 不知自省.

의 마음의 관계는 어떻게 해석할 수 있는가? 그것은 자칫 논리적으로 상충 또는 모순적이라고 할 수도 있다. 왜냐하면 자주권을 주었는데도 상벌을 준다는 것은 납득하기 어렵기 때문이다. 상벌을 전제로 자주권을 주었다고 해석할 수 있지만 그 역시 설득력 있게 다가오지 않는다. 하지만 그렇게 단정하기도 어렵다.

왜냐하면 다음과 같이 해석할 수 있기 때문이다. 상제는 인간에게 선악을 선택할 수 있는 자주권을 주고서 그것을 관찰한 후 인간의 선행에 대하여 상을 주고 악행에 대하여 벌을 준다고 해석할 수 있다. 그것은 『천주실의』와 상통하지만 『서경』에서도 상제는 인간에게 상선벌악하는 존재로[45] 나타나기 때문에 그것과도 상통한다. 상제가 인간의 선악에 대하여 상벌을 내린다는 것은 결국 인간으로 하여금 선행을 하게 하려는 목적이기 때문이다. 이러한 상제의 인간에 대한 상선벌악은 『서경』과 『천주실의』의 공통점이다. 하지만 후자는 인간이 죽은 뒤에 선한 영혼은 천당에 보내 복을 주고, 악한 영혼은 지옥에 보내 벌을 주는데 왜냐하면 악한 자가 부귀하고, 선한 자가 빈천할 수도 있기 때문이다. 그렇게 해야 상제가 인간의 선악에 대하여 공평하게 상벌을 준다고 여겼던 것이다.[46] 더욱이 천이 인간에게 선악을 선택할 수 있는 능력을 주었다는 것은 『천주실의』의 영향이다. 반면에 『서경』은 그러한 내용

---

[45] 『書經』「湯書」13-8, 惟上帝不常, 作善降之百祥, 作不善降之百殃

[46] 『天主實義』下卷 第六篇, 上海土山灣印書館 第四版, 天主降生一千九百十三年, 106쪽, 天主報應無私, 善者必賞 ; 惡者必罰. 如今世之人, 亦有爲惡而富貴安樂, 爲善而貧賤苦難者, 天主固待其人之旣死, 然後, 其善者之魂而天堂福之, 審其惡者之魂而地獄刑之, 不然, 何以明至公至審乎?

은 나타나지 않고 살아 있는 자에게 상벌을 내린다. 물론 정약용의 글에서 전자 즉 『천주실의』의 천당지옥설은 나타나지 않는다. 단지 후자 즉 『서경』의 상선벌악이 나타날 뿐이다. 그가 서학에 연루되어 귀양을 갔었고, 그 이전에도 이미 서학이 정통으로 인정되지 않았기 때문에 그 영향을 받았으면서도 처세를 위하여 일부러 그 내용을 대폭 약화시켜서 썼을 가능성도 배제하기 어렵다. 이 때문에 상제의 상선벌악에 대하여 천당과 지옥으로 표현하지 않았을 수도 있다. 그가 서학을 신앙하였고 끝까지 고수하였다면 그의 형 정약종[47]과 같이 『천주실의』의 내용을 답습하였을 것이다. 그러나 현존하는 그의 글에서 그러한 면은 나타나지 않고 있다.

다른 한편으로 그것을 저술연대순에 입각하여 해석할 수 있다. 『논어고금주』는 1813년, 『맹자요의』는 1814년에 썼다. 천도의 상선벌악은 『매씨서평梅氏書平』에 있는데 그것은 1834년에 썼다. 그것은 『상서고훈尙書古訓』의 천은 인간의 악행에 대하여 벌로써 징계한다는 것과 상통한다. 이로 미루어 보았을 때 천이 인간의 악에 대하여 분노하고, 선악을 선택할 수 있는 자주권을 부여하고, 상선벌악이라고 한 것이 연대순이다. 따라서 이러한 순서대로

---

[47] 영혼은 무궁히 살아 무궁한 상벌을 받느니라.(정약종, 「주교요지」 상편 『순교자와 증거자들』, 한국교회사연구소 편, 1983, 33-34쪽), "착한 사람도 한두 가지 그른 일이 있기 때문에 천주께서 지극히 공변되시어 한 가지의 그른 일일지라도 벌하지 아니하심이 없기에, 세상의 작은 괴로움으로 그 작은 죄를 벌하시었다가, 죽은 뒤에는 큰 복락으로 큰 공덕을 갚으시며, 몹쓸 놈도 한두 가지 착한 일이 있으므로 천주께서 지극히 어지시어 한 가지의 착한 일일지라도 갚지 아니하심이 없기에, 세상의 작은 복락으로 그 작은 공을 갚으시고, 죽은 뒤에 큰 형벌로 죄악을 다스리는 것이다."(위의 책, 30-32쪽). 이처럼 정약종은 『천주실의』의 내용을 그대로 답습하였다.

그의 상제와 인간의 관계가 변화하였다고 해석할 수도 있지만 반드시 그렇게 변화했다고 해석하기가 어렵다. 왜냐하면 천이 인간의 악에 대하여 분노하고 신들이 복을 안준다는 것과 천이 인간의 악에 대하여 벌로써 징계한다는 것은 공통적이면서 상통하는 면이 적지 않기 때문이다.

결국 그의 상제와 인간의 마음의 관계에서 그의 진의는 다음과 같다. 상제가 인간의 선악에 대하여 상벌을 내린다고만 말하면 인간은 자주권이 없이 상제에 구속되어 구복신앙에 빠질 위험이 있다. 이 때문에 상제가 인간에게 자주권을 주었다고 말했고, 도록에서 상제를 찾지 말고 본심에서 찾으라고 말했던 것이다.[48] 또한 상제가 선악을 선택할 수 있는 자주지권을 인간에게 주었다고만 말했을 때 인간이 이익이 된다면 악행을 해도 된다고 생각할 수 있다. 따라서 상제가 인간의 악에 대하여 벌로써 징계한다고 말했던 것이다. 또한 인간이 악행을 하면 천이 분노한다고 말했던 것이다. 그리고 상제는 인간의 본심과 직통되어 있기 때문에 인간은 선을 실천해야 한다는 것이 그의 생각이다. 그가 공자의 참뜻을 수기치인修己治人에 있다고 말하였다.[49] 따라서 자신과 백성들로 하

[48] 기독교는 신중심의 종교로서 신의 숭배와 찬양, 신의 은총을 받기 위한 기도가 기본적인 목적의 의식이다. 그러나 정약용이 말하는 상제 즉 신은 인간으로부터 숭배받으려는 존재가 아니기 때문에 인간중심의 의식을 갖는 것이므로 기독교와 다르다. 또한 그러한 인간중심의 종교적 의식은 도덕을 중시하고 도덕적 행위를 장려한다.(Donald Baker, *Shamans, Catholics, and Chong Yagyong: Tasan's defense of the ritual hegemony of the Confucian state*, Tasanhak, vol.15, 2009, Seoul: Tasan Culture Foundation, p.158)

[49] 『與猶堂全書』 第一集詩文集第十七卷 「爲盤山丁修七贈言」 a_281_379a, "孔子之道, 修己治人而已, 今之爲學者, 朝夕講磨, 只是理氣四七之辯, 河圖洛書之數, 太極元會之說而已, 不知此數者於修己當乎? 於治人當乎? 且置一邊"

여금 선행을 실천하고 악행을 막기 위하여 그러한 표현을 했던 것이다. 이 때문에 비인격적인 주희의 리를 비판하였고, 그 대신 인격적인 상제를 선의 근거로서 제시하였던 것이다. 비인격인 리가 선의 근거와 그것을 실천하는 것이 되기에 부족하였다고 생각했다.⁵⁰ 따라서 그가 말하는 상제와 인간의 마음의 관계는 선악을 선택할 수 있는 인간의 자주지권과 상제의 상선벌악에 있는 것이다. 이처럼 그의 관점에서 해석하면 논리적으로 정합성을 갖는다. 상제가 인간에게 부여한 자주지권은 상선벌악을 전제로 한 것이다. 따라서 완전한 자유의지라고 해석하기가 곤란하다. 왜냐하면 그것은 상선벌악을 전제로 하면 완전한 자유의지가 되지 않기 때문이다.⁵¹ 만약 상제의 인간에 대한 상벌 또는 인간은 선행을 해야 한다는 의무를 전제로 한 것을 자유의지라고 한다면 정약용의 자주지권도 자유의지라고 할 수 있다. 하지만 그러한 전제가 자유의지라고 할 수 없다면 정약용의 그것은 자유의지가 아니다.⁵²

---

50 ① 정약용의 상제에 대하여 상벌을 준다는 의미가 있다고 한다(박홍식, 「정다산 천인관의 철학사적 의미」, 『동양철학연구』 16, 동양철학연구회, 1996, 15쪽) 상제에 대하여 두려워하고 섬겨야 하는 인격적 대상이며(15쪽) 그에 대하여 확고한 종교적 믿음이 있었다고 한다(위의 글, 22쪽). ② 정약용의 상제는 낙선오악을 실현하는지를 확인하고 상벌을 내리는 존재라고 한다(김형찬, 「욕망하는 본성과 도덕적 본성의 융합」, 『철학연구』 41, 고려대 철학연구소, 86쪽) ③ 상제에 대한 의존도가 큰 타율적 도덕론이라고 평가한다(성태용, 「다산의 인성론」, 『철학연구』 14, 철학연구회, 1979, 90-91쪽). ④ 반면에 마음의 도덕적 결단 즉 마음의 의지를 주목한 연구가 있다.(문석윤, 「다산 정약용의 새로운 도덕이론」, 『철학연구』 90, 대한철학회, 2004, 99쪽)
51 박홍식은 정약용이 상제론과 인간의 자유의지의 도덕률의 관계를 제대로 해명하지 못하였기 때문에 이론적 모순이라고 지적하였다.(박홍식, 「다산의 천사상과 세계관」, 『동양철학연구』 27, 동양철학연구회, 2001)
52 대다수의 논문에서 정약용의 그것을 자유의지라고 표현하였다.(백민정, 「다산 심성론에서 도덕감정과 자유의지에 관한 문제」, 『한국실학연구』 14, 한국실학학회, 2007) 등등

그가 이황과 같이 천의 분노를 말하지만 자연재해를 언급하지 않은 것은 전자는 인정하되 후자는 인정하지 않기 때문이다. 생전에 자연재해를 내린다고 생각하지 않았기 때문이다. 이황과 동중서와 같이 천인감응에 의한 자연재이에 대하여 회의적이었던 것이다. 그렇다고 해서 그의 형 정약종과 같이 죽어서 상벌 즉 천당과 지옥으로 보내는 것도 언급하지 않는다. 이로 미루어 보았을 때 현실에서 검증이 가능한 것만을 언급했다고 할 수 있다. 동시에 그것이 불가능한 천 또는 상제의 초월성과 주재성도 어느 정도 인정하고 있었던 것이다. 이 때문에 천의 분노로 인하여 신들이 복을 주지 않는다고 말했던 것이다. 물론 그 구체적인 복의 내용을 말하지 않으면서.

자주지권은『천주실의』, 상선벌악은『서경』의 영향이다. 물론 그것을 그대로 답습하지 않았다. 만약 그가 전자를 답습하였다면 인간의 자유지권과 사후의 상선벌악으로서 천당과 지옥, 후자를 그렇게 하였다면 생전의 상선벌악 만을 언급하였을 것이다. 하지만 그는 양자를 모두 말하면서 자칫 치우칠 수 있는 것에 대하여 균형을 유지하였다. 그것이 바로 그의 특징이면서 양자를 융합하여 독창적인 설을 정립한 것이라고 할 수 있다.[53] 그것은 의도적이

---

53 ① 서학의 영향을 받았을 뿐만 아니라 신앙했다는 연구가 있다.(김옥희,『한국천주교사상사Ⅱ-다산 정약용의 서학사상 연구』, 순교의 맥, 1991 ; 최석우,「정약용과 천주교의 관계-Daveluy의 비망기를 중심으로-」『다산 정약용의 서학사상』, 다섯수레, 1993, 79쪽 ; 최기복,「다산의 사생구원관」,『종교신학연구』 4, 서강대 종교신학연구소, 1991) 정약용의『맹자요의』에서 나타나는 상제관을 개인적 유신론이라고 하여 기독교와 유사하다고 해석한 연구(Michael C. Kalton (University of Washington), *Chong Tasan and Mencius: Toward a Contemporary East-West Interface*,『다산학』 5, 다산문화학술재단, 2004) ② 반면에 서학의 영향을 받았으나 신앙을 하지

라기보다 자연스럽게 그의 사상 속에 녹아들었던 것이다. 결국 그의 사상은 선진유가경전과 천주실의의 융합이었고 동서의 융합이었던 것이다.[54]

4) 진의: 마음 속의 천을 회복

다산 정약용은 상제가 인간에게 선악을 선택할 수 있는 자주지권을 주었고, 그 결과에 대한 공과功過 역시 인간 스스로에게 있다고 한다. 따라서 인간은 악행을 한다고 해도 상제를 두려워할 필요가

---

[54] ① 정약용은 서학의 상제를 신앙하였다는 연구가 있다(김옥희,『한국천주교사상사 Ⅱ-다산 정약용의 서학사상 연구』, 순교의 맥, 1991 ; 최석우,「정약용과 천주교의 관계-Daveluy의 비망기를 중심으로-」『다산 정약용의 서학사상』, 다섯수레, 1993, 79쪽; 최기복,「다산의 사생구원관」,『종교신학연구』4, 서강대 종교신학연구소, 1991). ② 다산에게 천은 창조주뿐만 아니라 학문적 섬김의 대상이라고 해석한 연구가 있다(이광호, 상제관을 중심으로 본 유학과 기독교의 만남, 유교사상연구 19, 한국유교학회, 2003, 562-3쪽). ③ 반면에 정약용의 상제를 실재하는 것이 아니라 도덕적 근거일 뿐이라고 하는 해석을 비판하고, 기독교 신자였다는 것을 비판한다. 그의 상제는 존재론적으로 실체이자 형이상학적 실체라고 주장한다. 또한 서학의 천주실의 영향을 받았고, 선진유가의 경전에 대한 해석에서 나왔다고 하는 연구가 있다(유초하,「정약용 철학의 태극(太極)과 상제(上帝) -상제(上帝) 개념에 담긴 존재론적 함의(含意)를 중심으로-」『인문학지』39, 충북대학교 인문학연구소, 2009). ④ 반면에 다산의 상제는 이 우주를 만들기 위해 태극을 주었고 그것의 법칙성에 따라 세상이 움직이게 하도록 한 후 직접적으로 개입하지 않기 때문에 사실 성리학자들이 말한 리의 성격을 오히려 더 닮아 있다. 윤리적인 영역에서도 상제의 신명과 같은 부류이기 때문에 감통할 수 있는 인간 내면의 영명함을 통해 스스로 윤리적 결단을 내리도록 했으므로 실제 다산은 상제의 연격적인 개입이 불필요한 심성론을 갖고 있다고 해석한 논문이 있다.(성태용,「다산철학에서 계시 없는 상제」,『다산학』5, 2004, 109, 117, 122쪽)

않았다는 연구(송영배,「정약용철학과 성리학적 이기관의 해체」,『한국유학과 이기철학』, 예문서원, 2000, 299- 301쪽 ; 이정배,「불교적 유교에서 기독교적 유교에로-다산 정약용의 유교해석에 있어서 기독교적 영향 탐구」,『신학과 세계』52, 감리교신학대학교, 2005). ③ 서학과 윤휴의 사천학(事天學)의 영향을 받았다는 연구가 있다.(금장태,「다산의 사천학(事天學)과 서학수용」,『철학사상』16, 서울대학교 철학사상연구소, 2003)

없다. 왜냐하면 상제가 그것에 대하여 벌을 내리지 않고, 인간 스스로에게 맡겼기 때문이다. 그럼에도 불구하고 그는 무감정하고 권위가 없는 주희의 리에 대하여 인간이 그것을 두려워하지 않기 때문에 선을 실천할 근거가 없다고 비판한다. 어차피 감정이 있고 권위가 있는 상제라고 할지라도 인간의 선악에 대하여 상벌을 내리지 않는다면 인간이 그를 두려워할 필요가 없다. 하지만 그 리를 비판한 이유는 그가 리를 대신하는 최고의 존재로 상제를 생각하고 있었고, 선의 근거를 상제에 두었기 때문이다. 그는 상제를 인간의 심과 직통直通한다고 말한다. 상제의 영명은 바로 인간의 본심이라는 것이다. 따라서 그는 상제를 밖의 도록圖籙 같은데서 찾는 것은 이단이고, 자신의 본심에서 찾는 것이 바로 성인의 도라고 말한다. 또한 상제가 인간의 선악에 대하여 상벌을 내린다면 구복신앙으로 흐를 가능성도 있다. 이 때문에 상제는 인간에게 선악을 선택할 수 있는 자주권을 주었다고 해석할 수 있다.

하지만 상제가 인간의 선악에 대하여 완전히 자주적으로 맡긴 것은 아니다. 인간이 잘못된 도로서 천에 아첨하면 그가 분노하여 그의 신들이 복을 내리지 않는다고 한다. 더욱이 천도는 인간의 선악에 대하여 상선벌악하며, 인간의 악에 대하여 벌로써 징계한다고 말한다. 상제는 성인과 신을 통하여 인간에게 간접적으로 상선벌악하지만 직접 그것에 대하여 상벌을 내린다는 것이다. 하지만 그것은 기복신앙으로 흐를 가능성을 안고 있다. 상제가 인간에게 선악의 자주권을 주었고 그 결과에 대하여 상제가 상벌을 내리는 것이 아니라 인간 스스로가 책임진다고 한 말과 다르다. 따라서 양자의 관계는 논리적으로 모순적이라고 할 수 있다. 하지만 선악을 선택할 수 있고, 그에 대한 공과도 인간에게 있다고 하였기 때문에 기복신앙으로 흐를 수 있는 것을 막을 수 있다. 상제가 인간의 선악에 대하여 상벌을 내린다고 말하면 인간은 구복신앙에 빠질 위험이 있다. 이 때문에 상제가 인간에게 자주권을 주었다고 말했고, 도록에서 상제를 찾지 말고 본심에서 찾으라고 말했던 것이다. 또한 상제가 선악을 선택할 수 있는 자주권을 인간에게 주었다고만 말한다면 인간이 이익이 된다면 악행을 해도 된다고 생각할 수 있다. 이 때문에 상제와 직통되어 있는 본심에서 천명을 찾아 선을 실천해야 한다고 그는 생각했고, 인간의 선악에 대하여 상제가 상벌을 내린다고 생각했다고 해석할 수 있다. 따라서 그의 관점에서 해석하면 그 관계는 모순이 아니라 정합이라고 할 수 있다. 따라서 그의 자주지권은 상선벌악을 전제로 한 것이다. 따라서 완전한 자유의지는 아니다. 왜냐하면 완전한 자유의지는 그러한 전제가 없었을 때 성립하기 때문이다.

정약용은 이황과 같이 천의 분노를 말한다. 하지만 그 벌로서 구체적인 자연재해 등을 말하지 않았다. 그것은 생전의 상벌에 대하여 회의적이었다고 할 수 있다. 그렇다고 해서 형 정약종과 같이 죽어서의 상벌 즉 천당과 지옥을 말하지 않았다. 즉 사후의 상벌에 대해서도 회의적이었다. 즉 현실에서 검증이 가능한 것을 인정했던 것이다. 물론 천의 분노로 인하여 신들이 복을 주지 않는다고 말한 것을 보면 어느 정도 천 또는 상제의 인간에 대한 주재성과 초월성을 인정했던 것이다.

천의 분노는 『논어고금주』, 자주지권은 『맹자요의』, 상선벌악은 『매씨서평』, 벌로써 징계한다는 것은 『상서고훈』에 나타난다. 자주지권은 『천주실의』의 영향을 받은 것이다. 상선벌악은 『서경』에 대한 주석이라고 할 수 있는 매씨서평과 『상서고훈』에 나타나지만 『천주실의』에도 나타난다. 하지만 『천주실의』에서는 죽은 후 영혼에게 그것을 판단하여 선자는 천당, 악자는 지옥으로 보낸다고 한다. 그것을 정약용은 답습하지 않았다. 반면에 『매씨서평』과 『상서고훈』에서는 사후가 아닌 생전에 그렇게 한다는 의미로 타나나 있다. 이로 미루어 보았을 때 그의 상제와 인간마음의 관계는 서학서인 『천주실의』와 유학경전인 『논어』와 『서경』등의 선진유가경전을 융합한 신유학이라고 할 수 있다.[55]

---

[55] 정약용에 대하여 현대의 동양과 서양을 연결하는 가교역할을 하였다고 해석하기도 한다.(Michael C. Kalton, "Chong Tasan and Mencius: Toward a Contemporary East-West Interface", *Tasanhak*, vol.5, 2004, Seoul: Tasan Culture Foundation)

2. 정약용의 상제와 인심도심과 사단칠정의 관계에서 나타난 모순적 논리검토와 그 진의

1) 천의 자주지권과 인심의 모순적 논리 검토

다산 정약용은 천이 인간에게 선악을 선택할 수 있는 자주지권을 부여했다고 한다. 하지만 천은 인심에 대하여 감시자의 역할을 한다고 말한다. 그 인심에서 나온 것이 칠정이라는 것이다. 천이 인간에게 자주지권을 부여했는데도 불구하고 감시자의 역할을 한다는 것은 진정한 자주지권을 주었다고 할 수 있는가? 그것이 모순적 논리이다. 또한 그는 천명은 도심에 있다고 말한다. 따라서 천명은 인간의 선에 있는 것이다. 그럼에도 불구하고 자주지권을 주었다고 말한다면 결국 완전하게 그것을 주었다고 할 수 있는가? 그것이 모순적 논리이다. 그 밖에도 그러한 점들이 종종 나타나고 있다. 그러한 의문에서 시작하여 정약용의 입장에서 그것을 해명할 것이다. 그러므로 본 책에서는 이러한 방법으로서 연구할 것이다.

또한 정약용은 상제와 인심도심 뿐만 아니라 상제와 사단칠정을 연결시킨다. 그것은 주자학의 인심도심설과 사단칠정설과 다른 점이다. 그것이 바로 그의 특징이다. 따라서 본 책에서는 정약용이 말하는 상제와 인심도심, 사단칠정의 관계를 연구할 것이다.[56]

그 관계에서 나타나는 모순적 논리를 검토하고 그의 입장에서 해석하여 그 진의를 연구할 것이다.

2) 천과 인심도심과 사단칠정의 관계에서 나타난 모순적 논리검토와 그 진의

(1) 천명과 도심과 사단

정약용은 상제가 천지인신天地人神 밖에서 그것을 조화造化, 안양安養, 재제宰制한다고 하였다.[57] 조화는 만유의 생멸, 안양은 양성, 재제는 주재를 의미한다. 그는 천의 주재자를 상제라고 여겼다.[58] 또한 그는 천을 상제라고 말하기도 한다.[59] 왜냐하면 임금을 나라님이라고 칭하듯이 천을 상제라고 칭한다고 여겼기 때문이다.[60]

[56] 지금까지 정약용의 상제에 대한 연구는 수없이 많다. 또한 인심도심에 대한 연구도 있다.(안영상,「토미즘과 비교를 통해 본 다산의 인심도심론」,『한국실학연구』9, 2005 ; 정소이,「다산 정약용의 인심도심론」,『다산학』18. 2011) 하지만 양자의 관계를 제목으로 다룬 연구는 아직 나타나지 않고 있다. 이것은 한국어로 쓴 논문뿐만 아니라 영어로 쓴 외국인 연구자들도 그러하다.(Donald Baker, *Thomas Aquinas and Chong Yakyong: Rebels Within Tradition*, Tasanhak, vol.3, 2002, Seoul: Tasan Culture Foundation ; Michael C. Kalton, *Chong Tasan and Mencius: Toward a Contemporary East-West Interface*, Tasanhak, vol.5, 2004, Seoul: Tasan Culture Foundation)

[57] 『與猶堂全書』第二集經集第三十六卷「春秋考徵」四, 363a, 上帝者何? 是於天地神人之外, 造化天地神人萬物之類, 而宰制安養之者也. 이것은 천주실의의 영향이다.(『天主實義』, (上海: 상해토산만장관, 제4판, 1923, 1쪽, 天主始制天地萬物而主宰安養之) 정약용은 상제의 존재를 논리가 아니라 직각에 의존했고, 인간의 도덕적 감정과 선한 의지가 상제의 분명한 증거라고 한다. 또한 상제는 인간을 시험하거나 경배를 요구하지 않는다고 한다.(한형조,「다산의 공부론과 지식론: 다산과 西學: 조선 주자학의 연속과 단절」, 다산학술문화재단,『다산학』2호, 2001, 144-5쪽)

[58] 『與猶堂全書』第二集經集 第六卷「孟子要義」, 민족문화추진회, 2002, 145c, 鏞案天之主宰爲上帝

[59] 『與猶堂全書』第二集經集第七卷「論語古今注」卷一〈八佾中〉, 180a, 補曰: 天, 謂: 上帝也

천명과 도심을 둘로 구분할 수 없다고 하였고, 천은 바로 상제라고 했기 때문에 천명은 곧 상제의 명령으로서 바로 도심이다.

도심과 천명은 나누어 둘로 볼 수 없다.[61]

따라서 상제의 명령은 인간의 마음에 선을 실천하라는 것이었고 그것이 바로 도심이었다. 그러한 몸을 주재하는 것은 도덕적 마음이다.[62] 도덕적 마음이 몸을 주재하고 상제가 그러한 인간을 주재한다. 도심은 도덕(도의道義)에서 발현한 것이므로[63] 바로 도덕적 마음(도의지심道義之心)이다.

하지만 천은 인간에게 선악을 선택할 수 있는 자주지권自主之權을 주었는데[64] 왜 다시 천명은 선한 도심에 있다는 것인가? 그것이 모순적 논리이다. 하지만 자주지권을 주기 이전에 이미 천은 인간에게 덕을 좋아하고 악을 부끄러워하는 성을 부여했다고 말

---

60 『與猶堂全書』第二集經集第六卷 「孟子要義」, 145c, 鏞案天之主宰爲上帝, 其謂之天者, 猶國君之稱國

61 『與猶堂全書』第二集經集第三卷 「中庸自箴」卷一, 048d, 道心與天命, 不可分作兩段看

62 『與猶堂全書』第二集經集第五卷 「孟子要義」, 138a, 人身雖有動覺, 乃於動覺之上, 又有道義之心爲之主宰

63 『與猶堂全書』第二集經集 第六卷 「孟子要義」〈告子第六〉, 136d, 道心者, 道義之所發也

64 『與猶堂全書』第二集經集 第六卷 「孟子要義」, 112c, 天之於人, 予之以自主之權, 使其欲善則爲善, 欲惡則爲惡, 游移不定, 其權在己, 不似禽獸之有定心, 故爲善則實爲己功, 爲惡則實爲己罪, 此心之權也.
정약용의 自主之權은 『천주실의』의 영향이다.(마테오리치, 『天主實義』, (上海: 상해토산만장관, 제4판, 1923, 118쪽. 天主賦人此性, 能行二者, 所以厚人類也, 其能取捨此善, 非但增爲善之功, 于俾其功爲我功焉
자주지권(自主之權)은 정약용의 신조어이다.(Donald Baker, *Thomas Aquinas and Chong Yagyong: Rebels Within Tradition*, Tasanhak, vol.3, 2002, Seoul: Tasan Culture Foundation)

한다.⁶⁵ 이로 미루어 보았을 때 선악을 선택할 수 있는 자주지권이란 선을 좋아하고 악을 싫어하는 성을 근거로 한 것이다. 따라서 인간이 악행을 한다면 천은 벌을 준다고 말한다.⁶⁶ 상제가 인간에게 준 자주지권은 주자학뿐만 아니라 기존의 조선 성리학을 대표하는 이황과 이이와 다른 정약용의 특징이다. 그것은 유학을 기반으로 한 것이지만 『천주실의』의 영향과 토마스 아퀴나스의 자유의지론이 녹아들어있는 것이기도 하다.⁶⁷

그러므로 정약용이 말하는 천명은 인간의 선한 도심에 있다고

---

65 『與猶堂全書』 第二集經集 第十五卷 「論語古今注」 卷九 339a, 於是又賦之以可善可惡之權, 聽其自主, 欲向善則聽, 欲趨惡則聽, 此功罪之所以起也, 天旣賦之以好德恥惡之性
66 『與猶堂全書』 「梅氏書平」, 230d, 天道賞善而罰淫 ; 『與猶堂全書』 第二集經集第二十五卷 「尙書古訓」, 184b, 天罰戒之
67 Donald Baker, *Thomas Aquinas and Chong Yagyong: Rebels Within Tradition*, Tasanhak, vol.3, 2002, Seoul: Tasan Culture Foundation) 정약용은 『천주실의』를 읽고 그 영향을 받았다. 『천주실의』는 마테오리치가 토마스 아퀴나스의 철학에 입각하여 선진유가경전을 접목해서 쓴 것이다. 정약용은 토미즘의 개념과 사상을 사용하였다. 비록 전문적인 용어와 사상이 아니지만(Donald Baker, *Thomas Aquinas and Chong Yagyong: Rebels Within Tradition*, Tasanhak, vol.3, 2002, 62-63쪽), 정약용은 토미즘의 개념을 채택하여 유학에 적용하였고, 그것을 보다 실천적인 것으로 체계화하였다.(같은 책, 68쪽)
정약용의 사상은 현대에 동양과 서양을 연결해 주는 다리의 건설자라고 평가하기도 한다.(Michael C. Kalton, *Chong Tasan and Mencius: Toward a Contemporary East-West Interface*, Tasanhak, vol.5, 2004, Seoul: Tasan Culture Foundation,) 마테오리치의 자유의지론은 이성적 합리적 판단의 의지가 전제된 것이었으며 정약용에게 뚜렷한 흔적을 남겼다.(백민정, 「다산 심성론에서 도덕감정과 자유의지에 관한 문제」, 『한국실학연구』 14, 한국실학학회, 2007, 406-410쪽)
반면에 정약용의 자주지권 또는 권형은 맹자에게서 이러한 자유로운 선택 즉 이성적 사유가 이미 그것이라고 해석한 연구가 있다.(함윤식, 「정약용의 『맹자』 해석에 나타나는 도덕적 자아에 대한 탐구」, 성균관대 박사논문, 2012, 161쪽)
주자학의 기질은 인간을 평등하지 않은 존재로 보았는데 그와 달리 정약용의 윤리학에서 권형(權衡, 자유의지) 즉 자주지권은 자유롭고 평등하며 주체적인 인격체로서 인간을 이해했다고 해석하기도 한다.(장승구, 「다산 정약용의 윤리사상 연구-주자의 윤리사상과의 비교를 중심으로-」, 『한국철학논집』 21, 한국철학사연구회, 2007, 186쪽)

할 수 있다. 천은 인간에게 선악을 선택할 수 있는 자주지권을 주었지만 결국 선으로 나아가는 도심에 있는 것이다. 하지만 천명이 도심에 있다면 인간으로 하여금 선악을 선택할 수 있게 하는 자주지권은 자유로운 것이 아니다. 왜냐하면 결국 선행을 해야 한다는 전제조건이 있기 때문이다. 따라서 그의 자주지권은 인간의 완전한 자유의지를 보장한 것이 아니다. 어디까지나 천명은 인간의 선한 도심에 있기 때문이다. 완전한 자유의지를 부여했다면[68] 인간은 방종 또는 방탕으로 나아간다고 해도 그것을 제어할 수 있는 존재가 없다. 오직 법률로서 처벌하는 방법이 있을 뿐이다. 하지만 법률이라고 할지라도 완전한 정의라고 보기가 쉽지 않다. 따라서 정약용은 상벌을 주는 상제를 언급했던 것이다.[69] 그러한 천 또는 상제는 인간의 마음에 내재하지만 인간이 그것을 깨닫고 공公을 추구하여 발현된 것이 도심, 사私를 추구하여 발현되면 인심人心이라고 생각하였던 것이다. 마음이 두 가지가 아니라는 것이다. 추구하는 바에 따라서 도심과 인심이 발생한다고 생각하고 있다. 그것은 서로 싸운다고 한다.[70]

---

[68] 정약용의 자주지권(自主之權)을 자유의지라고 표현하였다.(백민정, 「다산 심성론에서 도덕감정과 자유의지에 관한 문제」, 『한국실학연구』 14, 한국실학학회, 2007) 등

[69] 정약용이 말하는 상제는 상벌을 준다는 의미가 있다.(박홍식, 「정다산 천인관의 철학사적 의미」, 『동양철학연구』 16, 동양철학연구회, 1996, 15쪽) 상제에 대하여 두려워하고 섬겨야 하는 인격적 대상이며(15쪽) 그에 대하여 확고한 종교적 믿음이 있었다고 한다(위의 글, 22쪽). 반면에 마음의 도덕적 결단 즉 마음의 의지를 주목한 연구가 있다.(문석윤, 「다산 정약용의 새로운 도덕이론」, 『철학연구』 90, 대한철학회, 2004, 99쪽)

[70] 『與猶堂全書』 第二集經集第六卷 「孟子要義」, 148b, 人恒有二志, 相反而一時竝發者, 此乃人鬼之關, 善惡之幾, 人心道心之交戰
인심도심상쟁설은 정약용의 고유한 설이라고 해석하기도 한다.(금장태, 「다산 경학

인간은 항상 두 가지 뜻이 있다. 그것은 상반되어 일시에 발현되는데 그것이 인귀人鬼의 관건이고 선악의 분기점이고 인심과 도심이 서로 싸우는 것이다.[71]

선악의 분기점에서 인심과 도심이 싸운다는 것이다. 도심은 선이고 인심은 악의 성향을 지니고 있기 때문이다.

천은 영명한 존재이고 그것은 인간의 성에 내재되어 있다. 그것이 바로 성선性善이며 그것이 사단의 뿌리라고 정약용은 말한다. 그는 사단을 사심四心이라고 칭하기도 한다.[72] 이러한 사단에

의 탈주자학적 세계관」, 『다산학』 1, 2000)
하지만 정약용은 정자의 善과 不善의 交戰을 직접 인용한다. 따라서 그는 그것을 도심과 인심에 적용한 것이다.(『與猶堂全書』 第二集經集第二卷 「心經密驗」, 〈心性總義〉, 038a, 程子曰: 胸中常若有兩人焉, 欲爲善, 如有惡以爲之間, 欲爲不善, 又若有羞惡之心者, 此正交戰之驗 案此卽丹書所謂敬怠之戰, 子夏所謂義欲之戰, 程子所謂天理人欲之戰, 懍乎危)
정약용의 인심도심설이 주희와 완전히 다르다고 해석하기도 한다.(정소이, 「다산 정약용의 인심도심론」, 『다산학』 18)
반면에 주희의 인심도심론을 비판적으로 수용했거나 부분적으로 계승하였다고 해석하기도 한다.(김치완, 「주자학 전통에서 본 茶山의 인간관 연구」, 부산대학교 박사학위논문, 2005 ; 백민정, 『정약용의 철학: 주희와 마테오리치를 넘어 새로운 체계로』, 이학사, 2007)

[71] 『孟子要義』, 「盡心」, 人恒有二志, 相反而一時竝發者, 此乃人鬼之關, 善惡之幾, 人心道心之交戰.
정약용의 도심은 인심의 기준이 아니라 인심과 맞선 다른 도덕적 욕망이라고 해석한 논문이 있다.(정소이, 「다산 정약용의 인심도심론」, 『다산학』 18, 297쪽)
주희의 도심은 욕구가 관련되지 않지만 다산은 인심과 도심의 구분을 떠나 欲이 관통되어 있다고 해석한 논문이 있다.(임부연, 「정약용 마음론의 구조와 쟁점-주희와의 비교를 중심으로-」, 종교학연구, 2001, 98쪽)

[72] 『與猶堂全書』 第一集詩文集第十九卷 「答李汝弘」 載毅, 420a, 四心之發, 發於靈明之本體, 靈明之體, 其性樂善恥惡而已, 以此之性, 妙應萬物, 故孟子論四端, 必以性善爲四端之本.
영지의 기호는 바로 상제의 영명과 직통하는 인심으로서의 성을 의미한다. ① 정약용의 기호의 성은 반드시 서학의 영향이 아니라 퇴계학파인 경기남인의 정서라고 한다.(정소이, 「정약용 심성론의 변천에 관한 연구」, 『철학사상』 33, 서울대학교 철학사상연구소, 2009, 22쪽) 이 논문은 기존의 서학의 영향이라는 연구에 대한 반론이다.

서 단端을 시작이라고 해석하고 인의예지는 내재가 아니라 행동으로 나타난 것이라고 해석한다.

> 내가 보건대 (맹자의) 밖으로부터 나에게 온 것이 아니라는 구문은 내 안에 있는 사심을 미루어 밖에 있는 사덕을 이루는 것을 말한 것이지, 밖에 있는 사덕을 끌어당겨 안에 있는 사심을 발현하게 한 것이 아니다. 이 측은지심은 바로 인을 얻을 수 있고, 이 수오지심은 바로 의를 얻을 수 있다. …… 인의예지의 이름과 같은 것은 바로 행동한 뒤에 이루어지는 것이다.[73]

이것은 주자학에서 인의예지가 선천적으로 인간의 마음에 내재되어 있고 그것이 발현된 것이 사단이라고 하는데[74] 그것과 다른 점이다. 이러한 인의예지의 내재에 대하여 정약용은 양구산楊

---

② 기존의 연구는 주로 『천주실의』로부터 유래되었거나 매우 유사하다는 주장, 또는 그 밖의 서학서의 영향을 강조하였다.(금장태, 「다산의 심개념과 마테오리치의 영혼론」, 『종교와 문화』 8, 서울대종교문제연구소, 2002, 81, 87쪽 ; 송영배, 「다산철학과 천주실의의 패러다임 비교연구」, 『다산사상 속의 서학적 지평』, 서강대출판부, 2004, 172, 183쪽 ; 정인재, 「서학과 정다산의 성기호설」, 『다산학』 7, 2005, 110-112쪽 ; 최석우, 「다산 서학에 관한 논의」, 『다산 정약용의 서학사상』, 다섯수레, 1997, 69쪽 ; 김옥희, 「다산의 심경밀험에 나타난 심성론」, 『다산 정약용의 서학사상』, 다섯수레, 1997, 189-190쪽)
반면에 정약용의 기호의 성을 토마스 아퀴나스의 욕구와 유사하다고 해석하기도 한다.(안영상, 「토미즘과 비교를 통해 본 다산의 인심도심론」, 『한국실학연구』 9, 2005, 242쪽)

73 『與猶堂全書』 第二集經集第六卷 「孟子要義」, 138a, 鏞案非由外鑠我者, 謂推我在內之四心, 以成在外之四德, 非挽在外之四德, 以發在內之四心也, 卽此惻隱之心, 便可得仁, 卽此羞惡之心, 便可得義… 若其仁義禮智之名, 必成於行事之後.

74 『朱子語類』 권53 「맹자3」, 蓋這惻隱之心屬仁, 必有這仁在裏面, 故發出來做惻隱之心 ; 羞惡之心屬義, 必有這義在裏面, 故發出來做羞惡之心.

龜山이 정좌靜坐를 통하여 미발未發을 체험한 것을 토대로 나타난 것이라고 해석하여 비판한다. 즉 정좌와 같이 선의 영향으로 인하여 그것의 내재가 설로서 정립되었는데 그것이 바로 오류라고 비판했던 것이다.[75]

정약용이 말하는 사단은 공적인 것만 있는 것이 아니라 사적인 것도 있다고 주장하면서 이황의 사단설에 대하여 평가한다.

> 사단의 대체는 이발理發이다.(본연의 성에서 발현한 것을 말한다.) 그러나 당현종이 마외역에서 양귀비를 죽이고 측은한 마음이 나타난 것과 한고조가 백등에서 돌아오면서부터 부끄러운 마음이 나타난 것과 조조가 제호를 사양하고 감당하지 않은 것과 순경이 십이자를 그르게 여긴 것 등은 천리의 공공에서 발현된 것이라고 말하려고 해도 말할 수가 없다. …… 퇴계는 평생 마음을 잘 다스리고 성을 잘 기르는 일에 힘썼으므로 이발理發과 기발氣發을 나누어 말하였다.[76]

이황은 사단을 직접 천리의 공, 칠정을 인욕의 사에서 발현하

---

[75] 『與猶堂全書』第一集詩文集第十八卷「上弇園書」丙辰, 404b, 孟子惻隱羞惡辭讓是非, 是動於內而未及於行爲, 只爲仁義禮智之端緒而已, 仁義禮智是見於行事, 已爲仁爲義爲禮爲智者也, 而乃以仁義禮智, 認爲在內之性, 反以惻隱羞惡辭讓是非, 爲發於仁義禮智者, 此皆看心性太重, 與孔子以四勿答顏淵問仁之義不同矣, 此所以龜山以下諸子以靜坐看未發前氣像, 爲聖學宗旨, 而程門諸人晚來無一人得免涉禪之失者, 恐未必不由於此也

[76] 『與猶堂全書』第一集詩文集第十二卷「理發氣發辨二」, 258b, 四端大體是理發, 謂發於本然之性雖然明皇於馬嵬, 引貴妃而發惻隱之心, 此先儒之言漢高祖自白登還而發羞愧之心, 曹操讓帝號而不爲, 荀卿非十二子, 若此類謂其發於天理之公, 不可得也. … 退溪一生用力於治心養性之功, 故分言其理發氣發.

였다고 말하지 않는다. 인심을 형기의 사에서 발현되었다고 말한다.[77] 또한 사단을 도심, 칠정을 인심이라고 말했기[78] 때문에 칠정을 인욕의 사, 사단을 천리의 공에서 발현되었다고 여겼던 것이다. 따라서 정약용이 그렇게 이황을 해석하였던 것이다. 사단칠정을 각각 도심과 인심이라 하고 그것을 공사公私개념으로써 해석한 것은 이익李瀷이었다.[79] 따라서 정약용은 이익의 영향을 받은 것을 바탕으로 하여 이황을 해석했다고 할 수 있다.

    이로 미루어 보았을 때 정약용이 말하는 사단과 칠정은 공사公私를 겸했기 때문에 천리와 인욕도 겸하고 있다. 따라서 칠정에 대한 계신공구戒愼恐懼뿐만 아니라 사단에 대한 그것도 필요한 것이다. 즉 당현종唐玄宗이 마외馬嵬에서 양귀비楊貴妃를 죽인 후 나타나는 측은지심은 사적私的인 것이다. 더욱이 양귀비로 인하여 국가와 민생이 어렵게 되었으므로 처음부터 그러한 일이 일어나지 않게 계신공구戒愼恐懼했어야 한다. 하지만 사단은 사덕이 된다고 말하는데[80] 그렇다면 사덕도 수양이 필요한가? 이것이 모순적 논리이다. 물론 사단이 모두 당현종의 그것과 같지 않다. 사단이 행동으로 완성된 것이 바로 사덕으로서 인의예지이다. 그러므로 당현

---

[77] 『退溪集』 卷之二十五 「答鄭子中講目」, 094a, 亦如人心發於形氣之私

[78] 『退溪集』 卷之三十七 「答李平叔」, 343a, 人心爲七情, 道心爲四端

[79] 『星湖全書』 권10 「四七新編」 8, 七情便是人心, 問形氣之私, 曰: 如飢飽寒暖之類, 皆生於吾身血氣形體, 而他人無與, 所謂私也.; 같은 책, 卷7 「四七新編」 4, 聖賢之七情, 衆人之私及近, 聖人之私及遠, 所以遠者, 理爲之主也. 理何嘗私? 然則謂私, 可也; 謂之公, 亦可也. 私以本情言, 公以理言.

[80] 『與猶堂全書』 第二集經集第六卷 「孟子要義」, 138a, 卽此惻隱之心, 便可得仁, 卽此羞惡之心, 便可得義

Ⅲ 서학과 유학의 융합으로서 신유학

종과 같은 측은지심 즉 사단은 계신공구해야 되지만 그것이 바로 사덕이라고 할 수 없다. 따라서 사덕은 계신공구할 필요가 없는 것이다. 만약 계신공구가 필요한 것이라면 사덕이 아니다. 그것이 바로 그의 진의였던 것이다. 이처럼 그가 사단을 공적인 것만 있다고 보지 않는 것은 즉 순선하지 않다는 점을 내포하고 있다. 이것이 주자학과 다른 점이다.[81]

또한 사단은 심의 영명한 본체에서 발현되었고, 그 영명은 천의 영명과 같은 것이다. 그렇다면 천도 공뿐만 아니라 사적인 것도 있다는 것인가? 따라서 천도 수양해야 하는가? 이것이 모순적 논리이다. 하지만 영명한 사단은 천의 영명靈明과 같은 것이기 때문에 수양할 필요는 없다고 그는 생각하였다. 그가 수양해야 한다고 생각하는 사단은 당현종이 죽어가는 양귀비를 불쌍하게 생각하는 사적인 사단으로서 측은지심을 의미한다. 공적인 사단은 수양할 필요가 없는 것이다. 천과 그러한 천리의 공공에서 발현된 사단은 공통적으로 수양의 대상은 아니라고 그는 생각하였던 것이다.

---

[81] 주희는 사단을 리가 발현된 것이라 하고(『朱子語類』 권53 「孟子」 3, 四端是理之發), 리는 선하다고 한다(같은 책 권5 「性理」 2, 只是理, 故無不善). 따라서 사단은 선한 것이라고 여겼다. 따라서 그는 정자의 이유선악理有善惡의 리를 실제로 리가 아니라고 해석한다(권95 「程子之書」, "人生氣稟, 理有善惡" 此理字, 不是說實理). 그 리를 합(合)자라고 해석하여 이유선악이 아니라 합유선악이라고 하였다(같은 책, "人生氣稟, 理有善惡", 理, 只作合字看).

(2) **천과 인심과 칠정**

정약용은 천이 영명靈明하여 인심을 직통한다고 했기 때문에 항상 행동을 조심해야 한다고 말하였다.

> 천의 영명은 인심에 직통한다. 은밀한 곳에서도 살피지 않음이 없고 은미한 곳에서도 밝지 않음이 없어서 그 방을 비춘다. 해가 그 곳을 감시하니 사람이 진실로 그것을 알면 비록 대담한 사람일지라도 계신공구戒愼恐懼하지 않을 수 없다.[82]

이처럼 인심은 천의 영명함과 직통하는 것이다. 따라서 천은 인심을 훤히 꿰뚫고 있다. 마치 해가 방을 훤히 비추듯이. 이 때문에 인간은 항상 계신공구해야 한다는 것이다. 왜냐하면 천이 감시하고 있기 때문에. 하지만 천이 인간에게 선악을 선택할 수 있는 자주지권을 주었다고 하는 것과 다른 면이 있다. 왜냐하면 천이 인간에게 자주지권을 주었으므로 구태여 감시할 필요는 없기 때문이다. 그것이 모순적 논리이다. 그러나 정약용은 그래도 감시해야 인간이 악행으로 나아가는 것을 막을 수 있다고 생각하였던 것이다. 따라서 그가 말하는 자주지권은 인간에게 완전히 자유의지를 부여한 것은 아니라고 할 수 있다. 왜냐하면 완전한 자유의지를 주었다면 악행으로 나아가는 방종을 제어할 수 없기 때문이다. 이 때문에 천은 인간에게 자주지권을 주었지만 악행의 가능성이

---

82 『與猶堂全書』第二集經集第三卷「中庸自箴」, 048d, 天之靈明, 直通人心, 無隱不察, 無微不燭, 照臨此室, 日監在玆, 人苟知此, 雖有大膽者, 不能不戒愼恐懼矣.

있는 인심을 감시한다는 것이다. 이 때 인심은 도심과 상대적인 마음이다. 왜냐하면 도심이란 천리의 공이므로 감시할 필요가 없기 때문이다.

또한 정약용은 인심에 대하여 사적이며 인욕을 따르는 것이라고 말한다. 사私가 되기 쉽기 때문에 위험하다는 것이다. 즉 악의 성향이 있다는 것이다.

> 인심은 사私가 되기 쉽고 공公이 되기 어렵다. 그러므로 위험하다. 이른바 사私가 되기 쉬운 것이니 어찌 인욕을 쉽게 따르지 않겠는가?[83]

더욱이 그는 인심을 따르면 악에 빠진다고 하였다. 반면에 도심이 주재하고 인심이 그 명령을 받들어 마음대로 해도 규범을 넘지 않는다고 하였다.

> 도심이 주재하고 인심이 그 명령을 잘 들으면 심을 따라 해도 도심이 하고자 하는 것을 따라 하는 것이므로 규범을 넘지 않는다. 대중들이 심을 따라 하면 인심이 하고자 하는 것을 따르는 것이므로 악에 빠진다.[84]

---

83 『與猶堂全書』第二集經集第四卷,「中庸講義補」卷一〈朱子序〉, 094d, 人心易私而難公故危, 夫所謂易私者, 豈非易循人欲者乎?

84 『與猶堂全書』第二集經集第七卷「論語古今注」卷一〈爲政第二凡二十四章〉, 166b, 道心爲之主, 而人心聽命, 則從心所欲, 爲從道心之所欲, 故不踰矩也 ; 若衆人從心所欲, 則爲從人心之所欲, 故陷於惡也

이처럼 인심에 대한 두 가지의 말을 종합해 보면 영명한 천과 직통하는 인심이 악에 빠질 수 있다는 의미이다. 따라서 영명한 천은 악에 빠질 수 있는 인심을 감시한다는 것이다. 그러한 인심이 대상을 접하면서 발생한 것이 칠정이다.[85] 퇴계 이황은 칠정을 사私라고 하지만 정약용은 오히려 공적公的인 측면이 있다고 말한다.

> 칠정의 대체大體는 바로 기발氣發이다.(기질의 성에서 발한 것을 말한다.) 그러나 자로子路가 자기에게 과실이 있다는 말은 들으면 기뻐한 것과 문왕文王이 한번 성내어 천하의 백성을 편안케 한 것과 『시경』 관저시의 슬픔과 중용의 공구와 어린이가 그 부모를 사랑하는 것과 우임금이 지주를 미워한 것과 『대학』의 그 뜻을 성실하게 하려는 것과 그 마음을 바르게 하고자 한 것 등의 종류는 형기의 사에서 발현한 것이라고 말하려고 해도 말할 수가 없다.[86]

물론 정약용도 이황과 마찬가지로 칠정을 사적인 측면으로 이해한다. 즉 칠정을 공과 사 모두 있다고 이해하였다. 따라서 칠정의 사적인 측면을 영명한 천이 감시하는 것이다. 이 때문에 인간은 공적인 칠정을 발현해야 한다는 것이 그의 생각이다. 이황의 경우 칠정을 모두 악하다고 말하지 않는다. 맹자의 기쁨, 공자의 애락 등은 기가 리를 따라 발현된 것이고, 일반인이 부모를 보고

---

[85] 『與猶堂全書』第一集雜纂集第二十五卷 「小學珠串」〈七情〉, 553d, 七情者. 人心之感發也
[86] 『與猶堂全書』第一集詩文集第十二卷 「理發氣發辨二」, 258b, 七情大體是氣發, 謂發於氣質之性雖然子路喜聞過, 文王一怒而安天下之民, 關雎之哀, 中庸之恐懼, 孩提之愛其親, 禹之惡旨酒, 大學之欲誠其意欲正其心, 若此類, 謂其發於形氣之私, 不可得也

기뻐하고 상을 당했을 때 슬퍼하는 것도 마찬가지라는 것이다.[87] 따라서 그러한 경우는 모두 선하다고 이황은 생각하고 있었다. 이러한 점을 정약용이 영향 받았다고 할 수 있다.

3) 진의: 천의 인간 악행에 대한 감시

정약용이 말하는 천은 인간에게 선악을 선택할 수 있는 자주지권을 주기도 하고 상벌을 내리기도 한다. 그 천은 바로 인간과 같은 감정을 갖고 있으면서 도덕적이면서 그 근거가 되는 인격적인 상제를 의미한다. 그 상제는 인심에 직통되어 그것을 감시한다. 또 그 천명은 도심과 둘로 나눌 수 없다고 하여 실제로 상통한다고 보고 있다. 하지만 인간에게 자주지권을 주었음에도 불구하고 그 인심을 감시할 필요가 있는가? 이것이 모순적 논리이다. 왜냐하면 감시를 한다면 자주지권을 주었다고 말하기 어렵기 때문이다. 하지만 자주지권만을 준다면 인간은 방종으로 흐를 수 있다. 이 때문에 그것을 감시해야 한다는 것이다. 그것이 바로 정약용의 진의라고 할 수 있다. 그 인심이 대상을 접하면서 생기는 것이 바로 칠정이다. 그것은 악으로 흐를 가능성을 갖고 있기 때문에 감시해야 한다는 것이 바로 그의 진의이다.

또한 그는 천이 인간에게 선을 좋아하고 악을 부끄러워하는 성

---

[87] 『退溪集』卷之十六「答奇明彦」〈論四端七情第二書〉, 413a, 大抵有理發而氣隨之者, 則可主理而言耳, 非謂理外於氣, 四端是也; 有氣發而理乘之者, 則可主氣而言耳, 非謂氣外於理, 七情是也. 孟子之喜, 舜之怒, 孔子之哀與樂, 氣之順理而發, 無一毫有碍, 故理之本體渾全; 常人之見親而喜, 臨喪而哀, 亦是氣順理之發, 但因其氣不能齊, 故理之本體亦不能純全, 以此論之, 雖以七情爲氣之發, 亦何害於理之本體耶? 又焉有形氣性情不相干之患乎?

을 주었고 그것이 바로 성선이라고 했다. 그것에 입각하여 나타난 것이 바로 사단이다. 그 사단이 행동으로 나타난 것이 바로 사덕 즉 인의예지이다. 그것이 기존의 주자학과 다른 점이다. 주자학에서는 인의예지가 인간의 마음에 내재되어 있으며 그것이 발현된 것이 사단이라고 했다. 이것을 오히려 정약용은 비판한다. 그 사단은 천리의 공뿐만 아니라 형기의 사도 있다고 한다. 예를 들면 당현종이 마외에서 양귀비를 죽이고 측은지심이 나타난 것이다. 그것은 천리의 공이 아니라 형기의 사라고 생각했던 것이다. 이러한 사단은 계신공구해야 한다. 하지만 그러한 측은지심이 행동으로 나타난 것이 인이라면 그 역시 계신공구해야 한다는 의문이 들 수 있다. 그것이 모순적 논리이다. 그러나 당현종과 같은 측은지심에 입각한 행동을 인이라고 생각하지 않았던 것이 정약용의 진의라고 할 수 있다. 왜냐하면 그는 인을 사덕이라고 칭하여 완성된 행위라고 생각하였기 때문이다. 하지만 당현종의 그것은 천리의 공이 아니라 형기의 사가 발현된 것이기 때문에 수양해야 한다는 것이 그의 진의였던 것이다.[88]

IV 송시열과 정약용

1. 조선후기 사단칠정설 변화의 두 양상: 송시열과 정약용

1) 사단칠정설의 새로운 변화

16세기 퇴계 이황(1501-1570)과 고봉 기대승(1527-1572)의 사단칠정 논쟁은 주희(1130-1200)의 성리학을 연구하면서 문제제기를 했다는 점에서 그 사상적 의의가 크다. 기대승의 영향을 받은 율곡 이이(1536-1584)가 이황의 사단칠정설을 비판하면서 기발이승일도氣發理乘一途설을 주장하게 되는데 그것은 영남과 기호학파의 분수령이 되었다.

이러한 사단칠정설은 조선후기에 이르러 변화하게 된다. 특히 우암 송시열(1607-1689)과 다산 정약용(1762-1836)에게서 그것은 두드러지게 나타난다. 송시열은 이이를 계승한 성리학자로 알려져 있고, 정약용의 사단칠정설은 이황과 이익(1681-1763)의 영향을 받아 정립되었다. 그들은 기존의 성리학에서 공통적으로 말하는 사단은 순선 또는 천리의 공, 칠정은 겸선악 또는 형기의 사에서 발현하였다는 설에 대하여 문제를 제기하여 변화시켰다.

송시열과 정약용은 활동했던 시대가 다르지만 조선후기 변화된 사단칠정설의 대표적인 사례이다. 따라서 본 책에서는 그들이 기존의 사단칠정설을 변화시킨 것을 중점적으로 연구할 것이다.

기존의 사단칠정설에 대하여 양자가 어떠한 양상으로 변화시켰는지를 연구하고, 그 사상적 의의를 논할 것이다. 그리고 그들의 공통점과 차이점도 부수적으로 연구할 것이다. 또한 그들이 주희, 이황, 이이, 이익의 사단칠정설과 관련되어 있기 때문에 그들로부터 받은 영향과 그에 대한 비판과 변화에 대하여 언급하면서 연구할 것이다. 송시열과 정약용의 변화된 사단칠정설은 이황과 이이 이후에 중요한 것임에도 불구하고 그들에 대한 연구는 없다.[1]

2) 변화의 두 양상

(1) 사단은 중절中節과 부중절不中節, 성인의 칠정은 순선: 송시열

송시열에 이르러 변화한 사단칠정설은 주희의 그것에 대한 이황과 기대승과 이이의 해석에서 비롯되었다.

본래 사단은 시비, 수오, 사양 또는 공경, 시비지심으로서 『맹자』에 나타난 것이지[2] 주희가 새로 만든 용어가 아니다. 그것은 칠정도 마찬가지이고, 그것은 희노애구애오욕喜怒哀懼愛惡欲으로서 『예기』에 나오는 용어이며[3] 그것의 일부인 희노애락은 『중용』에

---

[1] 지금까지 송시열과 정약용의 사단칠정설에 대한 연구는 없다. 다만 송시열의 사단칠정설에 대한 연구는 임부연의 「송시열의 사단칠정론」(『종교와 문화』 21, 서울대 종교문제연구소, 2011)이 있다.
* 정약용의 사단칠정론에 대한 연구로서 김영우의 「다산 정약용의 사단칠정론 고찰」(『다산학』 6, 2005)이 있다. 김영우는 정약용의 사단칠정론이 천주실의의 영향을 받았다고 주장하였다. 하지만 본 책에서는 이에 동의하지 않는다. 따라서 이에 대한 논의도 할 것이다.

[2] 『맹자』 「公孫丑上」, 惻隱之心, 仁之端也; 羞惡之心, 義之端也; 辭讓之心, 禮之端也; 是非之心, 智之端也. 人之有是四端也

[3] 『예기』 「예운」 9, 喜怒哀懼愛惡欲, 七者弗學而能

서 나온다.⁴ 이것을 근거로 해서 주희가 사단칠정설을 정립한다. 그는 사단을 리의 발동으로서 선,⁵ 칠정을 기의 발동으로서 유선악이라고⁶ 하였다.

> 사단은 리가 발동한 것이고, 칠정은 기가 발동한 것이다.⁷

이것은 훗날 16세기 조선시대의 사단칠정논쟁을 유발시킨다. 이황은 처음에 주희의 사단칠정설을 답습하였으나⁸ 기대승과의 논쟁을 통하여 사단을 이발이기수지理發而氣隨之로서 순선, 칠정을 기발이이승지氣發而理乘之로서 유선악이라고 수정한다. 왜냐하면 사단을 기발氣發, 칠정을 이발理發이라고 하면 사단과 칠정이 분리될 뿐만 아니라 리와 기도 그렇게 되어 불상리不相離에 어긋나기 때문이다. 주희는 리와 기를 불상리不相離와 불상잡不相雜이라고 했다.

> 사단은 리가 발동하여 기가 따르고, 칠정은 기가 발동하여 리가 탑니다.⁹

하지만 이이는 이황의 칠정인 기발이이승지를 수용하면서 사

---

4 『중용』1장, 喜怒哀樂之未發
5 『朱子語類』권5「성리」2, 其惻隱, 便是仁之善；羞惡, 便是義之善
6 『朱子語類』권59「맹자」9, 情旣發, 則有善有不善
7 『朱子語類』권53: 70, 四端是理之發, 七情是氣之發
8 『退溪集』卷之十一「答李仲久」, 304b, 然四端理之發, 七情氣之發, 本晦庵說.
9 『退溪集』卷之十七「答奇明彦」論四端七情第三書, 431a, 且四則理發而氣隨之；七則氣發而理乘之

단인 이발이기수지理發而氣隨之라는 설을 비판한다. 왜냐하면 사단과 칠정을 구분할 수 없다고 여기기 때문이다. 사단은 칠정의 선한 측면이라는 것이다. 더욱이 사단을 이발이기수지라고 하면 리가 먼저 발동하고, 칠정을 기발이이승지라고 하면 기가 먼저 발동하는 의미가 되고 리와 기가 이물二物이 된다고 하여 비판한다.[10] 왜냐하면 사단과 칠정을 둘로 구분할 수 없고 모두 정이며 그것은 기가 발동하여 리가 타는 것이라고 해석하였기 때문이다. 또한 사단과 칠정 모두 기발이승으로서 전자는 순선, 후자는 유선악이라고 주장한다.

> 사단은 리가 먼저 발동하고 칠정은 기가 먼저 발동하는 것이 아닙니다. 퇴계는 이것을 근거로 설을 정립하여 말하기를 "사단은 리가 발동하여 기가 따르고, 칠정은 기가 발동하여 리가 탄다."고 하였습니다. 칠정은 기가 발동하여 리가 탄다고 말한 것은 옳지만 칠정만이 그러한 것이 아니라 사단도 기가 발동하여 리가 탄 것입니다.[11] 사단은 칠정의 선한 면이고, 칠정은 사단이 포함된 것입니다.[12]

이미 주희가 사단을 정이라고 했기 때문에[13] 이이 역시 사단과

---

10 『栗谷全書』 卷之十 「答成浩原」(壬申), 195a, 今若曰: 四端理發而氣隨之, 七情氣發而理乘之, 則是理氣二物, 或先或後, 相對爲兩岐, 各自出來矣.
11 『栗谷全書』 卷之十 「答成浩原」(壬申), 200c-d, 非曰四端則理先發 ; 七情則氣先發也. 退溪因此而立論曰: '四端, 理發而氣隨之 ; 七情, 氣發而理乘之'. 所謂氣發而理乘之者, 可也, 非特七情爲然, 四端亦是氣發而理乘之也.
12 앞의 책, 四端是七情之善一邊也 ; 七情是四端之摠會者也
13 『朱子語類』 권4 「성리」 1, 四端, 情也

칠정을 모두 정이라고 여겼던 것이다. 하지만 이것은 송시열에 이르러 변화하게 된다. 칠정에도 겸선악 즉 악의 성향이 있는 것이 아니라 순선하기도 하다고 말한다. 왜냐하면 순이 기뻐하고 문왕이 분노하는 것은 순선하기 때문이라는 것이다. 순과 문왕은 일반인이 아니라 성인이다. 따라서 성인의 칠정은 악의 성향이 있는 기가 아니라 순선한 리라고 한다. 그 예로써 순이 기뻐하는 것과 문왕의 분노를 들었다. 그것은 모두 순선하다는 것이다. 문왕의 분노를 리라고 하였기 때문에 이이 보다 더욱더 리의 주재를 강조하였다. 이이 역시 리는 기를 주재한다고 말하였고[14] 그것은 능동적인 주재가 아니라 리가 기의 원리 또는 뿌리라는 의미의 주재였다.[15] 하지만 송시열은 리의 주재가 더욱더 강조된 것이라고 할 수 있다. 그것은 이이가 리에 대하여 재동재정在動在靜이라고 했지만 송시열이 사동사정使動使靜이라고 말한 것에서도 잘 나타나고 있다.[16] 더욱이 그는 칠정뿐만 아니라 사단도 중절만 있지 않고 부중절도 있다고 한다.

칠정 중에 순이 기뻐하는 것과 문왕이 분노하는 것이 어찌 순선하지 않겠는가?

---

[14] 『栗谷全書』 卷之十 「答成浩原」(壬申), 199a, 夫理者, 氣之主宰也

[15] 『栗谷全書』 권10 「與成浩原」, 217b, 理氣無始, 實無先後之可言, 但推本其所以然, 則理是樞紐根柢

[16] 이이가 리를 재동재정(在動在靜)이라고 한 것은 내재성, 송시열이 그것을 사동사정(使動使靜)이라고 한 것은 주재성을 강조한 것이다.(이기용, 「율곡학과 우암성리학」, 『율곡학과 한국유학』, 충남대 유학연구소 편, 예문서원, 2007, 229-230쪽) 그의 사동사정은 근원인 원두의 자리에서 리가 기를 주재한다는 의미이다.(임부연, 「송시열의 사단칠정론」, 『종교와 문화』 21, 서울대 종교문제연구소, 2011, 56쪽)

주자가 말하기를 측은, 수오도 중절과 부중절이 있다고 하였다. 이 말은 사단도 부중절이 있다는 것이다.[17]

위와 같이 그는 주희의 말을[18] 근거로 사단에도 부중절이 있다고 했다. 또한 성인의 칠정은 순선하다고 했던 것이다. 그것은 이황에게서도 나타난다. 성현 즉 맹자의 기쁨, 순의 분노, 공자의 슬픔과 즐거움은 기가 리를 따라 발현된 것으로서(기지순리이발氣之順理而發) 리의 본체가 온전히 나타난 것이라고 한다. 리가 온전히 발현되었다는 것은 순선을 의미한다. 따라서 성현의 칠정은 순선하다는 것이다. 반면에 일반인의 그것은 기가 리를 따라 발현되었지만 그 기가 가지런하지 않아서 리의 본체가 온전히 발현되지 못하였다고 말한다. 따라서 성현의 칠정은 기가 발동된 것일지라도 리의 본체가 손상되지 않았다고 한다. 따라서 일반인의 칠정은 선악이 모두 있지만 성인의 그것은 순선하다고 생각하였던 것이다. 그가 사단 중에서도 부중절이 있다고 예상할 수도 있지만 그는 그것

---

17 『宋子大全』卷一百三十「朱子言論同異攷」, 419a, 七情中, 如舜之喜 ; 文王之怒, 豈非純善乎? ; 같은 책, 卷一百三十三「退溪四書質疑疑義二」466b, 朱子曰: 惻隱羞惡有中節不中節, 是則四端亦有不中節者
위와 같은 것과 유사한 내용으로서 사단과 칠정 모두 주리와 주기가 있다고 한 말이 『宋子大全』의「沙溪先生語錄」과『沙溪遺稿』의「宋時烈錄」에 나온다. "칠정 중에서도 주리가 있다고 말하는 것은 순이 기뻐하고 문왕이 분노하는 것이 리가 아니고 무엇이겠는가? 사단 중에서도 주기가 있다고 말하는 것은 주자가 이른바 사단에 부중절한 것이 있다고 말한 것이 그것이다."(『宋子大全』卷二百十二「沙溪先生語錄」,135c, 然七情中亦有主理而言者, 舜之喜 ; 文王之怒, 非理而何? 四端中亦有主氣而言者, 朱子所謂四端之不中節者是也 ;『沙溪遺稿』卷十「宋時烈錄」, 131d, 然七情中亦有主理而言者, 舜之喜, 文王之怒, 非理而何? 四端中亦有主氣而言者, 朱子所謂四端之不中節者是也)
18 『주자어류』권53「맹자」3: 36, 惻隱羞惡, 也有中節·不中節. 若不當惻隱而惻隱, 不當羞惡而羞惡, 便是不中節.

을 맹자의 본지에 어긋난다고 말한다.[19] 따라서 이황은 사단에 부중절은 없지만 성현의 칠정은 순선하다고 생각하였다.

> 맹자의 기쁨, 순의 분노, 공자의 슬픔과 즐거움은 기가 리를 따라 발현된 것이며 조금이라도 장애가 없으므로 리의 본체가 온전한 것입니다. 일반인이 부모를 보고 기뻐하고, 상을 당하여 슬퍼하는 것은 기가 리를 따라 발현한 것입니다. 다만 그 기가 능히 가지런하지 않음으로 인하여 리의 본체가 순수하게 온전하지 않을 수 있습니다. 이로써 논하면 비록 칠정이 기가 발현되었을지라도 어찌 리의 본체를 해치겠습니까?[20]

반면에 송시열은 주희의 말을[21] 근거로 율곡의 말에 대하여 타당하지 않다며 비판적이다.

> 율곡선생은 변론이 매우 상세하다. 다만 사단을 칠정 가운데 중절한 것이라 말한 것은 타당하지 않다. 주자가 말하기를 측은, 수오도 중절과 부중절이 있다고 하였다. 이 말은 사단도 부중절이 있다는 것이다.[22]

---

19 『退溪集』卷之十六「答奇明彦」論四端七情第二書, 24a, 且四端亦有不中節之論, 雖甚新, 然亦非孟子本旨也

20 『退溪集』卷之十六「答奇明彦」論四端七情第二書, 421d, 孟子之喜, 舜之怒, 孔子之哀與樂, 氣之順理而發, 無一毫有碍, 故理之本體渾全 ; 常人之見親而喜, 臨喪而哀, 亦是氣順理之發, 但因其氣不能齊, 故理之本體亦不能純全. 以此論之, 雖以七情爲氣之發, 亦何害於理之本體耶?

21 『주자어류』 권53「맹자」 3: 36, 惻隱羞惡, 也有中節·不中節. 若不當惻隱而惻隱, 不當羞惡而羞惡, 便是不中節.

22 『宋子大全』卷一百三十三「退溪四書質疑疑義二」466b, 栗谷先生於此, 辨論甚詳, 而但以

주자의 측은과 수오에 중절과 부중절이 있다고 말하였는데 퇴계와 율곡은 순선하다고 말하였다. 그것은 정론이 아니다.[23]

이것은 주희의 말에 근거하여 이이의 설을 어느 정도 비판적으로 보고 있는 것이다. 이로 미루어 보았을 때 그는 이이의 설에 대한 비판 또는 변화라고 할 수 있다.[24] 이이뿐만 아니라 이황이 사단을 순선하다고 한 것도 정론이 아니라고 보았다. 따라서 이이와 이황의 그것을 비판적으로 보았다고 할 수 있다. 이러한 사단의 부중절과 칠정의 중절을 근거로 송시열은 사단은 항상 리발이 아니라 부중절일 경우 기지발氣之發이고, 칠정도 중절일 경우 이지발理之發이라고 말하기도 한다. 이것이 주희뿐만 아니라 이황과 이이와도 다른 점이고 변화한 것이다. 왜냐하면 주희는 사단을 이발, 칠정을 기발이라 했고 이황은 전자를 이발기수, 후자를 기발이승이라 했으며 이이는 모두 기발이승이라고 했기 때문이다.

오직 발출할 때에 리가 타고 기가 발동하는데 사단에서 기가 엄폐하지 않으면 리가 발동하였다고 말하고, 칠정도 혹은 기가 엄폐하여 직수하지 않으면 기가 발동하였다고 말한다. 실제로 사단도 부중절하지 않으면 기가 발동하였다고 말할 수 있고, 칠정도 중절하

---

[23] 四端爲七情中中節者而言, 此爲未安. 朱子曰: 惻隱羞惡有中節不中節, 是則四端亦有不中節者 『宋子大全』卷九十七「答李同甫」, 319b, 朱子惻隱羞惡, 有中節不中節之語, 以退, 栗純善之言, 爲未得爲定論.

[24] 이이는 기발만을 인정하여 칠정과 같은 형이하의 사단을 순선이라고 한 것은 모순이며 송시열이 기발론에 따라 그것을 재해석하면서 모순을 해결하려 하였다는 연구가 있다.(이봉규, 「송시열의 성리학설 연구」, 서울대 철학박사 논문, 1996, 97-100쪽)

면 리가 발동하였다고 말할 수 있다. 따라서 설을 한결같이 고집할 수 없다.[25]

　이처럼 송시열은 사단을 리발과 기발, 칠정을 기발과 리발 모두 가능하다고 표현한다. 그렇다고 해서 이황과 같이 리가 직접 발동하는 것은 아니다. 그렇게 되면 이이의 핵심 설에서 벗어나게 된다. 그는 이황의 이발이기수지 즉 리가 발동한다는 주장에 대하여 오류라고 비판한다.[26] 이로 미루어 보았을 때 송시열이 말하는 리발이란 리가 기로 인하여 발현된다는 의미이지 리가 직접 발동한다는 의미는 아니다. 물론 송시열이 말하는 칠정의 중절은 이미 『중용』과 『주자어류』에 내포되어 있긴 하다.[27]

　『중용』에서 이미 희노애락이 발동하여 중절된 것을 화和라고 했기 때문이다. 마찬가지로 주희도 그러한 정이 발동하여 중절되면 옳고, 그렇지 않으면 그르다고 말한다. 하지만 송시열이 그것을 직접 인용하면서 주장했던 것은 아니다. 송시열이 사단에도 부중절이 있고, 성현의 칠정은 순선하다고 한 것으로 미루어 본다면 사단의 중절과 칠정의 순선, 사단의 부중절과 칠정의 악의 성향은

25　『宋子大全』卷一百三十三「退溪四書質疑疑義二」, 466b-c, 惟其發出之時, 理乘氣而發, 而四端不爲氣所掩, 則謂之理之發 ; 七情或掩於氣而不爲直遂, 則謂之氣之發, 其實四端之不中節者, 亦可謂氣之發 ; 七情之中節者, 亦可謂理之發, 不可執一而論也

26　『宋子大全』卷一百三十「朱子言論同異攷」, 419b, 退溪謂四端理發而氣隨之, 七情氣發而理乘之, 殊不知四端七情皆氣發而理乘之之妙也, 又曰: 退溪理發而氣隨之此一句大誤理是無情意運用造作之物, 理在氣中, 故氣能運用作爲而理亦賦焉, 觀於中庸首章章句可見矣.

27　『朱子語類』권16「대학」3, 心有喜怒憂樂則不得其正, 非謂全欲無此, 此乃情之所不能無. 但發而中節, 則是 ; 發不中節, 則有偏而不得其正矣. 好, 樂, 憂, 懼四者, 人之所不能無也, 但要所好所樂皆中理. 合當喜, 不得不喜 ; 合當怒, 不得不怒.

구분하기 어려워진다. 이 때문에 그는 결국 사단과 칠정은 둘이 아니라 하나라고 해석한다. 그것은 양자를 실제로 구분할 수 없다는 의미가 내포되어 있다. 이로 미루어 보았을 때 그는 사단과 칠정을 구분하는 것 보다 중절과 부중절 또는 순선과 겸선악의 구분을 더욱더 중요시했다고 할 수 있다.

또한 일찍이 그것을 생각해 보건대 천하에 본성 밖의 물物은 없고 이른바 성이란 다만 인의예지일 뿐입니다. 맹자가 측은惻隱을 인仁의 실마리라고 한 것은 네 실마리(사단)로 말한 것이다. 주자는 애愛를 인의 작용이라 여겨 칠정이라고 말하였습니다. 따라서 사단과 칠정은 실제로 하나입니다.[28]

송시열은 성 즉 인의예지 중의 하나인 인에서 나타난 것이 측은지심이고, 인의 작용이 애라고 해석한다. 사단으로서 측은지심과 칠정으로서 사랑의 근원이 결국 성으로서 인仁이라는 것이다. 이 때문에 사단과 칠정의 뿌리는 성이고, 결국 하나 즉 같다는 것이다.[29] 이것은 이이가 칠정 속에 사단이 있다고 하여 결국 양자는 하나라고 여긴 것을 계승한 것이다.

[28] 『宋子大全』 卷九十 「答李汝九」 壬子五月十二日 〈別紙〉 184d, 又嘗思之, 天下無性外之物, 而所謂性者, 只是仁義禮智而已. 孟子以惻隱爲仁之端者, 以四端言也 ; 朱子以愛爲仁之用者, 以七情言也. 然則四端七情, 其實一也
[29] 송시열은 측은지심을 마음의 발동이라 하고, 그것은 애의 리로 인한 것이며 기의 작용으로 인하여 일어났다. 반면에 이황은 사단은 본성에서 나왔지만 칠정은 외부 사물의 자극에 형기가 감응하여 발현되었다고 해석한 논문이 있다.(임부연, 「송시열의 사단칠정론」, 『종교와 문화』 21, 서울대 종교문제연구소, 2011, 63쪽)

2) 사단과 칠정은 모두 천리의 공公과 형기의 사私에서 발동: 정약용

기존의 사단칠정설에 대한 문제제기는 송시열뿐만 아니라 정약용에게서도 나타나고 있다.

그는 사단에 대하여 리발이라고 하였지만 모두 천리의 공에서 발동하였다고 말할 수 없다고 한다. 당나라 현종이 마외에서 그의 왕비 양귀비가 목을 매고 죽는 것을 보고 측은한 마음이 발동한 것은 사단이지만 천리의 공에서 발동하였다고 말할 수 없다는 것이다. 그 밖에도 한고조 유방이 백등白登에서 패배하고 돌아와 부끄러워하는 마음, 조조가 황제의 칭호를 사양한 마음, 순자가 십이자十二子를 비판하는 마음은 시비지심이지만 그것을 모두 천리의 공에서 발동하였다고 말할 수 없다고 한다. 그것들은 사단의 형태로 나타났을 뿐 그 발현의 뿌리 즉 천리의 공이 아니라는 것이다. 단지 형기形氣의 사에서 나왔다는 것이다.

칠정도 마찬가지로 기발이지만 모두 형기의 사에서 발동하였다고 말할 수 없다는 것이다. 자로가 다른 사람으로부터 자신의 과오를 들으면 기뻐했다는 것은 형기의 사에서 발동하였다고 말할 수 없다는 것이다. 자신의 과오를 듣고 그것을 고쳐야겠다는 마음을 먹고 기뻐했기 때문에 형기의 사가 아니라 천리의 공이라고 여겼기 때문이다. 또한 문왕이 화를 내면 천하의 백성이 안정되기 때문에 형기의 사가 아니라 천리의 공에서 발현된 것이라고 한다. 그 밖에도 관저의 슬픔, 『중용』의 공주恐懼, 아이가 부모를 사랑하는 마음, 우禹가 술을 싫어하는 마음, 『대학』에서 뜻에 정성을 다하고자 하고(성의誠意), 마음을 바르게 하고자 하는 것이(정심

正心)이 모두 형기의 사에서 발동했다고 말 할 수 없다는 것이다. 그것은 모두 천리의 공에서 발동하였다고 여겼다. 그것들은 칠정의 형태로 나타났지만 그 발현의 뿌리 즉 본질이 사단과 같은 천리의 공이라는 것이다.

> 사단의 대체는 리의 드러남이니, 본연지성에서 발동한다는 말, 비록 그러하지만, 밝은 황제(현종)가 마외에서 귀비를 (목매다는 곳으로) 이끌면서 측은한 마음을 드러냄, 이는 선유들이 말한 바, 한 고조가 백등에서 돌아와 부끄러워하는 마음을 드러내고, 조조가 황제의 칭호를 사양하고 (황제가) 되지 아니함, 순경이 열 두 사상가를 비난한 것, 이와 같은 것들은 그것이 '천리의 공적임'에서 드러났다고 이를 수는 없다.
> 칠정의 대체는 기가 드러난 것이니, 기질지성에서 발동한다는 말, 비록 그러하지만, 자로가 잘못을 듣고 기뻐함, 문왕이 한번 분노해서 천하의 백성을 편안하게 함, 『중용』의 두려워함(계신공구戒愼恐懼), 아이가 그 어버이를 사랑함, 우임금이 맛난 술을 미워함, 『대학』의 그 뜻을 성실하게 하려하고 그 마음을 바르게 하려함, 이와 같은 것들은 그것이 '몸의 사적임'에서 드러났다고 이를 수는 없다.[30]

---

30 『與猶堂全書』第一集詩文集第十二卷 「理發氣發辨二」, 258b, 四端大體是理發, 謂發於本然之性雖然明皇於馬嵬, 引貴妃而發惻隱之心, 此先儒之言漢高祖自白登還而發羞愧之心, 曹操讓帝號而不爲, 荀卿非十二子, 若此類 謂其發於天理之公, 不可得也.
七情大體是氣發, 謂發於氣質之性 雖然子路喜聞過, 文王一怒而安天下之民, 關雎之哀, 中庸之恐懼, 孩提之愛其親, 禹之惡旨酒, 大學之欲誠其意 欲正其心, 若此類, 謂其發於形氣之私, 不可得也

이것은 주희의 사단칠정설에 대한 비판이다. 사단을 이발理發, 칠정을 기발氣發이라고 한 것은 주희의 설이다. 반면에 주희는 사단을 천리의 공, 칠정을 형기의 사라고 말하지 않는다. 다만 도심을 천리의 공, 인심을 형기의 사라고 말하였을 뿐이다.[31] 물론 이 말을 근거로 추론해 본다면 주희는 사단을 천리의 공, 칠정을 형기의 사라고 생각하였다. 따라서 정약용은 주희의 사단칠정설을 비판한 것이다. 하지만 주희는 사단도 중절과 부중절이 있다고 말한다.[32] 또한 천리의 공에서 발현된 것은 사단뿐만 아니라 칠정도, 마찬가지로 형기의 사에서 발현된 것은 칠정뿐만 아니라 사단도 있다는 것이다. 문왕 등의 성인의 칠정만이 천리의 공에서 발현된 것이 아니라 아이가 부모를 사랑하는 것도 그러하다는 것이다. 천리의 공은 사단과 칠정, 마찬가지로 형기의 사도 사단과 칠정에 모두 있다는 것이다. 이로 미루어 본다면 그는 사단과 칠정의 구분 보다 천리의 공과 형기의 사의 구분을 더 중요시했다고 할 수 있다. 이것은 기존의 설과 다른 것으로서 중대한 변화이다.

이황은 인심이 칠정, 도심은 사단이 된다고 해석한다.[33] 물론 그도 주희의 말을 답습하여 인심을 형기의 사에서 발현되었다고 말한다.[34] 이것은 이익李瀷에게서도 그대로 나타난다.

---

31 『中庸章句』「序」, 心之虛靈知覺, 一而已矣, 而以爲有人心 道心之異者, 則以其或生於形氣之私, 或原於性命之正, 而所以爲知覺者不同, 是以或危殆而不安, 或微妙而難見耳. 然人莫不有是形, 故雖上智不能無人心, 亦莫不有是性, 故雖下愚不能無道心. ; 『朱子語類』권63 「중용」1, 饑寒痛癢, 此人心也 ; 惻隱, 羞惡, 是非, 辭遜, 此道心也; 권36 『논어』16, 天命至公, 人心便私

32 『朱子語類』권16 「大學」3, 心有喜怒憂樂則不得其正, 非謂全欲無此, 此乃情之所不能無. 但發而中節, 則是 ; 發不中節, 則有偏而不得其正矣. 端蒙. 好, 樂, 憂, 懼四者, 人之所不能無也. 但要所好所樂皆中理, 名當喜, 不得不喜 ; 合當怒, 不得不怒.

33 『退溪集』卷之三十七「答李平叔」, 343a, 人心爲七情, 道心爲四端

칠정은 인심이고, 형기의 사私는 무엇입니까? 배고프고 배부르고 춥고 따뜻한 것들은 모두 내 몸의 혈기와 형체에서 나온 것으로서 다른 사람과 같지 않으니 이른바 사이다.[35]

그 영향을 받은 정약용도 칠정은 인심이 대상을 인식하여 발현된 것이라고 한다.[36] 따라서 칠정이 형기의 사에서 발동하였다고 말했던 것이다. 그가 말하는 칠정이 형기의 사에서 발동하였다는 것은 칠정이 인심에서 발동하였다는 의미이기도 하다. 이처럼 그가 사단을 천리의 공, 칠정을 형기의 사에서 발현하였다고 생각하는 것은 이황과 이익의 영향으로 이루어졌던 것이다.[37]

반면에 이이는 이황의 그러한 설과 다르다. 그는 사단은 도심이라고 할 수 있지만 칠정은 인심만이라고 말할 수 없고 인심과 도심이 합해진 것이라고 주장한다.[38] 물론 정약용은 『중용강의보』

---

34 『退溪集』卷之二十五「答鄭子中講目」, 094a, 亦如人心發於形氣之私
35 『星湖全書』권10「四七新編」8, 七情便是人心, 問形氣之私, 曰: 如飢飽寒暖之類, 皆生於吾身血氣形體, 而他人無與, 所謂私也.
36 『與猶堂全書』第一集雜纂集第二十五卷「小學珠串」〈七情〉, 553d, 七情者, 人心之感發也
37 정약용이 사단칠정개념을 버리고 심성론을 더 이상 이기설로서 연구하지 않고 성리학과 다른 새로운 연구의 길에 들어섰다고 한다. 그것은 성리학에서 벗어난 새로운 연구라고 한다.(김영우, 266쪽) 하지만 정약용은 사단칠정개념을 버린 것이 아니라 형기의 사와 천리의 공 및 인심과 도심으로 연결시켰다. 이것은 이미 이황과 이익에게서 나타나고 있기 때문에 그들의 영향을 받아 보다 더 정밀하게 연구하였다고 할 수 있다.
이황이 정약용의 사상형성을 영향을 주었다는 연구가 있다. 그의 上帝개념이 이황의 리와 유사하기 때문이라고 한다.(이동환, 「다산사상에 있어서의 상제 도입 경로에 대한 서설적 고찰」, 벽사 이우성교수 정년기념논문집, 『민족사의 전개과 그 문화』, 창작과 비평사, 1990 ; 이광호, 「이퇴계 철학사상이 정다산 경학사상 형성에 미친 영향에 관한 고찰」, 『퇴계학보』 90, 퇴계학연구원, 1996)
38 『栗谷全書』卷之十「答成浩原」(壬申), 201d, 然則四端專言道心, 七情合人心道心而言之也

에서 이황의 이기호발理氣互發설을 비판하면서 이이의 기발이승일도氣發理乘一途설을 지지하기도 한다.[39] 정약용이 이황의 이기호발설을 비판한 것은 리가 스스로 발동할 수 없기 때문에 먼서 발동할 수 없다고 여겼기 때문이다. 이것은 이이가 이황을 비판한 것

[39] 『與猶堂全書』第二集經集第四卷 「中庸講義補」卷一〈朱子序〉, 095a, 臣對曰: 臣於四端屬理發, 七情屬氣發之說, 有宿疑焉? 若不汨沒於紛紜之說, 超坐而公觀之, 則或易辨破, 蓋氣是自有之物, 理是依附之品, 而依附者必依於自有者, 故纔有氣發, 便有是理, 然則謂之氣發而理乘之可, 謂之理發而氣隨之不可, 何者? 理非自植者, 故無先發之道也, 未發之前, 雖先有理, 方其發也, 氣必先之, 東儒所云發之者氣也. 所以發者理也之說, 眞眞確確, 誰得以易之乎? 282_095b 臣妄以謂四端七情, 一言以蔽之曰: 氣發而理乘之, 不必分屬於理氣也. 不但四七, 卽一草一木之榮鬱, 一鳥一獸之飛走, 莫非氣發而理乘之也.)

* 김영우는 이러한 정약용의 사칠설에 대하여 천주실의 영향이라고 주장한다. 왜냐하면 천주실의에서도 리는 스스로 자립할 수 없다고(『天主實義』 상권 2편 19쪽, 盖理亦依賴之類, 自不能立) 표현되었기 때문이라는 것이다. 따라서 정약용의 이기설은 성리학에서 벗어났다고 평가하였다.(248-249쪽) 그가 이이의 이기설을 지지한 것도 천주실의의 영향이라고 한다.(김영우, 「다산 정약용의 사단칠정론 고찰」, 『다산학』 6, 2005, 261쪽) 반면에 이동환은 천주실의의 영향이 아니라 이이의 기발이승일도설의 영향이라고 해석하였다.(이동환, 「다산사상에 있어서의 상제 도입 경로에 대한 서설적 고찰」, 벽사 이우성 교수 정년기념논문집, 『민족사의 전개와 그 문화』, 창작과 비평사, 1990, 308쪽) 『천주실의』에서 "리는 의지하는 것으로서 자립할 수 없다."(『天主實義』 상권 2편 19쪽, 盖理亦依賴之類, 自不能立) 마테오리치는 주희가 기에 리가 부착되었다고 한 뜻에 대하여 그렇게 해석한 것이다.(『주자어류』 권1 「理氣」上, 若氣不結聚時, 理亦無所附著；蓋氣則能凝結造作, 理卻無情意, 無計度, 無造作. 只此氣凝聚處, 理便在其中) 그리고 이이 역시 그렇게 해석하였다.(『栗谷全書』 卷之十 「答成浩原」 壬申, 199a, 非理則氣無所根柢, 非氣則理無所依著) 즉 마테오리치와 이이는 주희의 리개념에 대한 해석에서 일치하였던 것이다. 따라서 반드시 정약용의 이기설이 천주실의의 영향이라고만 본다는 것이 어렵다. 그는 주희의 리를 이이와 『천주실의』와 유사하게 해석하였던 것이다. Baker는 정약용과 이이의 이기설이 유사하다고 평가하기도 한다. 정약용이 리는 기에 부착되었다고 여긴 것이 이이와 유사하다는 것이다.(Donald L. Baker, "Tasan's Pragmatic Approach to the Confucian Classics", *Tasanhak* vol 22, 2013, p. 121)

* 마테오리치는 당시 성리학자들을 카톨릭으로 개종시키기 위하여 『천주실의』를 썼다고 해석한 논문이 있다.(Donald L. Baker, "Neo-Confucians Confront Theism: KpreanReaction to Mateo Ricci's Arguments for the Existence of God", 『동아연구』 3, 서강대 동아시아연구소, 1983, p. 157) 이로 미루어 보았을 때 리치가 주자학의 태극과 리를 비판한 이유는 주자학을 신봉하는 선비들을 개종시키기 위한 것이라고 할 수 있다.

과 그 관점이 같다.⁴⁰ 정약용이 1783년 성균관의 진사로 있을 때 친구 이벽은 이황의 사칠설을 지지하였고, 정약용은 이이의 설과 합치하였다.⁴¹ 이 때 정약용이 이황의 이기호발보다 이이의 기발이승일도설을 지지하였다. 하지만 그는 「이발기발변理發氣發辨」에서 이황은 세밀하고, 이이의 그것을 활간活看이라고 평가하여 그 주된 뜻이 다르기 때문에 양자 중에서 하나가 틀린 것이 아니라고 평가하였다.⁴² 이로 미루어 보았을 때 정약용은 초기에 이이의 사칠설과 합치하였지만 그 후 양자를 객관적으로 평가하였다는 것을 알 수 있다. 그것은 「서암강학기」에서도 나타난다.⁴³ 반면에 이벽은 정약용과 달리 이황을 지지하면서 이이는 그에 못 미친다고 폄하였다. 그는 이황의 설에 대하여 심의 성령에서 발동한 것은 리발, 형기에서 발동한 것은 기발이라고 해석하였다.⁴⁴

---

40 『栗谷全書』卷之十「答成浩原」壬申, 200c-d, 退溪因此而立論曰: 四端, 理發而氣隨之 ; 七情, 氣發而理乘之. 所謂氣發而理乘之者, 可也, 非特七情爲然, 四端亦是氣發而理乘之也, 何則, 見孺子入井, 然後乃發惻隱之心, 見之而惻隱者, 氣也. 此所謂氣發也, 惻隱之本則仁也, 此所謂理乘之也, 非特人心爲然, 天地之化, 無非氣化而理乘之也. 是故, 陰陽動靜, 而太極乘之, 此則非有先後之可言也, 若理發氣隨之說, 則分明有先後矣

41 『與猶堂全書』第一集詩文集第十六卷「自撰墓誌銘」集中本 a_281_340a, 癸卯春, 爲經義進士游太學, 內降中庸講義八十餘條, 時鏞友李檗, 以博雅名, 與議條對理發氣發, 檗主退溪之說, 鏞所對偶與栗谷李文成珥所論合

42 앞의 책, 第一集詩文集第十二卷「理發氣發辨一」, 258b, 退溪曰: 四端理發而氣隨之, 七情氣發而理乘之, 栗谷曰: 四端七情, 皆氣發而理乘之… 退溪之言較密較細, 栗谷之言較闊較簡, 然其所主意而指謂之者各異, 卽二子何嘗有一非耶?

43 (앞의 책, 第一集詩文集 第二十一卷「西巖講學記」, 461b, 然則退溪栗谷, 雖同論四七, 共談理氣, 卽其理氣二字注脚判異, 栗谷集中, 雖無如是揭開處, 其本意所執, 必如是也. 理氣字義旣異, 則彼自一部說, 此自一部說, 恐無是非得失之可以歸一者, 未知如何?

44 앞의 책, 第二集經集第四卷 「中庸講義補」卷一〈朱子序〉, 095b, 李德操曰: 若就理字氣字之原義而公論之, 則此說近之, 若就性理家所言之例而剖論之, 則理只是道心, 氣只是人心, 心之自性靈而發者爲理發, 心之自形驅而發者爲氣發, 由是言之, 退溪之說甚精微, 栗谷之說不可從

또한 이익도 이황의 이기호발설을 비판하는데 그 역시 이발기수에 대하여 리가 먼저, 기발이승에 대하여 기가 먼저 발동할 수 없다고 해석하여 비판한다.[45] 이로 미루어 보았을 때 정약용이 이황의 이기호발설에 대한 비판한 것도 이이와 이익의 영향을 받았다고 할 수 있다. 또한 성인의 칠정은 형기의 사가 아니라 천리의 공에서 발동하였다는 것은 이익의 영향으로 나타난 것이다. 즉 성인의 칠정은 천리의 공이라는 것이다. 또는 성인의 칠정은 형기의 사로서 해당 개인의 몸에서 나온 것이지만 그 의미는 천리의 공이라는 것이다.

성현의 칠정(표제어) - 뭇 사람의 사적인 것은 가까이 미치고, 성인의 사적인 것은 멀리 미친다. 멀리 가는 까닭은 리가 그것의 주인이 되기 때문이다. 리가 어찌 일찍이 사적이겠는가? - (이 사이에 뭔가 빠진 말이 있는 것 같다.) 그러므로 (성현의 칠정은) 사私라고 말할 수도 있고 또한 공公이라고도 말할 수 있다. 사는 본래의 감정으로 말한 것이고, 공은 이치로써 말한 것이다.[46]

이익은 순의 분노와 맹자의 기쁨도 이발理發이라고 하여 사단

---

45 『星湖全集』卷之十五「答洪亮卿」(重寅) 庚午, 310d, 退溪之理發氣隨氣發理乘, 亦是至到之言, 觀者輒拘於兩氣字, 疑若二者各有先後互發, 若果如此, 千萬不是, 非退溪立言之本意也. 이익은 이황의 理發氣隨와 氣發理乘에 대하여 전자는 리가 먼저, 후자는 기가 먼저 발동한다고 하여 先後라고 해석하여 비판하였다. 그것은 이이의 해석과 상통한다.(『栗谷全書』卷之十「答成浩原」(壬申), 195a, 今若曰: 四端理發而氣隨之, 七情氣發而理乘之, 則是理氣二物, 或先或後, , 相對爲兩岐, 各自出來矣.)

46 『星湖全書』卷7「四七新編」4, 聖賢之七情, 衆人之私及近, 聖人之私及遠, 所以遠者, 理爲之主也, 理何嘗私? 然則謂私, 可也 ; 謂之公, 亦可也. 私以本情言, 公以理言.

과 다름이 없다고 한다. 따라서 성현의 칠정은 이발이기 때문에 기발이라고만 여길 수 없다고 해석한다.[47] 그것은 형기의 사에 관련된 것이 아니라 오히려 공에 관련된 것이라고 해석하고 있다.[48] 이러한 면에서 정약용은 이익의 영향을 받았다. 이황은 성인의 칠정이 리의 본체가 기에 의하여 손상되지 않았기 때문에 리가 온전히 발현되었고 한다.

물론 사단은 그렇지 않다고 한다. 따라서 정약용의 그것은 이황의 칠정설과 유사하고, 사단설과 다르다. 그러한 이황의 칠정설은 이익과 정약용과 유사하다. 이로 미루어 보았을 때 그러한 이황의 칠정설은 이익을 통하여 정약용에게 영향을 주었다고 할 수 있다. 반면에 이황의 사단설은 이익과 정약용의 그것과 다르다. 따라서 사단설에 대한 정약용의 변화는 이익의 영향이라고 할 수 있다. 또한 그가 사단과 칠정이 모두 천리의 공과 형기의 사에서 발현된다고 말한 것은 기존의 설과 다른 것으로서 중대한 변화이다.

3) 사단과 칠정 모두 중절과 부중절 및 공과 사의 공존

송시열과 정약용의 사단칠정설은 기존의 설에 대하여 변화의 양상으로 나타났다. 그러한 점에서 양자는 모두 기존의 설에 답습하지 않고 변화시켰던 것이다.

---

[47] 『星湖全書』 卷之十五 「答沈判事」 一羲 甲寅, 309c, 而乃以舜之怒孟子之喜之類爲理發, 而與四端無異, 是依舊前說之不變, 若果聖賢之七情宜屬之理發, 則七者終非氣發一邊事

[48] 『星湖全書』 卷之十五 「答洪亮卿」 重寅 庚午, 311d, 惟賢聖之七情, 或有不涉於形氣之私者 ; 앞의 책, 卷之三十二 「與洪」 乙卯, 060a, 至若七情之涉乎公者, 惟聖賢有之

송시열이 말하는 사단은 중절뿐만 아니라 부중절도 있고, 칠정도 일반인은 겸선악하지만 성현의 그것은 순선하다고 해석한 것은 이황과 이이가 사단을 순선, 칠정을 겸선악하다고 말한 것에 대한 변화이다. 그는 이황과 이이의 그것에 대하여 정론이 아니라고 하여 비판적으로 보고 있다. 또한 그는 주희가 사단은 중절과 부중절이 있다고 말한 것을 근거로 이이를 비판적으로 보았다. 하지만 이황이 성현의 칠정은 리가 온전히 발현되었다고 말하여 순선하다고 생각한 것은 송시열과 어느 정도 상통하는 면이 있다. 더욱이 그는 부중절한 사단은 기지발, 중절한 칠정은 이지발이라고 말한다. 그것은 주희뿐만 아니라 이황과 이이의 그것과도 다른 것으로서 변화이다.

반면에 정약용이 사단은 리발로서 천리의 공에서 발현하였을 뿐만 아니라, 형기의 사에서 발현하기도 하고, 칠정은 기발로서 형기의 사에서 발현하였을 뿐만 아니라 천리의 공에서 발현하기도 한다고 주장한다. 그것은 주희의 설에 대한 비판에서 나온 것이라고 할 수도 있다. 하지만 주희가 사단에 대하여 중절과 부중절이 있다고 말한 것으로 보았을 때 정약용의 사단설과 일부 상통하는 면이 있다. 단지 칠정설이 다른 것이다. 정약용은 이황과 이익의 영향을 받아 보다 더 정교하게 자신의 설을 정립한 것이 특징이다. 그가 사단과 칠정 모두 천리의 공과 형기의 사에서 발현된다고 말한 것은 기존의 사단칠정설과 다른 것으로서 변화한 것이다.

송시열은 순과 문왕과 같은 성인의 칠정이 순선하다고 말하였지만 정약용은 성인뿐만 아니라 아이가 부모를 사랑하는 것도 천리의 공公이라고 말한 것이 차이점이다. 즉 송시열은 성인의 칠정이 순선하다고 한 반면에 정약용은 성인과 일반인의 칠정도 천리의 공이라고 해석한 점이 다르다. 또한 송시열은 사단을 중절과 부중절, 칠정을 순선 등으로 표현한 것에 비하여 정약용은 그 발현이 천리의 공과 형기의 사라는 개념으로써 표현한 것이 차이점이다. 송시열의 사단칠정개념은 심성론에 국한되어 있지만 정약용의 천리의 공과 형기의 사에서 그 공사公私는 심성론에서 경세론까지 일관적으로 연결되어 나타난다.[49] 왜냐하면 정약용은 그것을 현실에까지 적용하였기 때문이다. 이것이 양자의 차이점이라고 할 수 있다.

그것은 선유에 대한 답습에 그치지 않고 끊임없이 변화를 통하여 발전시켰고 거기에 사상적 의의가 있다.

---

[49] 사단칠정론에서 나타나는 천리의 公과 형기의 私 그의 경세론에서 公私개념으로 나타나는데 그는 「흠흠신서」에서 公私의 판결에 대하여 4편의 글을 썼다.(『與猶堂全書』第五集政法集第三十七卷 「欽欽新書」卷八 「祥刑追議十一」〈公私之判一〉,〈公私之判二〉,〈公私之判三〉,〈公私之判四〉) 또한 「經世遺表」에서 公田과 私田에 대하여 정의를 한 것이 바로 그것이다.(『與猶堂全書』, 第五集政法集第五卷 「經世遺表」卷五 地官修制田制三 周頌噫嘻之篇, 097d, 臣謹案, 私田之名, 成於公田, 若無公田, 亦無私田. 詩旣云: 駿發爾私, 則其有公田可知. 如大田之詩, 旣云雨我公田, 則其有私田可知, 六遂之有公田, 於斯明矣. 有賓而後, 主之名生焉, 有私而後公之名起焉.)

참고문헌

원전

『서경』, 성균관대학교 대동문화연구원, 1984
『예기』, 성균관대 대동문화연구원, 1979
『춘추좌씨전』, 서울: 경문사, 1975
『논어』, 성균관대학교 대동문화연구원, 1970
『맹자』, 성균관대학교 대동문화연구원, 1970
『대학』, 성균관대학교 대동문화연구원, 1970
『중용』, 성균관대학교출판부, 1970
『성리대전』, 서울: 보경문화사, 1991
곽종석, 『俛宇先生年譜』(『俛宇集』), 서울 : 아세아문화사, 1983.
김석문, 『易學二十四圖解』, 성균관대 존경각 소장, 고서본. 간사년도미상.
김석문, 「大谷易學圖解」, 『한국경학자료집성: 易經』, 성균관대학교 출판부, 1995
김이안, 『三山齋集』, 한국문집총간238, 민족문화추진회, 1999.
김원행, 『渼湖集』, 한국문집총간220, 민족문화추진회, 1996.
김준영, 『炳菴集』, 서울: 여강출판사, 1988
김창숙, 『心山遺稿』, 과천 : 국사편찬위원회, 1973.
김창협, 『農巖集』, 한국문집총간162, 민족문화추진회, 1998
마테오리치, 『天主實義』, 上海: 上海土山灣印書館 第四版, 天主降生一千九百十三年,
박지원, 『燕巖集』, 한국문집총간252, 민족문화추진회, 2004.
반고, 『漢書』, 1997, 北京: 中華書局
사마천, 『사기』, 臺北: 宏業書局, 1974
서경덕, 『花潭集』, 한국문집총간24, 민족문화추진회, 1988
성기운, 『悳泉集』, 서울: 여강출판사, 1988.
소옹, 『皇極經世書』(『性理大全』, 서울:보경문화사,영인본,1991)

송시열,『宋子大全』, 서울: 민족문화추진회, 1993
오진영,『石農集』, 서울 : 여강출판사, 1988.
왕수인,『王陽明全集』, 上海: 上海古籍出版社, 2006
왕수인,『전습록』,『漢文大系』, 東京: 釜山房, 昭和59
유영선,『玄谷集』, 서울 : 여강출판사, 1987.
유중교,『省齋集』, 조용승 발행, 1974년
유호석,『春溪集』, 고창 : 사성당, 2000.
윤주하,『膠宇先生文集』, 서울: 경인문화사, 1999
이간,『巍巖遺稿』, 서울: 민족문화추진회, 1997
이승희,『韓溪遺稿』, 과천: 국사편찬위원회, 1978
이이,『栗谷全書』, 서울: 민족문화추진회, 1989
이익,『星湖全書』, 서울: 민족문화추진회, 1997
이종기,『晩求集』, 서울: 민족문화추진회, 2004
이진상,『寒洲集』, 서울: 민족문화추진회, 2004
이진상,『寒洲全書』, 서울: 아세아문화사, 1989
이항로,『華西集』, 서울: 민족문화추진회, 2003년
이항로,『華西雅言』, 조용승 발행, 1974년
이황,『退溪集』, 서울: 민족문화추진회, 1989
이황,『陶山全書』, 성남: 한국정신문화연구원, 1984
전우,『艮齋集』, 서울: 민족문화추진회, 2004
전우,『艮齋集』(『艮齋先生文集』) 대전: 충남대학교도서관, 1999.
전우,『艮齋私稿』(『艮齋先生全集』) 서울 : 보경문화사, 1984.
전우,『秋潭別集』(『艮齋先生全集』) 서울 : 보경문화사, 1984.
정시한,『愚潭集』, 서울: 민족문화추진회, 1994
정약용,『與猶堂全書』, 서울: 민족문화추진회, 2002
정약종,『쥬교요지』, 국립중앙도서관 소장 필사본, 1930
정약종,「주교요지」,『순교자와 증거자들』, 한국교회사연구소 편, 1983
정제두,『霞谷集』, 서울: 민족문화추진회, 1995
조긍섭,『巖棲集』, 서울: 민족문화추진회, 2005
주희,『朱子語類』, 北京: 中華書局, 1999
하겸진,『東儒學案』, 일붕정사: 성균관대학교 존경각 소장본, 1970
한원진,『南塘集』, 서울: 민족문화추진회, 1998
허훈,『舫山集』, 서울: 민족문화추진회, 2004
황현,『梅泉野錄』, 과천:국사편찬위원회, 1971

홍대용, 『湛軒書』, 서울: 민족문화추진회, 1996.
홍직필, 『梅山集』, 서울: 민족문화추진회, 2002

한글 논저

강대걸, 「한주 이진상의 이기설 소고」『북악논총』, 서울: 국민대학교, 1987, 제5집
권문봉. 「율곡과 다산의 사생론에 대하여」, 『원불교사상과 종교문화』58, 2013
금장태, 「심즉기설의 쟁점과 간재의 심설논변」, 『한국유학의 심설』, 서울대학교출판부, 2003.
금장태, 고광직, 『유학근백년』(서울:박영사, 1984)
금장태, 고광직, 『속유학근백년』, 서울: 여강출판사, 1989
금장태, 「한주 이진상의 성리학과 심즉리설」, 『퇴계학파의 학문〈21〉』『퇴계학보』(서울:퇴계학연구원, 1999) 제102집
금장태, 「퇴계의 심합이기설과 한주의 심즉리설」, 『한국유학의 심설』, 서울: 서울대학교출판부, 2003
금장태, 「다산 경학의 탈주자학적 세계관」, 『다산학』1, 2000
금장태, 「다산의 심개념과 마테오 릿치의 영혼론」, 『종교와 문화』8, 서울대종교문제연구소, 2002
금장태, 「다산의 사천학事天學과 서학수용」, 『철학사상』16, 서울대학교 철학사상연구소, 2003
김옥희, 「다산의 심경밀험에 나타난 심성론」, 『다산 정약용의 서학사상』, 다섯수레, 1997,
김동혁, 「한주 이진상의 주리철학에 관한 연구」, 성남: 한국정신문화연구원 석사학위논문, 1983
김동혁, 「한주 성리학의 주리적 특성」, 『동양철학연구』14, 동양철학연구회, 1993
김문용, 「한주 이진상의 사단칠정론」『사단칠정론』(서광사, 1992)
김경호, 「진정성 회복을 위한 수양론의 두 유형-이이와 주희를 중심으로-」, 『유교사상연구』28, 2007
김근호, 「유중교와 전우의 심설논쟁에 대한 연구-논쟁에 나타난 심설을 중심으로-」, 『한국사상사학』28, 한국사상사학회, 2007
김기현, 「간재의 범도덕주의 철학사상에 관한 연구」, 『간재사상연구논총』2집,

간재사상연구회, 1998.

김도환, 「북벌론과 홍대용의 화이론」, 『한국사상사학』15, 한국사상사학회, 2000.

김동민, 「동중서 춘추학의 천인감응설 연구」, 『동양철학연구』36, 동양철학연구회, 2004

김문용, 『홍대용의 실학과 18세기 북학사상』, 서울: 예문서원, 2002.

김문용, 「북학파의 인물성동론」, 『인성물성론』, 한길사, 1994.

김문준, 「간재의 항일정신과 한국 정신사적 의의」, 『간재학논총』4집, 간재학회, 2004, 10.

김세정, 「양명 심학과 퇴계 심학의 비교 연구-양명의 주자학 비판과 퇴계의 양명학 비판을 중심으로-」, 『동서철학연구』43, 한국동서철학회, 2007

김영우, 「다산 정약용의 사단칠정론 고찰」, 『다산학』6, 2005

김옥희, 「다산의 심경밀험에 나타난 심성론」, 『다산 정약용의 서학사상』, 다섯수레, 1997

김옥희, 『한국천주교사상사Ⅱ-다산 정약용의 서학사상 연구』, 순교의 맥, 1991 ; 최석우, 「정약용과 천주교의 관계-Daveluy의 비망기를 중심으로-」『다산 정약용의 서학사상』, 다섯수레, 1993

김용헌, 「서양과학에 대한 홍대용의 이해와 그 철학적 기반」, 『철학』43, 한국철학회, 1995

김우형. 「경연일기에 나타난 율곡의 재이관災異觀」, 『율곡사상연구』18, 2009

김익수. 「율곡의 도학사상(1)」, 『한국사상과 문화』6, 1999

김인규, 「왕부지 화이론에 있어서 민족주의 성격-조선후기 홍대용의 화이론과의 비교를 중심으로-」, 『온지논총』7, 온지학회, 2001.

김치완, 「주자학 전통에서 본 다산의 인간관 연구」, 부산대학교 박사학위논문, 2005

김현. 『조선 유학의 자연 철학』, 서울: 예문서원, 1998

김현수. 「율곡 이이의 예론과 철학적 배경」, 『동양철학연구』67, 2011

김형찬, 「욕망하는 본성과 도덕적 본성의 융합」, 『철학연구』41, 고려대 철학연구소, 2010

김형찬, 「조선유학의 리 개념에 나타난 종교적 성격 연구 - 퇴계의 이발理發에서 다산의 상제까지 - 」, 『철학연구』39, 고려대 철학연구소

길진숙, 「홍대용의 의산문답 읽기와 문학교육적 성찰」, 『우리어문연구』29, 우리어문연구회, 2007

도민재, 「추담별집에 나타난 간재의 의리정신」, 『간재학논총』4집, 간재학회,

2004. 10
문석윤, 「다산 정약용의 새로운 도덕이론」, 『철학연구』 90, 대한철학회, 2004
박성래, 「동양에서 처음 지전설 주장한 홍대용」, 『과학과 기술』36권 9호. 한국과학기술정보연구원(KISTI), 2003
박양자, 「전간재의 출처관에 관한 一고찰」, 『간재학논총』4집, 간재학회, 2004. 10
박철홍, 「왕양명의 심체설에 나타난 도가적 본체론 사유와 그 의미」, 『국민윤리연구』39, 한국국민윤리학회, 1998
박홍식, 「한말 도덕이상주의 철학의 학문관과 인간관-전간재 성론을 중심으로-」, 『간재사상연구논총』2집, 간재사상연구회, 1998
박홍식, 「정다산 천인관의 철학사적 의미」, 『동양철학연구』 16, 동양철학연구회, 1996
박홍식, 「이갈암 성리학의 조선유학사적 의의」 『철학논총』 제12집, 새한철학회, 1996
박홍식, 「다산의 천사상과 세계관」, 『동양철학연구』27, 동양철학연구회, 2001
박희병, 「천견경재淺見絅齋와 홍대용-중화적 화이론의 해체양상과 그 의미-」, 『대동문화연구』40, 성균관대 대동문화연구원, 2000
배동인, 「폭력에 대한 사회학적 고찰」, 『한국사회학』21, 1987
배종호 『한국유학사』, 서울: 연세대학교출판부, 1997
백도근, 「대산학의 조선성리학사상의 의의」 『대동한문학』제10, 1998
백민정, 『정약용의 철학: 주희와 마테오리치를 넘어 새로운 체계로』, 이학사, 2007
백민정, 「다산 심성론에서 도덕감정과 자유의지에 관한 문제」, 『한국실학연구』 14, 한국실학회, 2007
백민정, 「심성론을 중심으로 본 정약용과 마테오리치 사이의 관계」, 『동방학지』136, 연세대 국학연구원, 2006
백민정, 『정약용의 철학사상』, 이학사, 2008
산내홍일, 「이진상의 심즉리설과 영남학파」, 『벽사이우성정년기념 민족사의 전대와 그 문화』상권, 창작과 비평사, 1990
성태용, 「다산의 인성론」, 『철학연구』 14, 철학연구회, 1979
성태용, 「다산철학에 있어서 계시없는 상제」, 『다산학』5, 다산문화학술재단, 2004
송석준, 「간재의 성사심제설과 면우의 심즉리설에 관한 1고찰」, 『간재사상연구논총』 2집, 간재사상연구회, 1998

송석준,「정약종과 유학사상」,『한국사상사학』18, 2002
송영배,「홍대용의 상대주의적 사유와 변혁의 논리-특히 장자의 상대주의적 문제의식과의 비교를 중심으로-」,『한국학보』74, 1994.
송영배,「다산철학과 천주실의의 패러다임 비교연구」,『다산사상 속의 서학적 지평』, 서강대출판부, 2004
송영배,「정약용철학과 성리학적 이기관의 해체」,『한국유학과 이기철학』, 예문서원, 2000
송인창,「전우철학의 인간학적 이해」,『탈민족주의시대의 민족담론』, 한국철학회, 제16회한국철학자대회, 2003.10.
송인창,「간재 전우의 철학과 현실인식」,『간재학논총』4집, 간재학회, 2004.10.
송찬식,「한주 이진상의 이기론 연구」,『한국사학』5, 성남: 한국정신문화연구원, 1983
시마다 겐지 저, 김석근 이근우 옮김,『주자학과 양명학』, 까치, 1994
안영상,「극단으로 간 최후의 퇴계주의자들 한주학파」,『조선유학의 학파들』, 서울: 한국사상사연구회 편저, 예문서원, 1996
안영상,「토미즘과 비교를 통해 본 다산의 인심도심론」,『한국실학연구』9, 2005
안재호,「객관(현상)세계에 대한 가치세계의 포섭-양명 심외무리·무물설 천석-」,『철학탐구』25, 중앙대 중앙철학연구소, 2009
원재연,「정약종의 시대와 사상 : 정약종『쥬교요지』와 한문서학서의 비교연구 -『성세추요盛世芻蕘』와의 비교를 중심으로 -」,『한국사상사학』18, 2002
유권종,「다산 인간관의 재조명」,『철학』72, 한국철학회, 2002
유권종,「퇴계와 다산의 심성론 비교」,『한국의 철학』, 경북대 퇴계학연구소, 2003
유명종,「한주 이진상의 심즉리설」『조선후기성리학』, 서울: 이문출판사, 1985
유명종,『한국철학사』, 서울: 일신사, 1982
유봉학,『연암일파 북학사상 연구』, 서울: 일지사, 1995
유초하,「정약용 철학의 태극과 상제 -상제 개념에 담긴 존재론적 함의를 중심으로-」『인문학지』39, 충북대학교 인문학연구소, 2009
유초하,「다산의 사단칠정관」,『사단칠정론』, 서광사, 1992
윤사순,「조선말기 유학에 관한 연구」『한국유학사상론』, 서울: 열음사, 1986
윤사순,「다산의 인간관」,『정다산 연구의 현황』, 민음사, 1986

윤용남, 「간재철학의 연원적 고찰」, 『간재학논총』4집, 간재학회, 2004, 10
이경보, 「홍대용의 존재론과 윤리론의 갈등」, 『한국실학연구』12, 한국실학학회, 2006
이광호, 「李退溪 철학사상이 丁茶山 經學思想 형성에 미친 영향에 관한 고찰」, 『퇴계학보』90, 퇴계학연구원, 1996
이기용, 「율곡학과 우암성리학」, 『율곡학과 한국유학』, 충남대 유학연구소 편, 예문서원, 2007
이동환, 「다산사상에 있어서의 상제 도입 경로에 대한 서설적 고찰」, 벽사 이우성교수 정년기념논문집, 『민족사의 전개과 그 문화』, 1990
이병도, 『한국유학사』, 아세아문화사, 1989
이봉규, 「송시열의 성리학설 연구」, 서울대 철학박사 논문, 1996
이삼기, 「한주 이진상 심성론 연구」, 고려대학교대학원 석사학위논문, 1993
이상익, 「조선후기 명덕논쟁과 그 의의」, 동양철학연구39, 동양철학연구회, 2004년
이상익, 「기호성리학에 있어서 리의 주재문제」, 『기호성리학연구』, 서울: 한울아카데미, 1998년
이상익, 「낙학에서 북학으로 사상적 발전」, 『철학』46, 한국철학회, 1996.
이상익, 「간재 전우의 이기상호주재와 성사심제설」, 『동방학지』131, 연세대학교 국학연구원, 2005, 9
이상호, 「조선성리학파의 성리설 분화에 관한 연구」, 성균관대학교대학원 박사학위논문, 1993
이원순, 「조선후기 실학자의 서교의식」, 『한국천주교회사연구』, 한국교회사연구소, 1986
이을호, 『다산경학사상연구』, 을유문화사, 1966
이정배, 「불교적 유교에서 기독교적 유교에로-다산 정약용의 유교해석에 있어서 기독교적 영향 탐구」, 『신학과 세계』52, 감리교신학대학교, 2005
이천승, 「간재 전우와 그 문인들의 문화자존의식: 전주 한옥마을 '삼재'를 중심으로」, 『한국철학논집』24, 한국철학사연구회, 2008
이향준, 「인승마人乘馬」 은유의 형성과 변형」, 『철학』79, 한국철학회, 2004
이형성, 「한주 이진상의 성리학 연구」, 성균관대학교대학원 박사학위논문, 2001
이형성, 「한주 이진상의 성리사상에서 동정론 일고」, 『온지논총』19, 온지학회, 2008
이형성, 「한주 이진상의 성리설 고찰- 이주기자론에 의한 리의 주재성을 중심

으로-」, 『동양철학연구』28, 동양철학연구회, 2002
이형성,「한주이진상의 리철학 전개와 위상」,『한국사상과 문화』17, 한국사상 문화학회, 2002
임부연,「정약용 마음론의 구조와 쟁점-주희와의 비교를 중심으로-」, 종교학 연구, 2001
임부연,「송시열의 사단칠정론」,『종교와 문화』21, 서울대 종교문제연구소, 2011
장숙필,「전간재의 사단칠정론」,『철학연구』14집, 고려대, 1989.
장승구,「다산 정약용의 윤리사상 연구-주자의 윤리사상과의 비교를 중심으로-」,『한국철학논집』21, 한국철학사연구회, 2007
전병욱 역, 진래 저,『양명철학』, 예문서원, 2003
전성건,「'영지靈知'개념의 분석을 통해 본 성기호설性嗜好說의 의미」,『철학연구』37, 2009
정도원,「퇴계 수양론의 리중심적 특성에 관한 소고」『동양철학연구』31, 동양 철학연구회,2002.12
정소이,「정약용 심성론의 변천에 관한 연구」,『철학사상』33, 서울대학교 철학 사상연구소, 2009
정소이,「다산 정약용의 인심도심론」,『다산학』18. 2011
정옥자,『조선후기 조선중화사상 연구』, 서울: 일지사, 1998.
정인재,「서학과 정다산의 성기호설」,『다산학』7, 2005, 110-112쪽
졸고,「한주학파와 간재학파의 심성논쟁 연구」, 성균관대 박사학위논문, 2004
졸고,「한주학파와 간재학파의 主宰설 논쟁과 그 평가」,『동양철학』22, 한국동 양철학회, 2004, 12.
졸고,「한국유학사 분류방식으로서 主理・主氣에 관한 비판과 대안」,『철학연구』64집, 철학연구회, 2004, 봄
졸고,「맹자에서 나타난 君臣과 君民 간의 권력과 폭력」,『동양철학연구』51, 동 양철학연구회, 2007
졸고,「간재 전우의 심성론에서 주재문제 -마음의 몸에 대한 주재문제를 중심 으로-」,『유교사상연구』26, 한국유교학회, 2006
졸고,「왕수인의 심과 帝의 주재」,『양명학』27, 한국양명학회, 2010년12월
졸고,「평포논쟁의 쟁점으로서 유리무기有理無氣」,『유교사상연구』44, 한국유 교학회, 2011년6월
졸고,「정약용의 상제와 심의 관계: 인간의 자주지권과 천의 분노와 상선벌악의 관계를 중심으로」,『동방학』26, 2013

졸저, 19·20세기 한국성리학의 심성논쟁, 서울: 심산출판사, 2005.
졸저, 『한국철학사: 외래사상 대 토착사상의 갈등과 융합』, 이담Books, 2011
채무송, 「한유 정다산의 반주자학설 연구」, 『한국학보』4, 일지사, 1978
채인후, 「간재의 심성론」, 『간재학논총』3집, 간재학회, 2000
최근덕, 「석농 오진영의 의리와 학문」, 『간재학논총』, 간재학회, 2004, 10
최기복, 「다산의 사생구원관」, 『종교신학연구』4, 서강대 종교신학연구소, 1991
최석우, 「다산 서학에 관한 논의」, 『다산 정약용의 서학사상』, 다섯수레, 1997
최영진, 「실학사상을 중심으로 한 유교의 토착화-성리학의 계승.이탈.비판」, 『유교사상연구』17, 한국유교학회, 2002
최일범, 「율곡 이이의 사생관에 대한 연구」, 『동양철학연구』64, 2010
최정묵, 「리 극존주의, 한주 이진상의 성리학과 율곡학 비판」, 『율곡사상연구』16, 율곡학회, 2008
최진덕, 「정약용의 상제귀신론과 그 인각학적 의미-주자학의 음양귀신론과의 한 비교-」, 『철학사상』33, 서울대학교 철학사상연구소, 2009
토마스 아퀴나스, 『신학대전』, 정의채 옮김, 서울: 성바오로출판사, 1985
한건, 「정약종의 신학사상-주교요지를 통한 신론 분석」-, 『한국사상사학』18, 2002
한정길, 「왕양명의 심본체론」, 『양명학』4, 한국양명학회, 2000
한형조, 「다산의 공부론과 지식론: 다산과 西學: 조선 주자학의 연속과 단절」, 다산학술문화재단, 『다산학』2호, 2001
한형조, 「다산과 서학: 조선 주자학의 연속과 단절」, 『다산학』2, 다산문화학술재단, 2002
한형조, 『주희에서 정약용으로』, 세계사, 1996
함윤식, 정약용의 『맹자』해석에 나타나는 도덕적 자아에 대한 탐구, 성균관대 박사논문, 2012
현상윤, 『조선유학사』, 서울: 현음사, 1986
황금중, 「율곡의 경과 성의 공부론적 성격 및 관계」, 『동서철학연구』26, 2002

외국어 논저

高橋亨, 「李朝儒學史に於ける 主理派主氣派の發達」, 『朝鮮支那文化の研究』, 東京: 刀江書院, 1929
牟宗三, 『心體與性體』, 臺北: 正中書局, 中華民國84年

蒙培元, 『理學的 演變』, 文津出版社, 民國79
楊國榮, 『心學之思』, 北京: 三聯書店, 1997
任繼愈, 『中國哲學史』, 北京: 人民出版社, 1979
陳來, 『朱子哲學研究』, 華東: 華東師範大學出版社, 2000
朱建民,「朱子與艮齋的理氣思想-以艮齋的氣質本體淸粹說爲中心-」『艮齋學論叢』6, 艮齋學會, 2007
Donald Baker, "Thomas Aquinas and Chông Yagyong: Rebels Within Tradition", *Tasanhak*, vol.3, Seoul: Tasan Culture Foundation, 2002
Donald baker, "Practical Ethics and Practical Learning: Tasan's approach to moral cultivation", *Hankuksirhakyonku* 18, 2013.
Donald Baker, "Tasan's Pragmatic Approach to the Confucian Classics", *Tasanhak* vol 22, Seoul: Tasan Culture Foundation, 2013
Donald Baker, "Neo-Confucians Confront Theism: KpreanReaction to Mateo Ricci's Arguments for the Existence of God", 『동아연구』3, 서강대 동아시아연구소, 1983
Donald Baker, "Shamans, Catholics, and Chong Yagyong: Tasan's defense of the ritual hegemony of the Confucian state", *Tasanhak*, vol.15, 2009, Seoul: Tasan Culture Foundation
Michael C. Kalton(2004) "Chong Tasan and Mencius: Toward a Contemporary East-West Interface", *Tasanhak*, vol.5, Seoul: Tasan Culture Foundation
Pablo Santangelo, "A Neo-Confucian debate in 16th century Korea: Its ethical and social implicationsp", *T'oung Pao* 76, 1990

찾아보기

ㄱ

거경치지居敬致知 71, 72, 74, 75, 80, 83, 84
곽종석 74, 78, 80, 126
기氣 15, 16, 17, 18, 19, 20, 21, 22, 23, 25, 26, 27, 28, 29, 30, 31, 33, 36, 37, 38, 39, 40, 41, 42, 43, 44, 45, 46, 47, 48, 49, 50, 52, 53, 54, 55, 56, 60, 61, 62, 65, 67, 83, 86, 87, 88, 90, 91, 92, 93, 94, 95, 96, 97, 99, 100, 103, 104, 105, 106, 107, 108, 109, 110, 111, 112, 113, 114, 115, 116, 117, 118, 119, 120, 121, 125, 128, 129, 130, 132, 133, 135, 136, 137, 138, 139, 140, 142, 143, 144, 145, 146, 147, 150, 151, 152, 158, 159, 161, 162, 165, 166, 169, 170, 171, 172, 173, 174, 176, 179, 183, 184, 186, 188, 189, 194, 195, 196, 197, 198, 199, 201, 202, 203, 204, 205, 206, 207, 208, 209, 210, 212, 213, 214, 254, 261, 262, 263, 264, 265, 266, 267, 270, 275, 276
기유위氣有爲 15, 28, 32, 33, 36, 50, 60, 69, 87, 97, 100, 101, 106, 108, 116, 183, 211
기의 정조精粗 35, 36, 43
기의 주재 35, 40, 41, 53, 55, 177
기질체청氣質體淸 35, 47, 48, 49, 50

기호학파 58, 85, 109, 155, 259
김흥락金興洛 201

ㄷ

동정動靜 17, 48, 85, 86, 109, 205

ㄹ

리理 17, 18, 19, 22, 23, 25, 26, 27, 28, 29, 30, 31, 32, 34, 36, 37, 38, 39, 40, 41, 42, 43, 44, 45, 47, 49, 50, 52, 53, 55, 56, 57, 60, 61, 63, 66, 73, 84, 85, 86, 88, 89, 90, 91, 92, 93, 94, 95, 96, 97, 98, 99, 100, 101, 102, 104, 106, 108, 109, 110, 111, 113, 114, 115, 116, 117, 118, 119, 120, 121, 125, 128, 129, 130, 131, 132, 133, 134, 135, 136, 137, 138, 139, 140, 141, 142, 143, 144, 145, 147, 148, 149, 150, 151, 152, 156, 158, 159, 162, 163, 164, 165, 166, 167, 168, 169, 170, 172, 173, 174, 178, 179, 182, 183, 220, 221, 236, 239,

254, 261, 262, 263, 264, 265, 266, 267, 270, 273, 275, 276, 277
리무위理無爲 15, 28, 36, 50, 60, 69, 87, 95, 108, 116, 183
리의 감응 16, 23, 28, 29, 31, 32, 33
리의 능동 114, 137, 144, 176
리의 작용 15, 16, 28, 32, 33, 102, 146, 174
리의 주재 41, 51, 53, 54, 55, 138, 140, 144, 148, 150, 176, 177, 179, 211, 263

ㅁ

만년 정설 32
무리無理 190
무사無事 190

ㅂ

본연지기本然之氣 35, 36, 37, 38, 39, 40, 41, 44, 48, 49, 50, 101, 106, 108
부중절不中節 260, 263, 264, 266, 267, 268, 271, 276, 278

ㅅ

사단칠정四端七情 109, 119, 120, 146, 174, 208, 242, 243, 250, 259, 260, 261, 271, 276, 278
상선벌악賞善罰惡 217, 218, 228, 232, 233, 234, 236, 237, 240
상제上帝 136, 217, 218, 219, 220, 221, 222, 223, 224, 226, 227,
228, 229, 230, 231, 232, 233, 234, 235, 236, 237, 238, 239, 240, 241, 242, 243, 245, 246, 255
선의 실천 58, 61, 83, 84
선후先後 29, 30, 31, 109, 110, 111, 112, 113, 114, 212, 214
성誠 20, 23, 25
송시열宋時烈 110, 111, 121, 259, 260, 263, 265, 266, 267, 268, 269, 276, 278
수기치인修己治人 26, 235
심설心說 85, 86, 97, 100, 104, 108, 109, 125, 126, 127, 128, 140, 143, 147, 150, 152, 153, 154, 157, 158, 162, 163, 166, 175, 176, 178
심설논쟁 85, 86, 97, 109
심성의 주재 51, 58
심외무리心外無理 190, 191, 192
심외무물心外無物 190, 192, 199
심외무사心外無事 190, 191
심즉기心卽氣 41, 45, 46, 52, 53, 60, 61, 67, 68, 69, 85, 86, 97, 101, 103, 104, 105, 107, 108, 125, 132, 150, 153, 157, 161, 164, 171, 176, 180, 181, 184, 185, 195
심즉기설心卽氣說 125, 145, 150, 157, 162, 163, 170, 172, 177, 179, 181, 185
심즉리설心卽理說 125, 126, 127, 133, 136, 138, 144, 145, 146, 147, 150, 151, 152, 153, 154, 155, 156, 157, 159, 162, 163, 166, 174, 175, 176, 177, 178, 179, 180, 181, 182, 185, 187, 188, 189
심합이기心合理氣 46, 85, 97, 101, 103, 104, 105, 107, 125, 135, 140, 147, 153, 155, 156, 157, 159, 176, 178, 180, 202

ㅇ

양지良知　189, 194, 195, 196, 197, 198, 199, 200
영남학파　67, 109, 155, 189, 201
완벽　51, 55
왕수인王守仁　125, 133, 152, 181, 182, 184, 185, 186, 187, 188, 189, 190, 191, 193, 194, 195, 197, 198, 199, 200
유리무기有理無氣　201, 202, 203, 204, 206, 208, 209, 210, 212, 213, 214
유치명柳致命　201
유치명柳致明　181
율곡학파栗谷學派　35, 41, 44, 51, 125, 126, 143, 145, 152, 153, 157, 164, 177, 179, 181, 185, 195, 208
이기선후理氣先後　110, 114, 121
이기설　15, 25, 50, 85, 89, 109, 112, 137, 153, 154, 186, 187, 198, 199, 200
이기의 동정動靜　85, 109, 110
이발已發　27, 61, 62, 131, 166, 169
이발已發함　131
이발理發　121, 249, 261, 271, 275
이발理發과　30
이선기후理先氣後　31, 111, 113, 159, 201, 209, 210, 212, 213, 214
이이李珥　15, 16, 17, 21, 22, 23, 25, 29, 31, 32, 33, 51, 88, 109, 121, 125, 143, 153, 183, 185, 210, 245, 259, 260, 261, 262, 266, 267, 268, 272, 275, 277
이주기자理主氣資　127, 136, 137, 138, 139, 140, 144, 147, 154, 173, 183, 184, 199, 206
이진상李震相　43, 44, 51, 63, 67, 125, 126, 127, 139, 140, 144, 147, 148, 149, 150, 151, 152, 153, 154, 155, 156, 157, 158, 160, 161, 162, 163, 164, 165, 167, 168, 170, 171, 172, 173, 174, 175, 176, 178, 179, 180, 181, 182, 183, 184, 185, 186, 187, 189, 190, 192, 193, 194, 195, 196, 198, 199, 200, 201, 202, 203, 204, 205, 206, 207, 208, 209, 212, 213, 214
이항로李恒老　85, 107, 109
이황李滉　15, 30, 31, 33, 34, 51, 109, 121, 125, 126, 127, 130, 133, 135, 136, 137, 138, 140, 141, 142, 143, 144, 147, 151, 153, 154, 168, 176, 182, 202, 207, 208, 209, 231, 232, 237, 240, 245, 249, 254, 255, 259, 260, 261, 264, 265, 266, 267, 271, 272, 273, 274, 275, 276, 277
인물성편전론人物性偏全論　51
인심도심人心道心　118, 119, 159, 242, 243

ㅈ

전우田愚　35, 51, 55, 56, 58, 85, 107, 152, 167
정기粗氣　44
정기精氣　18, 22, 35, 37, 38, 39, 42, 43, 48, 50, 53, 60, 61
정약용丁若鏞　217, 218, 219, 220, 221, 222, 223, 224, 225, 226, 228, 229, 230, 232, 234, 236, 238, 240, 241, 242, 243, 245, 247, 248, 250, 252, 253, 254, 255, 256, 259, 260, 269, 271, 272, 274, 276, 278
정약종丁若鍾　234, 237, 240
조기粗氣　37, 38, 39, 42, 44, 48, 50
주희朱熹　51, 109, 110, 125, 126,

291

127, 128, 129, 130, 131, 132,
133, 134, 135, 136, 137, 140,
141, 142, 146, 147, 149, 150,
153, 154, 157, 158, 166, 174,
182, 189, 202, 212, 214, 221,
239, 259, 260, 261, 262, 264,
265, 266, 267, 271, 277
중절中節 47, 118, 119, 260, 263,
264, 265, 266, 267, 271, 276, 278

ㅊ

천리의 공公 249, 251, 253, 256,
259, 269, 271, 272, 275, 276,
277, 278
체용론적 심설 128, 140, 153
초년 미정설 32

ㅍ

파리장서巴里長書 58, 59, 60, 71, 72,
74, 77, 78, 80, 81, 83
편벽 51, 55
평포논쟁坪浦論爭 181, 201, 202

ㅎ

형기의 사私 250, 254, 256, 259,
269, 271, 275, 276, 277, 278
홍직필洪直弼 35, 37